Auxiliando a humanidade a encontrar a Verdade

Série

MAGNETISMO

A FORÇA DA VIDA

O Magnetismo
em Oposição à Medicina

© 2015 – Conhecimento Editorial Ltda.

O Magnetismo em Oposição à Medicina
Le Magnétisme Opposé a La Médecine
Jean Du Potet de Sennevoy
Barão Du Potet (1796-1881)

Todos os direitos desta edição reservados à
CONHECIMENTO EDITORIAL LTDA.
Rua Prof. Paulo Chaves, 276 - Vila Teixeira Marques
CEP 13480-970 – Limeira – SP
Fone/Fax: 19 3451-5440
www.edconhecimento.com.br
vendas@edconhecimento.com.br

Nos termos da lei que resguarda os direitos autorais, é proibida a reprodução total ou parcial, de qualquer forma ou por qualquer meio – eletrônico ou mecânico, inclusive por processos xerográficos, de fotocópia e de gravação – sem permissão por escrito do editor.

Tradução: Maria Alice Farah Antonio
Projeto gráfico: Sérgio Carvalho
Ilustração da capa: Banco de imagens

ISBN 978-85-7618-336-5
1ª Edição – 2015

• Impresso no Brasil • Presita en Brazilo
Produzido no departamento gráfico da
CONHECIMENTO EDITORIAL LTDA
Fone: 19 3451-5440
e-mail: conhecimento@edconhecimento.com.br

Dados Internacionais de Catalogação na Publicação (CIP)
Angélica Ilacqua CRB-8/7057

Sennevoy, Jean Du Potet de, 1796-1881
O magnetismo em oposição à medicina / Barão Du Potet de Sennevoy ; tradução Maria Alice Farah Antonio – Limeira, SP : Editora do Conhecimento, 2015.
– [Série: Magnetismo, a força da vida ; v. 1]
252 p.

Título original: *Le Magnétisme Oppose a La Médecine*
ISBN 978-85-7618-336-5

1. Cura pelo magnetismo 2. Cura pela fé e espiritismo 3. Hipnose 4. Sonambulismo I. Título II. Antonio, Maria Alice Farah

15-0007   CDD – 133.9

Índices para catálogo sistemático:
1. Espiritismo – cura pelo magnetismo

Barão Du Potet de Sennevoy

O Magnetismo em Oposição à Medicina

Dissertação para servir à história do magnetismo na França e na Inglaterra

Traduzido por Maria Alice Farah Antonio

1ª edição
2015

Série: Magnetismo, a força da vida

Volume 1   O Magnetismo em Oposição à Medicina   Barão Du Potet de Sennevoy

LE

MAGNÉTISME

OPPOSÉ A LA

MÉDECINE.

MÉMOIRE POUR SERVIR A L'HISTOIRE DU MAGNÉTISME

EN FRANCE ET EN ANGLETERRE.

PAR

Le Baron DU POTET DE SENNEVOY.

PARIS,

A. RENÉ ET CIE, IMPRIMEURS-ÉDITEURS,

RUE DE SEINE, 32.

DENTU, | GERMER-BAILLIÈRE,
Palais-Royal, galerie d'Orléans. | rue de l'École-de-Médecine, 13.

1840

Sumário

Introdução... 11
O magnetismo em Paris (1820 a 1835)............................ 16
O magnetismo em Paris (Setembro de 1835).................. 54
O magnetismo em Bordéus (Janeiro de 1836)................. 68
O magnetismo em Montpellier (Abril de 1836)............... 77
O magnetismo em Béziers.. 124
O magnetismo em Londres... 128
O magnetismo no Middlesex Hospital............................ 132
O magnetismo no North-London University College Hospital........ 134
O magnetismo no Athénée Royal de Paris (Março de 1839).......... 175
O magnetismo em Metz (20 de outubro de 1839)......................... 205
Magnetismo animal... 219
Algumas observações sobre o magnetismo..................... 249

Introdução

Na verdade, nós vo-lo dizemos, faz muito tempo, que a humanidade está reduzida à resignação e ao sofrimento. Doutores, curai os enfermos ou retirai-vos, para deixar aqueles que querem e saibam curar fazê-lo.

Em oposição a certas leis físicas que os cientistas julgaram solidamente estabelecidas, e aos sistemas de medicina devidos ao talento dos homens de outra época e da nossa, o magnetismo, essa ação potente que o homem exerce sobre o seu semelhante, veio lançar nova luz sobre o campo das ciências e revolucionar as inteligências que acreditavam ter encontrado os limites do possível. Mas o que pode a incredulidade ou a dúvida dos sábios diante dos fatos positivos? O que podem os raciocínios contra uma verdade que não tem necessidade dos sentidos para ser reconhecida e estudada? Que necessidade temos nós de aqui relembrar os homens que passaram por loucos porque mostravam uma verdade que os sábios da época não tinham percebido? Que importa que tivessem declarado que *Mesmer fosse um visionário*, se sua descoberta perdurou no tempo e invadiu o mundo? O que importam, pois, finalmente, os títulos dos acadêmicos que assinaram essa sentença? Nem sempre a posteridade ratifica os julgamentos dos homens: muitas vezes ela macula o que eles honraram, e no lugar dos nomes que eram reverenciados, o inflexível buril da história grava, por vezes, em letras de ouro, aqueles que as pessoas julgavam esquecidos.

Mas por que Mesmer procurava os sábios? Precisava deles para o sucesso de sua doutrina? Não, uma vez que ela penetra nas massas apesar de sua oposição. Tinha, então, esse bom Mesmer esquecido o que acontecera com Galileu, com Cristóvão Colombo e a tantos outros gênios que tiveram, cada qual na sua época, a mesma sorte que esses dois homens? Julgava ele que a justiça descera à Terra? Por que tomava por juízes homens que viviam de palavras vazias, explorando com elas a humanidade que eles enganavam? Esperava torná-los melhores e corrigir seus vícios?

Em sua grande obra de moralista, Jesus se dirigia aos sábios? Não, ele os conhecia demasiadamente bem. "Ai de vós, escribas e fariseus hipócritas", – dizia-lhes –, "pareceis justos aos olhos dos homens, mas por dentro estais cheios de iniquidades", e desmascarando com uma só palavra os sofistas, ele escolhia seus discípulos entre o povo, e logo sua doutrina reinou no mundo.

Puységur, Deleuze, o que, então, esperáveis das adulações que dirigíeis aos cientistas dessa época? Não percebestes que elas serviam apenas para tornar-vos desprezíveis aos olhos deles e para afastá-los da análise que solicitáveis com tanto ardor e constância? Eu mesmo, enganado por vossos ensinamentos, segui o caminho que traçastes; porém, reconhecendo enfim o vosso e o meu erro, voltei atrás e foi no coração dos homens que vivem distantes das camarilhas eruditas que depositei os germes da nova verdade. Ah! Se eu não tivesse perdido esse tempo em vãs tentativas! No lugar de vinte cientistas que convenci e que nada fazem para esclarecer seus contemporâneos, cinquenta mil indivíduos hoje gozariam dos benefícios da descoberta de Mesmer, ter-se-iam libertado do jugo medicinal e se esquivado dos direitos de vida e de morte que homens cheios de erros usurparam sobre as nações.

Mais felizes do que eu, esclarecidos, aliás, pelo passado, meus discípulos atingirão a meta a que me propus atingir, divulgando no meio do povo a descoberta de Mesmer; e ressaltando os erros inumeráveis cometidos por essa pretensa ciência médica, arrancarão essa árvore monstruosa e mostrarão às massas que seus frutos estavam envenenados.

Oh! Por que não existe bastante tolerância para que os homens de nosso tempo possam, sem reclamar, escutar discursos que não estão de acordo com sua crença? Por que o passado não lhes serve de ensinamento? Eu poderia então dizer, sem subterfúgio, que minha alma compreende e mostra sem temor as mudanças que a verdade que defendo deve produzir no futuro. Hoje em dia, meus discursos seriam considerados os de um insensato, ou antes, de um entusiasta que, sem respeito por aquilo que é aceito como bom, compraz-se a aviltar, por meio de sua palavra, os homens que a nação distingue e honra. Mas sem dizer totalmente essa verdade que eu sinto tão bem, perturbarei esses inimigos que vivem em paz nesta terra tão desolada, onde veem todos os dias caírem milhares de espigas antes que a natureza os tenha amadurecido. Minha voz se fará ouvir para assinalar sua indiferença e sua impotência; não lhes concederei totalmente minhas palavras no tempo presente. Esclarecei-vos, direi sem cessar aos meus concidadãos; esclarecei-vos sobre os meios que a arte mantém em reserva para socorrer-vos quando vossos dias estiverem em perigo. Sede menos despreocupados do que sois a respeito do bem tão precioso chamado saúde. Não contais tanto com os recursos que os laboratórios das farmácias oferecem; essas beberagens tão elogiadas são prescritas e compostas por homens cuja existência é a mesma que a vossa; seus sentidos não são mais refinados que aqueles que vos governam. Fracos como vós diante da doença, eles não têm sobre elas senão conjecturas, e é ao acaso que eles entregam vossa vida e a deles.

    O que importa ao homem enfermo, repito, que as pessoas passem sua existência nos aborrecimentos de um trabalho penoso e difícil, se de todo seu labor deve resultar apenas um monte de palavras e de sistemas que em nada fazem avançar a arte de curar? O que importam esses raciocínios luminosos nos quais a ciência parece superar a natureza, se como último resultado apenas esta é encarregada da tarefa? O que importam essa grande quantidade de escolas e esses congressos acadêmicos, se, apesar desses aparatos imponentes, apenas as disputas intermináveis devem ser seu produto?

    As dificuldades desta ciência são, pois, bem grandes, seu estudo bem difícil e os homens que chegam a conhecê-la não devem, pois, aparecer senão como esses astros que se mostram por vezes no espaço e cujo lento retorno faz com que se duvide de sua existência?

Se for assim, presumo que os romanos tenham vivido dois séculos sem médicos, e nem por isso eles desprezavam a vida, mas parecia-lhes que os médicos de então eram impotentes a prolongá-la e a governá-la. Parecia-lhes que em todas as epidemias que afligem a espécie humana, a medicina não possuía algum remédio para opor ao flagelo devastador. Eles preferiram recolher as receitas inscritas nos *ex-votos* pendurados nas paredes dos templos antigos e delas se servir para suas doenças a adotar novos medicamentos devidos aos caprichos de certas mentes, pois uns vinham de Deus e os outros da tolice humana.

Tudo mudou muito desde aquela época: essa arte duvidosa implantou-se nas nações; cresceu em importância, é um corpo potente no estado social. Os homens que exercem essa arte são homens honrados e considerados, e se nem todos são agraciados com os favores da fortuna e do poder, é porque esses filhos de Esculápio[1] tornaram-se muito numerosos e a população não aumentou proporcionalmente ao seu crescimento.

Eu sairia dos limites que propus para mim se vos mostrasse esses homens, pouco contentes com seu quinhão, invadindo os empregos e lançando-se na política. É apenas de sua ciência que vos devo falar, ciência esta monstruosa e assassina, cujos apóstolos confessam sem receio os terríveis perigos.

Não penseis que eu seja movido por um ódio cego contra uma corporação que absolutamente não conheça. Não tenho ódio de ninguém; conheço a medicina e os médicos, pois passei minha juventude nos bancos de uma escola célebre, e é com o intuito de aí encontrar a verdade que deles me aproximei. Aqui, não sou *o inimigo do homem, mas de seus princípios*; meus ataques estão fora de todas as considerações pessoais; minha única paixão sempre foi combater o erro que se opõe às leis eternas da natureza.

Os povos da Antiguidade não reconheceram que se devia ser puro para exercer a medicina? Eles dela fizeram um sacerdócio, pois nem todos os homens são chamados para exercer

---

1 N. T. – Esculápio ou Asclépio: Deus da Medicina.

essa divina função. Hoje em dia, a pureza não é compreendida, ou antes, os médicos aprenderam a desprezá-la.

Não há nada mais belo, mais grandioso do que a nobre profissão de médico, quando ele *sabe curar!* Imagem de Deus na Terra, quem é aquele que ousaria disputar-lhe as palmas da imortalidade? Mas esse ser divino não mais existe nas academias. Não, não, ciências modernas, vós ficastes para trás, pelo menos sob esse aspecto. Nada mais é sagrado nessa arte outrora tão glorificada: apenas Hipócrates merece ser lembrado e é em vão que todos os dias invocam-se sua sombra. Nossos médicos modernos esqueceram suas origens e as trevas reinam onde antigamente reinava a luz.

São esses tempos que queremos interrogar; são essas lembranças que desejamos despertar nas mentes.

Em breve, certamente, milhares de vozes unir-se-ão à nossa para pedir a reforma de uma arte que a cada dia faz vítimas, e, com o poder vindo à nossa ajuda, a verdade perseguida será estabelecida para a felicidade de todos.

O Magnetismo em Oposição à Medicina

O magnetismo em Paris
(1820 a 1835)

É coisa preciosa, a saúde, e a única, em verdade, que merece que em sua procura empreguemos não apenas o tempo, o suor, a pena, os bens, mas a própria vida; tanto mais que sem ela a vida acaba por tornar-se injuriosa. Sem ela, a volúpia, a sabedoria, a ciência e a virtude se degradam e desaparecem.

Montaigne

Eu era bem jovem quando, pela primeira vez, aprendi que homens sérios garantiam existir em nós uma força, um poder oculto que, bem empregado e firmemente dirigido, produzia fenômenos maravilhosos. O sorriso e a dúvida foram, devo confessá-lo, a primeira acolhida que dei a essas asserções.

Todavia, logo, conduzido pelo desejo de conhecer a verdade relativa às experiências de magnetismo, assisti à produção de fatos extraordinários, porém, uma tênue razão recusava-se a acreditar nas coisas estranhas que meus olhos haviam visto. Desde essa época, no entanto, não tive mais sossego: um desejo ardente de possuir a verdade apoderou-se de mim. Desmascarar a impostura, caso houvesse, ou publicar em toda parte a realidade da maravilhosa descoberta, foi uma determinação irrevocável, tão gravada em minha mente que eu lhe sacrificava meu descanso, meus prazeres e até meu futuro. Procurar os magnetizadores, escutá-los com atenção, espiar seus mínimos atos, interrogar as pessoas que lhes serviam de instrumentos foi a ocupação de meus dias, até que, finalmente, tendo eu próprio obtido a produção dos fenômenos que meu espírito recusava-se a admitir, encontrei-me na posse da ciência cuja realidade eu havia ardentemente desejado conhecer.

Para mim, foi um belo dia que nunca se apagará de minha lembrança.

Ainda duvidando do meu poder, eu acabava de mergulhar no sonambulismo duas pessoas jovens que ignoravam completamente o que era o magnetismo e que, sempre rindo dos procedimentos estranhos que eu empregava, sentiram, entretanto, vivamente sua eficácia.

É preciso que produzamos pessoalmente os efeitos magnéticos para termos uma ideia da singular perturbação que agita nossa mente quando, pela primeira vez, obtemos fatos que nos revelam nossa força. O temor e a esperança vêm, alternadamente, apoderar-se de nossas faculdades, e o novo estado que acabamos de desenvolver, mostrando-nos um mundo desconhecido, apaga ou enfraquece tudo o que nos restara das emoções hauridas da vida habitual.

Meu primeiro passo na carreira de magnetizador não mais me deixou a opção de recuar. A crença substituíra a dúvida e a cada dia fenômenos novos para mim, produzidos em circunstâncias diversas, aumentavam meu entusiasmo e ao mesmo tempo me davam o desejo que os homens a quem essa verdade devia servir participassem da mesma crença.

Demasiado jovem, então, para compreender toda a importância da descoberta de Mesmer, eu já via nela, entretanto, um meio de esclarecer os homens sobre os conceitos pré-concebidos que governam as nações, bem como a possibilidade de destruir em um determinado tempo os males produzidos por pretensas doutrinas filosóficas. Mas minha extrema timidez e meu parco conhecimento sobre os homens tornavam essa arma pouco terrível entre minhas mãos. De fato, ousar conceber o pensamento de espalhar a verdade que eu acabara de adquirir, e de fazê-la ser adotada por aqueles mesmos que a haviam rejeitado; ousar enfrentar os cientistas da época, e incitá-los a um novo exame, não seria, da minha parte, um projeto insensato, tendo em vista que a célebre decisão dos Bailly, dos Lavoisier, dos Franklin tinha sempre força de coisa julgada? Ainda mais porque os sábios contemporâneos haviam incluído seu nome nessa sentença e a opinião pública, pervertida ou ganha por um julgamento que estava longe de parecer iníquo, devia deixar bem pouca esperança de um dia vermos essa sentença modificada, e a verdade, finalmente, sair triunfante.

Os magnetizadores, em pequena quantidade, eram encabeçados por Deleuze e Puységur. Em seu estandarte lia-se escrito: *Caridade, Amor ao Bem Público, Spes boni*. Porém essas divisas provocavam o riso e o sarcasmo dos antagonistas do magnetismo. Os amigos sinceros da verdade lamentavam seu abandono, pois então nenhum médico eminente ousou dar-lhes o apoio do seu nome.

Não basta para um homem covarde matar seu inimigo, ele precisa jogá-lo na lama. Pretensos filósofos e mentes brilhantes pensaram encontrar no magnetismo algo para divertir o povo: colocaram, então, os magnetizadores no teatro, e a zombaria do público foi a recompensa concedida aos homens favoráveis ao magnetismo que queriam esclarecer e confortar seus irmãos. Magnetizador era, então, sinônimo de charlatão ou de imbecil; alguns membros da Academia até acrescentavam o epíteto de escroque.

Entretanto, novas obras foram publicadas. Marcadas por uma nobre simplicidade e grande franqueza, elas foram divulgadas pelo mundo. As pessoas comentavam-nas, censuravam-nas, mas foram vendidas e alguns homens sérios se dedicaram, no silêncio do escritório, ao seu exame minucioso.

Eu mesmo, ao ler esses escritos, julguei reconhecer que o caminho indicado para fazer progredir o magnetismo era ruim. Pensei que, longe de banir os que não acreditavam nas experiências magnéticas – como os pais da ciência haviam recomendado fazer – era preciso, ao contrário, ir direto a eles e provocá-los até mesmo em seu santuário; era preciso, enfim, não se esconder, pois a verdade não tem nada a temer e apenas o erro tem necessidade da escuridão.

Mas aqui a dificuldade era grande. Como se expor em público com a marca ignóbil que os cientistas haviam gravado na fronte dos magnetizadores? Como afrontar o riso que se apoderava das mentes superiores quando um magnetizador aparecesse em sua presença? E, no entanto, não faltavam pessoas corajosas capazes de realizar a proeza, se outra dificuldade maior que a primeira não se apresentasse à mente dos experimentadores: todos sabiam que o recolhimento do magnetizador era necessário, todos estavam convencidos de que a tranquilidade da alma era uma condição essencial para o êxito da operação magnética.

E como conservar essa disposição na presença de homens que vos acolhem com risos e brincadeiras de mau gosto que, embora de uso habitual do orgulho ou de uma vaidade imbecil, também são aplaudidas com arrebatamento por aqueles que os ouvem?

Era, pois, certo que o sucesso fosse duvidoso; até mesmo alguns magnetizadores haviam se arrependido de terem tentado essa via.

Um jornal, *A Biblioteca do Magnetismo*, publicava, é verdade, as curas operadas por vários magnetizadores; materiais preciosos eram assim recolhidos para servir à história do magnetismo; mas essa descoberta continuava concentrada nas mãos de um pequeno número de adeptos. As corporações científicas continuavam alheias a tudo isso. Com muito pouco a temer por seus ataques, o jornal do qual falamos só obteve o desdém de nossos soberbos e numerosos adversários.

Um único fato veio fazer cessar sua pacificidade e novamente dar vida a uma questão que, havia muito tempo, não mais inquietava as mentes.

Eu ousei fazer experiências públicas no primeiro hospital de Paris, o Hôtel-Dieu, em presença de quarenta médicos incrédulos, e defender o magnetismo, não como advogado, mas como magnetizador.

Uma moça, enferma havia mais de um ano, que todos os dias vomitava sangue, sem que os mais assíduos cuidados e os mais enérgicos medicamentos pudessem aliviá-la, definhava nesse hospital. Seu marasmo era tal que poderíamos, sem erro, anunciar seu fim próximo. Escolhemos essa jovem para testarmos a experiência, e ela foi transportada sobre uma maca para um cômodo separado, no qual eu solicitara que as experiências fossem feitas.

Era quase um cadáver que me deram para galvanizar por

meio desse *pretenso magnetismo animal* e, devo dizê-lo aqui, era uma mistificação que julgavam ter preparado para mim. Mas Deus quis que aquele que esperava por sua Providência saísse vitorioso de uma prova em que era necessária, não a coragem para obter êxito, mas a resignação.

Hoje, tais experiências seriam uma coisa simples; as mentes estão preparadas e apenas a dúvida acolheria o experimentador. Mas estávamos em 1820, e então, como já disse, magnetizador era sinônimo de charlatão e eu, tão jovem, nem mesmo inspirava desconfiança aos homens que haviam consentido em me receber; eu só lhes inspirava piedade!

Não citarei aqui os pormenores dessas experiências, uma publicação reuniu-as na época,[1] mas apenas as consequências que elas tiveram para o magnetismo.

Entre as testemunhas dessas experiências, encontram-se vários homens que não se limitaram a publicar a verdade; eles magnetizaram corajosamente, como eu também o fizera, e diante de um grande número de médicos, conseguiram reproduzir os fenômenos magnéticos e sonambúlicos observados no Hôtel-Dieu.

Primeiramente, foi o doutor Margue, assistente do hospital Salpêtrière, que teve a felicidade de obter o sonambulismo em mais de dez doentes. A seguir, Georget, adquiriu, por meio de numerosas experiências, uma tão grande convicção que ousou contradizer suas opiniões materialistas, constantes em várias obras, e declarar publicamente que o magnetismo provava-lhe a espiritualidade da alma. O célebre professor Rostan foi, quase ao mesmo tempo, confessar no seio da Escola a existência dessa força tão extraordinária chamada magnetismo. Ele até publicou em um dicionário de medicina uma profissão de fé tão clara, tão franca em favor da verdade que nós defendemos, que de todos os lugares exclamaram: "Ronstan não pôde escrever essas coisas; esse artigo não saiu da pena do verdadeiro Ronstan!". Mas esse homem sincero logo sustentou, no meio de um grande concurso de alunos que seu mérito atraía a suas lições, a realidade da descoberta de Mesmer; e lançando palavras duras sobre os que absolutamente não criam no magnetismo, ele fazia

---

1 *Expériences publiques sur le magnétisme [Experiências públicas sobre o magnetismo]*, realizadas no Hôtel-Dieu, em 1820. Terceira edição, Béchet Jeune e A. René et Cie.

o desprezo com que os homens gostariam de cobri-lo recair sobre eles próprios.

Minhas experiências no Hôtel-Dieu só conseguiram inflamar meu ardor. Em todos os lugares eu provocava o exame e, apelando da sentença contra Mesmer, em 1784, colocava diante dos olhos de todos aqueles que queriam ver os fatos vivos que nos deviam fazer reconquistar a opinião pública.

O doutor Bertrand publicava seu erudito *Tratado de sonambulismo*, Chardel o *Esboço da Natureza Humana*, Deleuze *Instrução Prática sobre o Magnetismo*. A esperança voltava, assim, a todos os que desejavam a vitória do magnetismo porque eles haviam percebido seus benefícios; eles reuniram seus esforços para ampliar seu conhecimento e seu emprego.

O sonambulismo foi novamente pesquisado e estudado, não pela totalidade dos médicos, mas apenas por alguns que tiveram a coragem de confessar sua crença. Um deles, o doutor Foissac, ousou (em 1826) solicitar à Academia de Medicina um exame solene, oferecendo-se a fazer todas as experiências necessárias para convencê-la. A Academia, já abalada pela opinião de vários membros, julgou não dever recusar e decidiu nomear uma comissão provisória, encarregada de elaborar um relatório provisório, no qual lhe seria explicado se ela poderia, sem se comprometer, examinar os fatos de magnetismo e de sonambulismo cujos relatos lhe chegavam de todas as partes.

O doutor Frappart, por sua vez, conseguira fazer com que Broussais e seus filhos aderissem à nossa causa, realizando experiências em Val-de-Grâce. Quanto a mim, por meio de um apelo aos jovens da Escola, indo mais diretamente ao objetivo, criei um curso público de magnetismo em um grande espaço da passagem Dauphine e cerca de seiscentos ou setecentos alunos compareceram. Ousei, diante deles, levantar dúvidas sobre a sinceridade da opinião dos professores que tentavam dissuadi-los de estudar o magnetismo; ousei proclamar bem alto os fenômenos estranhos do sonambulismo e os benefícios do magnetismo. Devido a isso, tive que enfrentar as ameaças de uma juventude enganada, tive que superar todo temor, pois, enganados sobre os meus princípios, antes de me terem ouvido, meus ouvintes julgavam que eu era um jesuíta e tinham-se preparado a me tratar como tal.

Entretanto, nada de desagradável ocorreu. Logo compreenderam que o homem que desejava um exame público dos seus atos não poderia ser um homem mau. Meu curso terminou pacificamente e muitos dos que lá tinham ido para serem meus contraditores tornaram-se meus amigos. Finalmente a verdade começava a vir à tona e a fazer eco em Paris. Já podíamos falar de nossa crença. As pessoas ainda eram taxadas de entusiastas, de propensas à quimera, de iluministas, mas já não passavam por hipócritas ou escroques.

A demora que levou o magnetismo a se tornar um embaraço para os cientistas não mais me surpreendia. Essa marcha progressiva vinha da própria natureza dos fatos que servem de base a essa ciência. Com efeito, os homens deste século, habituado a ver na natureza apenas o lado material das coisas, a pensarem em tudo, a analisarem tudo, deviam, necessariamente, rejeitar uma verdade que talvez seja mais do campo moral do que do campo puramente físico.

Assim, como convencer facilmente esses homens que queriam não apenas ver os fenômenos do magnetismo, como também, primeiramente, certificar-se da causa que os originavam, e certificar-se disso pelos mesmos meios que servem ordinariamente a estudar os agentes puramente materiais e físicos?

Um incrédulo de boa-fé vos dizia: "Podemos ver este pretenso fluido magnético?" – Vós responderíeis: "Só podemos mostrá-lo pela sua ação sobre o corpo humano: eis os fenômenos que são, evidentemente, seu produto". E exibiríeis pessoas que sentiam vivamente sua ação. Mas era sobre si mesmo que o incrédulo gostaria de ver agir essa força e, se cedendo ao desejo que vós havíeis de convencê-lo, não o mergulhásseis imediatamente no sonambulismo, ele rapidamente conquistaria a opinião das pessoas que haviam sido testemunhas do debate.

"Fazei este cavalo entrar em estado de sonambulismo – dizia o senhor Virey –. Não o podeis? Então vosso magnetismo é uma quimera".

Se explicásseis que era preciso tempo para agir, que certas disposições eram necessárias, suspeitariam de vós; se, magnetizando, obtivésseis, primeiramente, efeitos leves, pois é bastante raro ver a primeira magnetização produzir outra coisa, explicar-

-vos-iam assim os fatos que tinham sido constatados: é o repouso – diria um; é minha imaginação – diria outro. Se produzísseis o sono, seria completamente diferente; seria devido ao tédio, à monotonia dos gestos, à agitação do ar etc. Não vos faltariam argumentos para responder, mas eles fracassariam diante desta apóstrofe: "Mostrai-me esse pretenso fluido do qual falais sem cessar e acreditarei no magnetismo". Mas se a natureza o fez incolor, como o do imã, por exemplo; se ela desejou que vários dos seus efeitos não fossem visíveis, embora reais, quer dizer, moleculares e, consequentemente, tangíveis somente com o tempo, não restariam, pois, senão os efeitos nervosos que pudessem convencer e seriam, sobretudo, aqueles dos quais não gostariam de ouvir falar. E por que as pessoas não queriam admiti-los? Porque a natureza os produz, às vezes, sozinha e sem o magnetismo. Com efeito, falávamos de espasmos determinados pelo magnetismo? Eles são frequentes sem ele. De convulsões? Mas quem não as viu sempre serem produzidas? De catalepsia? Muitos médicos, no exercício de sua profissão, encontraram essa crise. É verdade que somente nós podíamos produzir, à vontade, esses diversos fenômenos, mas as pessoas sempre rejeitavam sua verdadeira causa porque não podíamos torná-la sensível aos olhos. Um dia, os mesmos fatos seriam usados para atemorizar sobre os perigos do magnetismo, mas a ocasião ainda não chegou. Se vós dissésseis aos antagonistas do magnetismo: "Magnetizai vós mesmos as pessoas em seu sono natural e as vereis sensíveis à vossa ação", eles vos responderiam que eles não tinham fé. Se garantísseis a eles que a fé não era absolutamente necessária, mas apenas a vontade, eles vos responderiam: "Eu veria que eu não acreditaria".

Recordo-me muito bem que um dia, confrontando-me com um sábio doutor, tivemos a seguinte conversa:

– Se diante de vós – eu lhe dizia – eu agisse sobre este doente aqui presente, e, paralisando os músculos do seu peito e suspendendo-lhe os movimentos do coração, eu o fizesse subitamente cair morto, acreditaríeis no magnetismo?

– Sim certamente, ele respondeu.

Depois, voltando atrás:

– Eu poderia explicar sua morte por outras causas que não

O Magnetismo em Oposição à Medicina 23

fossem o vosso magnetismo, pois podemos morrer de morte súbita.
– Admito vossa suposição – respondi-lhe –, mas enfim, se eu o ressuscitasse no momento em que, não dando mais sinal de vida, ele teria sido reconhecido como morto, bem morto?
– Eu diria que a morte era apenas aparente, que não havia sinais de putrefação etc.

Se a semelhantes adversários falásseis de curas notáveis operadas pelo magnetismo em enfermos abandonados por toda a medicina, eles responderiam: "O que pretendeis provar? Será que não sabemos que muitos doentes podem sarar sem a medicina e, até mesmo, apesar da medicina? Será que todos os dias não encontramos no mundo pessoas que condenamos e que não apenas sobrevivem aos nossos julgamentos, mas que vão tão bem como nós?".

Enfim, para provar que não tínheis mais razão nessa circunstância do que em todas as outras, eles chegavam até a se tornarem ateus em medicina, até a negar positivamente a utilidade dessa ciência, pretendendo que era apenas a natureza que curava. De acordo com esse ponto de vista, eles avançavam singularmente nossas causas e temos que agradecer-lhes essa confissão, pois todos os nossos esforços tendem a provar essa verdade, ou seja, que é a natureza que cura, que é preciso apenas sabermos ajudá-la em suas operações e dar-lhe matérias de reparação quando ela estiver prestes a sucumbir.

Acabamos de ver como as dificuldades eram grandes, como os obstáculos eram difíceis de superar com os nossos adversários em geral.

Quanto mais os fenômenos magnéticos eram maravilhosos, menos eles estavam dispostos a acreditar na realidade do magnetismo. A culpa, entretanto, não era nossa, mas da natureza: era ela a quem acusavam, pois era sobre sua obra que chamávamos a atenção do público e não sobre a nossa, pois somos apenas os instrumentos dos quais ela se serve para manifestar seu poder.

Porém, não vemos todos os dias cientistas se surpreenderem com um fato novo, porque esse fato parece atrapalhar seu sistema e atrapalhar sua concepção, como se conhecêssemos todos dos mistérios da natureza, como se ela nada mais tivesse a nos ensinar? Erro estranho! Mal descobrimos esse oceano de maravilhas que nos rodeia e já pensamos ter sondado sua profundeza!

A comissão preparatória fizera seu relatório e, por intermédio do senhor Husson, ela garantia que a Academia podia, sem absolutamente se comprometer, consentir que se fizesse o exame que lhe haviam proposto. Em sua pesquisa, essa comissão constatara que o magnetismo era praticado e exercido por homens muito respeitáveis que, embora não sendo médicos, mereciam igual confiança. Enfim, o relatório era tão encorajador que a Academia, sem maiores discussões, adotara suas conclusões e nomeara uma nova comissão composta por onze membros escolhidos entre os mais distintos dessa ilustre corporação.

Dois jornais, dedicados à defesa do magnetismo, divulgavam o conhecimento dos fatos novos e, por seus artigos, a província adquiriu uma espécie de entusiasmo pelo sonambulismo.

Homens que haviam troçado do magnetismo e escrito contra sua existência, voltaram atrás em suas opiniões e confessaram estarem convencidos. Foi assim que vimos Pigault-Lebrun defender calorosamente a existência de uma verdade que outrora combatera.

Mas a grande questão era o trabalho da última comissão. O que fazia ela? Cumpria sua missão? Os magnetizadores haviam justificado suas asserções? Um profundo segredo era guardado sobre seus trabalhos. Estávamos certos da probidade dos médicos que a compunham: Husson, Fouquier, Marc, Guéneau de Mussy, Itard, Bourdois etc. inspiravam toda a confiança. Porém o tempo passava sem que o relatório fosse anunciado.

O doutor Foissac deixara de se ocupar em apresentar fatos aos membros da comissão nomeados, mas garantia ter produzido fatos convincentes.

Quanto a mim, eu pretendia ter colocado em estado magnético um membro da Academia que fazia parte da comissão, o senhor Itard, e isso em presença dos seus colegas. O senhor Double, incrédulo, fora uma das testemunhas desse fato e, devo dizer a respeito desse médico, que ele fez o possível para não ficar até o fim da sessão: estava visivelmente inquieto, agitado, pois devia assinar uma ata e nesse caso, era impossível alegar a complacência ou a conivência. Dessa forma, por três vezes o senhor Husson foi obrigado a retê-lo e, no final, o senhor Double não ousou recusar sua assinatura.

Citei pormenores circunstanciados sobre outra sessão na Academia, onde um dos meus sonâmbulos jogou cartas com três cientistas acadêmicos que haviam mantido seus olhos bem abertos, enquanto que os do sonâmbulo estavam completamente fechados. Entretanto, a partida não era igualitária, pois, este último, embora de olhos fechados, via perfeitamente o jogo do seu adversário e, consequentemente, ganhou com muito mais frequência do que ele.

A opinião de Cuvier, favorável ao magnetismo, apesar de timidamente expressada, aumentava nossa esperança.

Laplace, no seu cálculo das probabilidades, afirmando sua crença, mantinha os incrédulos em uma prudente reserva.

Ampère foi muito mais longe que esses cientistas na afirmação dos fenômenos magnéticos.

Francœur, explicando os fatos observados por um médico ilustre, no Departamento de Ardèche, ousou, em uma sessão na Sociedade Filomática, falar da visão sem o auxílio dos olhos e da previsão.

Novas experiências, realizadas publicamente em alguns hospitais de Paris, diante dos olhos da comissão, anunciaram, finalmente, que um exame sério fora feito. Mas era apenas uma luz passageira, pois esse ardor logo foi arrefecido: o conselho dos asilos, levado por motivos inexplicáveis, opôs-se ao prosseguimento dessas experiências e os membros da comissão não tiveram coragem ou força suficiente para desprezarem essa decisão digna da Idade Média.

Os acontecimentos políticos de 1830 vieram agitar os espíritos e dar outra direção às ideias; o relatório da comissão foi, por esse motivo, retardado por um ano.

Nessa época, os tribunais franceses foram chamados para julgar causas em que o sonambulismo magnético representava um papel pouco digno; seu mau emprego dera lugar a abusos graves, e as mulheres consideradas culpadas dos abusos citados foram condenadas a multas assaz consideráveis.

Os jovens cheios de ardor que eu havia convencido sobre o magnetismo produziam sem cessar fenômenos notáveis, eles nada temiam, pois eu prometera ir ao seu socorro se lhes acontecesse casos de embaraço. Assim, vários recorreram a mim, e dando-lhes a prova de um grande poder, ensinei-lhes a desenvolver o deles, a bem controlá-lo e a se deterem em limites que eu julgava que não deviam ser ultrapassados.[2]

Quase na mesma época, teses sobre o magnetismo apareceram na Faculdade. Era uma inovação digna de nota; entretanto, a ousadia desses escritos não foi demasiadamente censurada, pois o grau de doutor não foi recusado devido às crenças neles expressas.

Enfim, anunciaram oficialmente a leitura do relatório da comissão do magnetismo. Foi em 21 de junho de 1831 que essa leitura teve início. Assim, foram necessários seis anos para se obter a verificação de um fato.

A assembleia estava lotada, pois lá iria se travar uma grande batalha. Os campeões que se opunham às ideias novas eram numerosos; podiam facilmente ser reconhecidos, pois eram os mais idosos, o que não significa que eram os mais respeitáveis. Os homens sem preconceitos, os que queriam a verdade por amor a ela, também estavam no seu posto. Não tendo mergulhado nas antigas querelas que outrora o magnetismo provocou, eles observavam-no, sem rancor, tomar lugar entre as ciências e seguir o caminho natural que, todos os dias, abre-se para todos os outros conhecimentos humanos.

A leitura começou e, logo, pudemos perceber o despeito de alguns, a irritação de outros, porém, em nenhuma parte a indiferença, pois os mais frios estavam singularmente agitados. Seria difícil descrever aquela sessão; o homem desinteressado na questão do magnetismo que tivesse sido testemunha desses tristes debates, teria saído desesperado de ver uma ideia nova lutando com a Academia, e teria deixado o santuário da ciência, acreditando, certamente, ter permanecido algum tempo em um hospício.

O que pedia, pois, a comissão? Que se adotasse o magnetismo? Não. Ela comunicava à Academia aquilo que vira e constatara; comprometia-se a novas pesquisas e limitava-se a fazer votos para que o magnetismo entrasse no campo da medicina e

---
2 Como fico satisfeito quando revejo meus antigos alunos! Se o magnetismo fosse charlatanismo, o tempo não os teria esclarecido e, no lugar de pessoalmente comprovarem o que sinto por eles, não temeriam se aproximar de mim?

que cessasse de ser explorado por charlatães.

A comissão exigia, ao menos, que se acreditasse nela sob palavra? Não, nada semelhante saiu da boca do relator. "Examinai vós mesmos, magnetizai vós mesmos – dizia ele – e adquirireis uma certeza que apenas pode vir seguindo os passos que seguimos".

Nada era mais razoável que aquele relatório. A sabedoria guiara sua redação, mas aquele inoportuno trabalho, além da prova da existência do magnetismo, continha ainda inúmeros fatos de visão sem o auxílio dos olhos, de previsões, de ações à distância e, escutai bem, de exemplos de instinto sobre os remédios entre os sonâmbulos!

Todos esses fatos foram coletados e constatados com uma escrupulosa boa-fé por homens de mérito e capacidade reconhecidos. Todavia, ouvíamos de todas as partes: "Mas como! Pessoas sem os nossos conhecimentos prediriam, melhor do que podemos fazê-lo, as diversas modificações de sua organização e anunciariam, sem estudos médicos, quais são os remédios necessários à sua cura ou ao alívio de seus males? Isso não é possível! É uma mentira, e os membros da comissão, aliás tão esclarecidos, perderam, com toda a certeza, a razão!".

Não, sábios doutores, acalmai-vos, vossos colegas têm o cérebro em um estado normal; a verdade que não quereis ver nem compreender, eles viram e compreenderam, e dela vos revelaram apenas uma pequena parte, que as próprias formas da linguagem ainda amenizaram.

Os membros da comissão saíram arrasados da contenda. Sua obra consciensiosa perdeu-se nas gavetas da Academia, e a agitação causada por esses debates não tardou a cessar. Os paladinos antimagnéticos haviam esvaziado suas bolsas cheias de injúrias e sofismas. Era realmente preciso descansar; o trabalho fora demasiado laborioso e, sobretudo, bem proveitoso.

Testemunha daquela triste luta, que durara duas sessões, saí com o coração desolado. "Como? – eu me dizia – a ciência que ensinamos deve passar por semelhante canal para chegar ao público! Como? São esses os juízes imparciais que escolhemos! Oh! Piedade para eles! Envergonho-me de ter tido, por um momento, a ideia de esclarecê-los e dar-lhes a posse da verdade mesmeriana: se eles não têm sabedoria suficiente para compreendê-la, como possuirão as virtudes necessárias para empregá-la de modo útil? A partir desse momento, dei outro rumo à minha atividade. Acabava de conseguir uma nova prova de que nada havia a esperar das corporações científicas, e que os magnetizadores haviam perdido seu tempo obstinando-se a bater à porta da Academia. Estava amargamente arrependido: a perda de tantos anos empregados em perseguir uma obra impossível afligia-me profundamente, mas também não me desanimou.

Os médicos – eu me dizia – não querem apoderar-se de um potente meio de curar os enfermos. Devemos lamentar uma cegueira tão estúpida!

Os fisiologistas desprezavam o estudo de uma descoberta que pode fazer que reconheçamos novas leis da vida; devemos deixá-los viver na sua ignorância. Os filósofos recusam ou recuam diante do exame de uma ciência que pode esclarecê-los com uma viva luz; devemos desistir de convencê-los. Doravante, tudo pelo povo. Instruir a massa de cidadãos que o erro explora, e indicar as pessoas cujo egoísmo impede a divulgação da verdade deve ser a regra de conduta de cada magnetizador. Imbuído dessa ideia, abri um curso público na "Athénée Central" e ali, diante de um auditório de mais de seiscentas pessoas, ousei pronunciar o discurso que ireis ler. Dessa forma, eu rompia com meu passado, que fora de plena abnegação pelos cientistas e ensinava o único caminho a seguir para forçá-los ao exame, pois talvez eles se cansem de ficarem sempre para trás.

Discurso sobre o magnetismo animal, pronunciado no dia 13 de fevereiro de 1835, na Athénée Central

Senhores
Convencido de uma grande verdade, por muito tempo hesitei em revelá-la inteiramente. Julguei que, revelando sua importância por etapas, eu atemorizaria menos as pessoas que devem sofrê-la, ou antes, que eu disporei para apoderar-se dela e difundi-la em seu próprio interesse. Meus discursos não as tocaram, meus apelos encontraram-nas surdas, e os fenômenos que deviam esclarecê-las não obti-

veram esse resultado. Devia calar-me e encerrar em meu seio o germe que julgava fecundo? Devia imitar nossos cientistas, deixar à geração que nos segue o cuidado de desenvolver e de fazer conhecer uma verdade que deve jogar uma tão grande luz sobre todas as ciências? Não, separei-me dos corações frios, dos corações que não se comovem com os sofrimentos da humanidade, mais sensíveis ao seu próprio interesse que ao interesse da ciência. Reconheci tarde demais que meus discursos sinceros não iriam produzir eco entre eles, e lamentando um tempo perdido em vão, tomei partido de divulgar no mundo aquilo que apenas os cientistas deviam primeiramente conhecer. Que eles acusem, então, apenas sua conduta pelo desprezo que sentiremos por eles, que sofram duras críticas que temos o direito de lhes endereçar, e se alguns males são consequência de uma aplicação irrefletida dos novos princípios que vou vos expor, devemos responsabilizar os cientistas e, sobretudo, os médicos que deviam traçar suas regras e que não o fizeram.

Vamos demonstrar-vos as peças de um grande processo, processo que interessa a toda a humanidade, pois se trata de uma nova arte de curar os males que nos afligem, e de uma verdade que deve colocar sobre novas bases as ciências morais e físicas.

Nesse exame, afastaremos de nós qualquer fraqueza; nós vos falaremos sem rancor e sem paixão; nossa linguagem será sincera, e nossas revelações, talvez mais fortes do que a prudência exigiria, não vos deixarão nenhuma dúvida sobre a pureza de nossas intenções.

Comecemos, pois, o exame desta grande questão; façamos penetrar em vossas mentes a convicção que nos domina, e já que vos tornareis meus juízes, é vosso dever escutar-me com atenção.

Senhores, de todas as partes, homens honrados, de julgamento justo, fazem apelo ao mundo para uma antiga descoberta, sempre contestada.

Eles dizem:

O homem possui propriedades maravilhosas que quase o iguala aos deuses: ele pode agir sobre seus semelhantes e sobre toda a natureza viva; ele pode ser colocado em um estado no qual lhe são revelados seus altos destinos sobre a Terra; ele, enfim, pode modificar à vontade aquilo que parece escapar aos seus sentidos, e essa ação moral e física pode ser reconhecida, estudada, provada, pois todos os homens estão aptos a senti-la e comunicá-la. Somente a ignorância e a má-fé podem colocá-la em dúvida.

A tais asserções tão positivas, o que respondem as pessoas que detêm a posse da ciência e que lideram a opinião pública?
Elas dizem:

Todas as maravilhas das quais falais são mentiras. A mais remota Antiguidade foi infectada com elas; ela acreditou, como vós, no poder do homem sobre o homem, nas revelações, nas previsões, e em todas as épocas encontraram-se pessoas que pretendiam ter um poder sobrenatural. Mas também foram encontrados sábios como nós que possuíam a verdadeira luz e que rejeitaram todas essas quimeras. Cessai, pois, de nos perseguir com vossas proposições de exame; a ciência nada tem a aprender convosco; sois loucos ou imbecis, só nos inspirais piedade!

Felizes cientistas, devemos nos inclinar diante de vossas luzes, e a nação deve vos erguer altares!
Que o povo se curve e abaixe a cabeça! Que ele cite com orgulho os nomes desses ilustres sábios; que ele adote como dogmas seus julgamentos, isso absolutamente não me surpreende: o homem parece ter sido feito para a mentira; sem isso teria sido difícil explorá-lo. Ah, senhores, não posso vos descrever os meus sentimentos: não é rancor, não é desprezo; é uma aflição profunda à vista dos obstáculos que sempre se opuseram ao reinado da verdade sobre a Terra. É, então, bem verdade que *Deus entregou o mundo às disputas dos homens*; é, pois, bem verdade que tudo será sempre dúvida e incerteza, e que tanto as nações como os indivíduos desaparecerão da Terra sem deixarem outra coisa, como marcas de sua passagem, além de opiniões vãs.

E quando um homem, no meio desse caos, terá vindo dizer ao mundo: "Para aqui tua corrida, a verdade que persegues está ao teu lado, ela te seguiu por toda parte e não a reconheceste; quando julgaste tê-la agarrado, seguravas apenas sua sombra", esse homem só terá obtido como prêmio de sua virtude e de seu afortunado gênio o exílio e, talvez, o cadafalso.

Expulsemos para bem longe de nós essa triste verdade; esqueçamos, se possível, a história dos tempos antigos, mas marquemos com ferro em brasa os cientistas de nossa época que, menos cruéis que seus precursores, não estiveram mais preocupados com sua honra e não foram mais amigos da verdade.

Façamos luzir aos vossos olhos sua chama; que sua viva claridade vos penetre, que seus raios vos mostrem o falso saber encoberto com o manto da verdade. Não mais será possível, então, enganar-vos e fazer-vos crer em uma superioridade que apenas vem de uma falta de exame e do hábito que tendes de deixar aos outros o cuidado de dirigir vossos destinos.

O que será de nossos grandes doutores, se lhes provarmos imediatamente que cada indivíduo tem em si mesmo um princípio natural, superior em inteligência à sua mente e à sua elevada razão? O que eles farão de seu saber obtido com tantas dificuldades e tantos cuidados, se logo for reconhecido que em um cérebro virgem de seus sofismas encontra-se algo para desmascará-los? E vós, filósofos sonhadores que julgais conhecer o homem e seus destinos, rasgai vossos sistemas, pois quando os escrevestes tínheis um sentido a menos que o último dos sonâmbulos.

Ah! Sinto quão grande e bela é minha missão, mas não me iludo, conheço de antemão os escolhos e os perigos que estão semeados no meu caminho, mas o que importa? Confio na minha coragem, ela não me abandonará; meu único temor é que a fraqueza dos meus meios não vos ofereça, senhores, um defensor como exige essa grande verdade.

Assim, neste recinto, faço apelo a todos os homens generosos, e lhes digo: o magnetismo é uma alavanca poderosa que pode erguer o mundo moral e o mundo físico. Ajudai-me a fazê-la se mover.

Se, entretanto, meus discursos não encontrarem eco mo meio de vós, ah, longe estarei de querer-vos mal. Conheço em demasia o império dos preconceitos e dos vãos sistemas que hoje em dia reinam, graças à vaidade e ao egoísmo dos corpos científicos. Mas, apesar deles, a luz que eles recusam se difundirá; logo ouvirão pessoas alheias a todas as ciências dizerem, ao vê-los: "Estes homens só têm paixão pelos velhos erros; eles recuaram diante do que podia esclarecê-los; e julgando que a mentira devia servir seus interesses, combateram a retidão e caluniaram a virtude".

E quando, diante dos seus olhos, se produzirem fatos dignos de admiração, fatos que eles não serão chamados para julgar, pois terão perdido esse direito, que todos percebam a inquietação de sua alma e se lembrem de que a verdade para aquele que a negou é um ferro ardente, um verme que corrói o coração.

E quando, por sua vez, os médicos vierem queixar-se de que o magnetismo está invadindo a medicina, e que, sem seu ministério, enfermos foram curados, que lhes seja respondido: "Mesmer, ao vir até vós, julgou que fosseis dignos de conhecer sua doutrina; ele vos pediu, suplicou para examinardes os efeitos que ele produzia; desejava que fôsseis os únicos juízes de sua descoberta; publicastes, sem querer ouvi-lo, que ele não passava de um visionário e de um charlatão, e depois de o terdes escutado, acrescentastes aos vossos desagradáveis epítetos que a doutrina magnética era perigosa e pérfida, e conclamastes o governo da época a proscrevê-los".

Posteriormente, homens esclarecidos, como Puységur, Deleuze e cem outros, reconhecendo a falsidade os vossos julgamentos, fizeram apelo às vossas luzes, à vossa boa-fé; mas não quisestes escutá-los; vossos ouvidos, surdos às verdades que suas obras revelavam, não se abriram senão para escutar as acusações que lançavam contra elas as pessoas habituadas a apenas defenderem as injustiças. E quando homens generosos foram aos vossos santuários para tentarem convencer-vos curando alguns de vossos doentes, o riso e o sarcasmo foram a primeira acolhida que destes a eles. Mas forçados a render-vos diante das provas evidentes que vos forneciam os magnetizadores, guardastes o silêncio e, quando foi necessário justificar-vos da injustiça da qual vos acusavam, reconhecestes então, em insignificantes relatórios, a metade dos fatos e, coisa inaudita, não quisestes publicar aquilo que reconhecestes como verdadeiro.

Entretanto, a verdade, apesar de vossos entraves, saiu do círculo que traçastes em torno dela: o magnetismo, que julgáveis derrotado, levanta-se após vários séculos, mas é para triunfar e para estender suas asas sobre o mundo. Gênio poderoso que abraças o Universo, ah, se um destino lamentável quis que restaste por muito tempo ignorado, e que fosses combatido, foi para que teu triunfo fosse mais solene!

O público leu vossos relatórios, senhores, imprimiram-nos e entregaram-nos, contra vossa vontade, ao julgamento dos homens que gostavam de se esclarecer; penetrou as causas de vossas reticências, adivinhou vossos motivos de rancor e, sabendo que vos foi necessário seis anos para produzir um tão ínfimo trabalho, disse que nunca, nos nossos dias, a verdade seria reconhecida por vós, que o magnetismo, se ele pudesse curar apenas uma pessoa, seria ainda demasiado importante pelo novo dia que ele jogaria sobre a hidra de vossos sistemas, e pela reviravolta que ele produziria nas ideias que vós vos fizestes do homem e da natureza.

Quisestes encobrir a verdade; mas é chegada uma época em que a mentira por si só se arruína.

Infelizes daqueles que por muito tempo resistiram à verdade, porque sua derrota é mais do que ignominiosa!

A verdade vai direto ao objetivo; ela caminha abertamente, não prega armadilhas, mas cada golpe que desfere, atinge o alvo.

Nós faremos tremer aqueles que acusaram nossas intenções e ignoraram a vontade que tínhamos de fazer o bem e, um dia, todos reunidos, derrubaremos o altar onde os falsos deuses são incensados, os templos onde apenas são sacrificadas vítimas humanas e, arrancando a máscara dos sacerdotes mentirosos que recebem as oferendas, nós os exibiremos à multidão cobertos com o sangue de seus irmãos e com o seu próprio sangue; tomaremos o poder que haviam usurpado, poder de vida e de morte que a si tinham arrogado; e a sociedade, readquirindo seus direitos, não será mais um rebanho de carneiros que uma corporação, chamada Faculdade de Medicina, dizima de acordo com sua fantasia sem ter contas a prestar, mesmo aos seus cúmplices.

Reergueis agora a estátua de Esculápio, colocai-a sob vossos pórticos, mas lembrai-vos que era aos templos desse deus que as pessoas iam dormir para encontrar a saúde, e que elas não vão mais aos vossos a não ser para lá morrerem.

Magnetismo! Poder que decorre da alma, poder que nasce com o homem e só morre com ele, poder que pode tudo vencer, poder que percorre o espaço com a rapidez dos espíritos, e que atinge qualquer objeto a que esteja ligado! Poder sobrenatural, que não podemos traduzir pelas palavras, poder que vem da divindade e que torna o homem grande, nobre e igual aos deuses!

Esse poder pode, como o raio, abater o homem e, embora invisível, é mais forte e mais potente que todas as forças físicas que o homem reuniu.

Mas, para exercê-lo, é preciso que o homem tenha um domínio absoluto sobre todos os seus pensamentos.

É preciso que ele esteja livre de todos os pensamentos impuros, a fim de que nenhum remorso o impeça de possuí--lo com toda a sua energia.

Óh, vós que quereis magnetizar, pensai, então, que essa força é divina e que ela não pode se aliar ao vício.

Começai por purificar vossa alma, expulsai todos os maus pensamentos, não toqueis em coisas sagradas com mãos profanas; já sereis bastante virtuosos se apenas o desejo de fazer o bem para a humanidade seja vossa única virtude.

Esmagareis a cabeça do monstro terrível da impostura, e apenas o prazer de terdes praticado o bem vos fará provar antecipadamente a felicidade e as puras alegrias que os sábios esperam ao fim de sua vida. Mas não vos enganeis: todas essas alegrias e esses prazeres não são obtidos sem dificuldades e sem trabalho. Evitai, pois, a indolência; dizei-vos: é preciso, eu quero; e que uma ação incessante emita de vossa alma esse princípio de vida, mais precioso que todas as vossas riquezas.

Logo que o homem preguiçoso parar de querer, seus braços cessarão de obedecer; não vos queixeis de vossa fraqueza, sempre temos bastante força física quando a alma e o coração estão de acordo. O sábio verdadeiramente sábio, sempre possui as forças da alma que recebeu da natureza: apenas a morte pode privá-lo delas.
Pois bem! Imitai-o, sede como ele, não deixai a inquietação tomar conta de vossa alma quando, armados de uma vontade forte e cheios de confiança na verdade, encontrardes homens que vos considerarão impostores, entusiastas, sonhadores, talvez velhacos, até assassinos; que vosso coração não desanime; continuai a fazer o bem aos homens, aliviando seus males e difundindo uma doutrina simples e consoladora; a única doutrina verdadeira, pois repousa inteiramente na natureza e nas suas leis imutáveis. Por esse caminho, ganhareis vossos próprios inimigos: longe de evitá-los, ides diretamente a eles, perguntai-lhes qual é a causa de sua incredulidade, tratai de levá-los a ver os fatos; mostrai-lhes a natureza obediente aos vossos desejos quando estes estão baseados no bem; se ainda eles não acreditarem, submetei-os à vossa ação; fazei penetrar em seus órgãos o princípio de vida do qual podeis dispor; fazei-o sem ódio e sem cólera, pois tereis mais força; o menor fato que produzirdes será mais convincente para eles do que todos aqueles que vos viram produzir nos outros.
Ensinai-lhes o mecanismo de vossa ação, dizei-lhes que a vontade de agir é o seu primeiro móbil; colocai-os, a seguir, nas mais favoráveis circunstâncias.
Fazei-os experimentar seu poder nascente em crianças ou em homens adormecidos e quando eles tiverem visto estes últimos sensíveis, mesmo de longe, a simples movimentos da mão, tereis atingido vosso objetivo, tereis convencido o incrédulo e, então, não mais tereis que modelar seu zelo. Ele vos chamará de entusiasta, ele também o será; será até mais que vós, pois vós sabeis como agis, é a vossa fria razão iluminada pela experiência e pela verdade; ele ainda não sabe; vós o vereis provocando efeitos que não poderá conduzir e sereis obrigados a ajudá-lo com conselhos, corrigir seus erros e talvez reparar os acidentes dos quais ele foi a

causa; logo ele aprenderá a ler no livro da natureza. Sentirá, então, tudo o que há de grande, de sublime no magnetismo; ele vos prezará, vós que tirastes a venda com a qual seus olhos estavam cobertos, e sua alma, reconhecida encontrará, para pagar o favor que lhe tereis prestado, expressões que tocarão vosso coração, pois existe uma moral no fundo do magnetismo, uma moral pura como a essência divina. Ah! Se aqueles que a sentem pudessem falar, eles vos externariam o que a boca não pode fazê-lo: as coisas divinas não são feitas para serem explicadas pelo homem em seu estado natural, pois *é a carne que se expressa*!

Homem corrompido, massa imunda, como queres que tuas criações sejam sublimes? Contestas o que fizeram os maiores gênios porque não podes sentir suas obras. Cego, negas a luz porque faltam-te órgãos para vê-la!

Procura, pois, um amigo que tire tua fatal venda, apela para o socorro da Providência, pede-lhe para mudar teu coração e torná-lo sensível aos encantos da verdade; sem isso morrerás sem teres vivido.

Infeliz que não crês no magnetismo, então nunca amaste! Nunca tiveste amigos e jamais apertaste a mão de um irmão! Teu coração, então, sempre permaneceu surdo as sofrimentos de outrem, e na tua casa nunca houve uma porta aberta para a piedade! Se for assim, imagino, todo homem que não sente tem necessidade da matéria.

Cessemos de pintar um quadro tão triste: o homem que não se preocupa com ninguém, merece que pensemos nele? É a vós, homens de bom coração, que endereçamos nossas doutrinas; sois vós que queremos convencer: e quando tivermos conseguido, a ignorância e a estupidez recuarão de pavor, ou então irão vos levar o tributo de sua derrota.

Escuta – direi ao homem bom e sensível que deseja se ocupar do magnetismo – queres conhecer os prazeres que serão o fruto de teus estudos? Não posso mostrar-te: é a própria natureza que se encarregará de dá-los a ti.

Quando, aliviando um enfermo à custa de tua vida, o verás cair em um sono benéfico, interroga-o e ele te responderá: saberás por ele a causa de sua doença, os remédios que deve tomar e, tornando-se sucessivamente médico, profeta, filósofo, ele te instruirá por suas lições de tudo o que a natureza escondeu de nossos olhos fracos. Tuas ideias, ampliadas pelos quadros radiantes que seu gênio traçará, encantarão teu espírito. Deixarás, então, de pertencer à massa comum e começarás a tornar-te verdadeiramente homem: os preconceitos que a educação e o tempo tiverem acumulado em tua inteligência desaparecerão gradativamente, como a noite se esvai à proximidade do astro que nos ilumina.

Que nunca venha ao teu pensamento abusar dos meus segredos e de fazê-los servir a experiências inúteis. É bem louco aquele que brinca com o magnetismo, pois ele é uma emanação divina, e se servir dele para satisfazer uma mera curiosidade, é cometer um sacrilégio!

Sono magnético, sono de felicidade, em que a alma se separa do corpo, em que a alma plana e parece voar! A natureza é seu domínio, ela prova, então, a felicidade, o corpo não é mais sua prisão. Felicidade inexprimível que nenhuma palavra pode fazer sentir! Palavra, eco sem vida, não podes emitir senão sons sem valor; a alma tem um órgão a mais, porém, para ouvi-lo não são necessários ouvidos, mas uma consciência e, então, quanto mais a carne estiver adormecida, mais sua linguagem será expressiva.

Como deviam ser sábios os que escreveram sobre a porta dos seus templos: *Homem, conhece-te a ti mesmo!* Eles sabiam, sem nenhuma dúvida, o que existe sob nosso corpo opaco e grosseiro. Eles aprenderam com a própria natureza e, se seu segredo não chegou até nós, devemos acusar apenas o orgulho do homem e sua vaidade, pois ele crê tudo saber sem nada ter aprendido. Ele não quer reconhecer a superioridade, mesmo a que dá o gênio: e por que, então, revelar-lhe mistérios, se seu coração não deve sentir esse benefício e se mostrar reconhecido?

Não basta ser perseverante no trabalho: é necessário ainda reconhecer o que leva à verdade.

Assim, o homem procurou por toda parte meios de conservação e julgou encontrar nos *corpos inorgânicos* algo para aliviar os males que o afligem. Deste modo, a eletricidade, o galvanismo e o magnetismo mineral foram preconizados como remédios soberanos para certas doenças. Todavia, um cadáver deitado perto de um ser vivo não o aquecerá. Desta forma, os fluidos mortos, em vez de dar a vida, como se pretendeu, só provocam em seus órgãos um estado de perturbação e uma superexcitação sempre perigosa, pois esses fluidos são totalmente estranhos à vitalidade.

O homem sempre procurou a vida onde ela não existia: *sua natureza a continha;* ele a procurava em outro lugar! Que ele acuse apenas sua loucura, se apesar de todos os esforços que fez para conhecer a verdade, o erro sempre esteve no fundo do cadinho.

Desde sempre foi necessário um flagelo à humanidade: a ignorância e a barbárie sempre pesaram sobre ela.

Ah! Evitai confundir a verdade que defendemos com o charlatanismo infame que caminha ao lado dela! *Vós os distinguireis por suas obras.* A verdade é simples, ela caminha corretamente e a descoberto; o outro é suspeito, tropeça a cada passo e não pede senão o ouro.

Infeliz condição dos homens embalados pela mentira! Crianças grandes que somos, morremos sem termos aprendido, durante nossa vida, outra coisa além das palavras sem valor. O que resta de tantas penas e cuidados? A dúvida e o aborrecimento, nada mais.

Mas vós que desejais conhecer, apoderai-vos do magnetismo, é a porta das ciências. Batei, batei, armado de uma forte vontade, alguém a abrirá. Mas é preciso que vossos desejos sejam sinceros e que o pensamento de fazer o bem sempre vos acompanhe.

Por meio de discursos, é fácil incitar as hordas às revoluções, à revolta; mas para expressar coisas verdadeiras, coisas sublimes, mas fazer com que sejam compreendidas, não é tarefa de um dia, são necessários séculos. Assim, desde a Antiguidade mais remota, homens a quem a natureza falou, vos gritam:

> Tendes uma medicina natural, superior àquela que a arte ensina e pratica. Esta faz vítimas, a outra não.
> A medicina da arte é toda feita de conjecturas, só tem como base de apoio sistemas inúteis, todos falíveis como o homem; a outra é certa como a natureza, pois repousa em uma de suas leis. É com ela que gos-

taríamos de vos imbuir e fazer com que reconheçais a sua superioridade.

Ah! Acreditais em nossa linguagem, ela é sincera e nenhum desejo de vos enganar poderia entrar em nossa alma: é o tributo de vinte anos de trabalho e de observações que nós vos trazemos. Aqui, é a vossa causa que defendemos, é vosso sofrimento que nos toca; é para que a verdade, que sentimos vivamente, proteste por nossa boca contra um dos maiores erros do espírito humano, e esse erro é a medicina, pois, se fôssemos obrigados a citar os nomes das vítimas que ela fez, não haveria biblioteca assaz grande para guardar os volumes.

Ah! Se essa arte for verdadeira, por que, pois, esse medo que sentem os infelizes condenados a irem se tratar em vossos hospitais? Por que essa repugnância que a dor não poderá sempre vencer? É que, como a raposa da fábula perto da caverna do leão, eles veem muitos entrarem, mas veem poucos saírem; é porque eles têm conhecimento, os infelizes, de todas as experiências pelas quais estão destinados a passar.

Vossa filantropia é grande, senhores, vossos tratamentos são generosos! Se eu ousasse dizer aqui a verdade sobre todas essas coisas, se ousasse dizer as experiências realizadas diariamente, experiências das quais vos gabais entre vós, e que vossos anais repetem algumas vezes, por exemplo, as poções em Bicêtre[3], com as quais oito infelizes foram mortos no mesmo dia. A terra – dizem – cobre vossas faltas! Ah, se existir uma justiça suprema e se um dia deveremos prestar contas de nossas obras, ah, senhores, como devereis ser dignos de pena e quantos sofrimentos vos serão reservados!

Quem, algum dia, ousará dizer o que se passa nos anfiteatros, as profanações que lá são realizadas? Ah! Tais coisas causam-me um horror profundo. O que, então, fizeram à natureza os infelizes que vão morrer em vossos hospitais, para serem primeiramente mutilados e a seguir vendidos? Se ao menos seus restos maculados recebessem a sepultura que lhes é devida! Mas é preciso ter sido testemunha de tudo o que vós fizestes com eles para acreditar em todas

---

3 N. T. – Antiga fortaleza francesa, onde, em 1633, Luiz XIII mandou construir um hospital para militares inválidos. Transformou-se em hospital para alienados.

as misérias do homem. *Justiça humana, és apenas uma palavra!*

Puxemos a cortina sobre todas essas cenas nas quais o homem aprende a degradar sua alma, recebendo em seus órgãos o veneno que deve, em um dia próximo, destruir sua harmonia.

Guardemos o silêncio dos túmulos, e se virmos coisas que revoltariam as hordas selvagens, lembremo-nos que em nosso país elas são encorajadas, até recompensadas, e que se tornam um título de recomendação e uma fonte de riqueza. E é essa a vossa medicina! É essa a arte tão honrada e na qual colocastes vossa confiança.

Vinde, aproximai-vos agora; vinde dizer-nos que estamos errados; vinde, rejeitando nossa doutrina, convencer-nos da superioridade da vossa; vinde, façais aproximar essa imensa máquina com seus inumeráveis instrumentos; que a vejamos claramente: penetremos em vossos laboratórios onde são preparadas essas beberagens que devem restituir a saúde.

Vós, enfermos, por que tremeis? Por que vossa alma está como um mar agitado? Por que este pavor em presença dos ministros dessa arte tão vangloriada?

É porque a ciência do médico não chega a prometer-vos o dia de amanhã; é porque o médico nada pode dizer-vos sobre a duração de vossa enfermidade e sobre os acidentes que devem acompanhá-la. Ele próprio, que deveria *se conhecer* bem, nada sabe a mais sobre ele, e não tem a mínima confiança nos que professam princípios tão fecundos em resultados felizes.

Ah! Essa pretensa ciência seria bem ridícula se não fosse cruel! No entanto, é preciso fazer aos médicos a justiça que eles merecem: possuem muita ciência, o que é incontestável, mas, ainda uma vez, não é a ciência que cura na medicina; ao contrário, quanto mais um médico for erudito, se ele for apenas erudito, mais ele perde doentes, e os exemplos que podemos citar existem a cada passo. Dissertaram sobre todas as doenças com um saber tão grande, suas teses eram sublimes, caso desejeis considerar seus trabalhos, seus esforços; eles devastaram os vegetais, degolaram os animais, dissecaram cadáveres aos milhares, identificaram as partes mais sutis e mais escondidas, depois se gabaram de poder fazer, de acordo com sua vontade, durar o prazer e cessar a dor; é esse o objetivo de sua arte, de sua ciência, dos trabalhos de seus dias e dos sonhos de suas noites. Eles criaram uma moral onde procuraram a felicidade soberana, uma medicina na qual julgaram encontrar uma saúde perfeita! *Insensatos!* Porque eles consideram aquilo que obtiveram de suas quimeras; sua falsa moral quis curar suas paixões, matou sua alma pela indiferença, sua medicina quis curar vossos males, ela matou vossos corpos com os remédios.

Não estou absolutamente exagerando, senhores, e se vos restar alguma dúvida sobre a veracidade deste quadro, dizei-me, pois, de que serviu a ciência da medicina durante a epidemia de cólera? Algum dia já se demonstrou mais ignorância da medicina que cura? Os médicos estavam reduzidos a contar as vítimas desse terrível flagelo e, eles próprios, como os orientais, pareciam acreditar na fatalidade, e, atingidos, deixavam-se morrer, sabendo que sua arte era apenas impotente. O coração falha ao pensar em todas essas coisas, a razão se obscurece ao ver tanto mérito tão pobre, e a memória que conserva a lembrança de tantos desastres tão recentes, lembra-vos sem cessar sua fraqueza e sua incúria.

Eis vossa medicina, senhores.

Agora, eis a nossa:

Nós falamos em laboratório, mas nunca tivemos um; máquinas, jamais conhecemos uma. Falamos de numerosos instrumentos, mas recusamos seu uso. *É de nossas próprias formas e de nossos próprios órgãos que iremos extrair o princípio completo de nossa medicina.*

Não possuímos, como vós, uma Corporação, uma Faculdade. Nossos ensinamentos são fáceis e podem ser feitos sem dissecação de cadáveres; nossa ciência não é uma ciência de palavras, mas uma ciência de fatos reais, e temos necessidade de apenas uma linguagem para aprofundá-la.

Todos os nossos segredos repousam na natureza, e é a própria natureza que no-los ensina; é dela que os extraímos, e somos apenas seus depositários. Assim, não passa de um depósito sagrado cujos benefícios ela nos autoriza a

difundir os benefícios que devemos espalhar por todos e não por um pequeno grupo.
O rico não tem mais direito de esperá-los do que o pobre, pois ambos são igualmente submetidos às suas leis.
Esse dom tão precioso chamado VIDA e que desaparece conosco, *eis as nossas poções, eis as nossas beberagens, e não admitimos outras. É levando para o corpo de outrem o princípio que em nós mantém a vida que substituímos, nos outros, o mesmo princípio que se foi.*
Tais são todos os nossos segredos, todos os nossos mistérios, mistérios que revelam todo o poder do homem; mistérios que derrubam todos os sistemas que os séculos juntaram até nós, e que estabelecerão, espero, o império da verdade sobre a Terra.
Sim, como já o dissemos, não queremos nem poções nem beberagens ensinadas pelos especialistas; não admitimos nenhum tratamento *além daquele que seja prescrito pela boca do próprio enfermo, ou por aquele que, identificado com o doente*, sinta no mesmo momento as mesmas dores e os mesmos sofrimentos.
Vamos mais longe ainda, admitimos, como capazes de curar, somente aqueles que podem curar-se a si mesmos!
Mas, senhores, esta medicina tão simples e, no entanto, tão maravilhosa, que os antigos conheciam, e que só transmitiam a homens seletos, caiu no domínio público. Em todos os lugares se fala das maravilhas que ela produz; e homens alheios a todas as ciências produzem fenômenos que ultrapassam em grandeza tudo o que as ciências físicas oferecem de mais admirável.
O magnetismo do qual falamos foi sempre destinado a galvanizar o cadáver moribundo de uma sociedade corrompida, e por que, na nossa época, ele retardaria sua ação? Compete a vós, homens que me escutais, secundar meus esforços e procurar conhecer quem sois. Aqui podeis jogar a âncora. Uma verdade imensa como toda a natureza ensinar-vos-á que os desejos do homem podem deixar de flutuar ao sabor de suas paixões, e que suas dúvidas podem ser resolvidas.
Porém, repetimos: sem trabalho, o homem não pode conhecer. É preciso que mergulhe sua alma nos mistérios da

imensidão. Pois tudo que o cerca é mistério e sua vida é o maior deles.

Se ele estiver imbuído dessas doutrinas, sua alma *se fraternizará* com as essências divinas; pois a alma procura o que está mais escondido, mesmo dos nossos sentidos. Ah! Como esta carreira é grande e bela! Feliz aquele que pode penetrar seus segredos! Eles oferecem prazeres puros não encontrados em outra parte. Penetre-os bem, senhores! Vinde, segui-nos em nosso caminho, nós vos conduziremos como um guia sincero por uma via que não conheceis.

Tomarei cuidado de afastar de vós tudo o que poderá vos desencorajar. Ensinar-vos-ei a descobrir as armadilhas da má fé, fortalecerei vossos passos hesitantes, até que tendo vos tornado bastante hábeis, possais conduzir-vos sozinhos e, como eu, por vossa vez, propagar uma verdade que nunca terá ao seu lado muitos defensores.

O apelo que aqui vos faço, senhores, não pode passar despercebido. Se por um abuso imperdoável da palavra procurei espalhar entre vós o erro e despejar uma censura não merecida sobre uma numerosa classe de homens da ciência, meu nome ficará ligado ao poste da infâmia; mas se eu disse a verdade, a negligência com que a defenderíeis seria, então, indesculpável, e não teríeis nenhum direito de queixar-vos, quando chegar vossa vez de serdes vítimas da falsa ciência que vos indiquei.

Lançando, como eu o fazia em meu curso, os germes da verdadeira ciência neste terreno fecundo, não demorei a perceber que havia sido, desde o princípio, o melhor passo a seguir. Que aqui me seja permitido me orgulhar de minha obra e de minha perseverança; e se a certeza de ter feito algum bem e de ter contribuído a divulgar uma doutrina consoladora deve ser minha única recompensa, ninguém poderá tirá-la de mim, pois ela se fundamenta em mais de vinte anos de um trabalho pertinaz. Os homens que logo virão colher no campo que tive que desbravar, terão, ao menos, um pensamento por aquele que arrancou tantos espinhos? Não, obviamente, eles aproveitarão tranquilos e felizes, apenas se queixando de serem obrigados a se abaixar para recolher os espinhos.

Muitos poucos magnetizadores engajaram-se na luta com a Academia. A maioria recusou-se, embora desejando ardentemente o triunfo do magnetismo. É porque, no fundo, muitos poucos homens estão dispostos a sacrificar o amor-próprio. Quando o ridículo pode nos atingir, vemos recuar pessoas que não fugiriam diante de uma espada. Além disso, estávamos prevenidos contra os médicos; já tínhamos tanto a nos queixar deles! Sua conduta, em muitas circunstâncias, havia sido tão parcial, os fatos que lhes foram pedidos que investigassem haviam sido tão desnaturados por eles nos seus relatos, que ninguém queria apresentar-se perante a comissão. A humanidade e a honra tornavam um dever para os magnetizadores de tudo enfrentar para justificar e estender sua crença, mas apenas três ou quatro se apresentaram: se foi bastante para convencer os comissários, foi muito pouco para fornecer uma grande quantidade de material, e era preciso cumulá-los de provas.

Um novo jornal, o *Hermès*, havia sido criado para defender o magnetismo e é nele que podemos ler os tristes debates da Academia.

Minha ocupação favorita era tornar os alunos magnetizadores, ensinar-lhes o que uma longa prática me fizera descobrir de bom e de útil no magnetismo e, estimulando seu zelo pela ciência, mostrando-lhes um método simples e fácil para magnetizar com resultados, eu oferecia-lhes instrumentos úteis para seu progresso.

Eu evitava discussões com tudo o que trazia o nome de cientista; convencer por argumentação não era absolutamente meu atributo; aliás, eu sabia, por uma cruel experiência, que os cientistas não serviriam ao magnetismo; os que eu pudera convencer até recuavam diante da ideia de fazer qualquer publicidade ao que haviam visto; e às críticas sobre a pusilanimidade de sua conduta que eu fazia a um deles, obtive a resposta: "Que quereis? *Prefiro a tranquilidade à verdade*". Outro precisava manter sua clientela; este tinha que dar conta de inúmeros cargos e restava-lhe muito pouco tempo para dedicar-se a pesquisas novas, e quase todos acrescentavam: *O que diriam de mim se soubessem que me ocupo do magnetismo!* Com efeito, eles fizeram de tudo para tornar essa ciência ridícula.

Senhores cientistas, conheço vosso amor sincero pela verdade; eu soube apreciar vossa filantropia, que é bela e bem compreendida; os homens que pensam que sois os guias naturais da humanidade não desconfiam, pois, que não passais de comerciantes que só estimam a ciência pelo que ela pode trazer-lhes de ouro ou de honras! Sim, é preciso que o que fazes pela humanidade possa se traduzir em escudos[4]; o resto vos importa pouco, e deixais aos tolos, como os chamais, o encargo de praticar a filantropia verdadeira, reservando-vos, entretanto, a honra de recompensá-la, pois sois vós que distribuis os prêmios da virtude.

Decidido a deixar Paris e a tentar aí fazer refluir a verdade depois de tê-la propagado na província, eu quis, entretanto, tentar um último esforço. Inscrevi-me no Instituto para ler uma dissertação na qual eu propunha fazer algumas experiências diante de uma nova comissão de acadêmicos; mas semanas, até meses se passaram sem que eu fosse chamado. Finalmente, ao fim de quatro meses, minha vez chegou quando eu pensava apenas na minha viagem. Eu li, no entanto, esta dissertação, que estava assim concebida:

AOS SENHORES MEMBROS DO INSTITUTO
Senhores,
Um dos membros da célebre corporação à qual me dirijo disse em um dos seus escritos: "As verdades bem reconhecidas jamais perecem; o tempo não as desgasta nem as enfraquece". A pertinência desse axioma aplica-se perfeitamente ao magnetismo animal, com o qual vou entreter-vos por um instante.
Entrevisto por todos os povos, mas mais especificamente descrito nos últimos séculos por um grande número de fisiologistas, o magnetismo animal ou, antes, a propriedade que os corpos organizados e vivos têm de agir uns sobre os outros em virtude de leis que não são ainda bem compreendidas, essa faculdade tão evidente para aqueles que procuraram reconhecê-la sempre foi combatida pelas corporações científicas e rejeitada como uma quimera,

---
4 N. T. – Antiga moeda que trazia, em uma de suas faces, o escudo da França.

apesar dos esforços de uma grande quantidade de homens de mérito que procuraram dirigir as mentes para o estudo de uma descoberta tão importante.

Entretanto, senhores, os que agiam assim a respeito do magnetismo estudaram com ardor os fenômenos da luz, da eletricidade, do galvanismo e parecem ter aprofundado completamente a natureza de todos esses fluidos alheios à vitalidade, mas os efeitos surpreendentes do fluido vital continuam a ser-lhes totalmente desconhecidos. Todos esses fenômenos que podem lançar tão grandes luzes sobre o conhecimento que temos do homem foram colocados de lado como se não merecessem um sério exame, ou julgados com uma inconcebível prevenção.

Todos vós vos lembrais, senhores, da grande querela ocorrida em 1784, quando da chegada de Mesmer a Paris, e a publicação de seu sistema. A maioria dos cientistas daquela época pronunciou-se a respeito dessa questão; a Academia de Ciências e a Academia de Medicina foram chamadas para examinar o que Mesmer pretendia ser uma descoberta, e para esclarecer o governo e o mundo sobre os efeitos resultantes da aplicação no tratamento das doenças no que então se chamava de *mesmerismo*.

Bailly, Lavoisier, Franklin, Jussieu e muitos outros cientistas ilustres foram encarregados dessa missão.

Conheceis, senhores, o julgamento que eles deram sobre o magnetismo; examinaram primeiramente o sistema de Mesmer em todos os seus aspectos; reconheceram sua pouca solidez; seus argumentos eram sem réplica e desde então o sistema de Mesmer ruiu de todas as partes.

Os efeitos resultantes da magnetização foram, por sua vez, examinados. Após terem reconhecido que nada havia de exagerado nas contas que lhes prestavam diariamente, os comissários emitiram sobre sua causa um julgamento que foi menos feliz em seus resultados do que aquele emitido sobre o sistema, embora esse julgamento estivesse repleto de força de lógica e de explicações engenhosas.

Logo foi reconhecido que em condições diferentes das que haviam sido admitidas como necessárias, podia-se obter a manifestação de efeitos tão sensíveis, e a partir de então, as novas explicações dos comissários não foram mais con-

O Magnetismo em Oposição à Medicina 47

sideradas senão como hipóteses que os fatos, melhor do que os raciocínios, por sua vez derrubavam.

Não havia, ainda, nada de decisivo, mas tudo levava a esperar que a verdade não tardaria a ser reconhecida, pois por toda parte as experiências se multiplicavam, e os fatos produzidos eram desfavoráveis às conclusões do relatório. Como bem o sabeis, senhores, um combate grande, bem diferente do que o causado pelo magnetismo, sobreveio na França; então surgiram outros interesses a ser defendidos que aqueles da ciência. Os partidários da doutrina de Mesmer e os que a julgaram foram forçados, pelas circunstâncias, a suspender seus trabalhos. A ciência foi exilada por um momento, mas esse momento trouxe grandes modificações na direção das mentes. As questões mudaram com as épocas, e o magnetismo, que agitara profundamente as corporações científicas, caiu, não no descrédito, mas em um esquecimento forçado, pois as pessoas que adquiriram de Mesmer o favor de divulgar seu conhecimento haviam desaparecido da terra que as vira nascer.

Com o tempo, a verdade espalhou-se novamente entre nós; a França foi novamente tomada por uma questão que a interessara vivamente; e se o entusiasmo foi menor por essa segunda aparição, foi também mais duradouro; os efeitos do magnetismo foram mais bem estudados porque foram vistos com menos prevenção; novas descobertas trouxeram, também, grandes mudanças no método empregado para a produção dos fenômenos. Desde então, o estudo do magnetismo nada mais teve de repulsivo.

Entretanto, a maior parte dos cientistas afetou uma imensa indiferença em presença dos fatos; fortalecidos pelos relatórios de seus antecessores, utilizaram-nos como se fosse um escudo, pois nomes imponentes, nomes europeus neles estavam gravados.

Porém, senhores, o que pode a autoridade dos nomes contra os fatos reais? O que podia a condenação de Galileu contra a sublime verdade que ele revelava? O que podiam os argumentos dos contraditores de Harvé contra a circulação do sangue que não para de circular? E se eu necessitasse de um exemplo mais recente para mostrar-vos quantos julgamentos foram anulados pelo tempo, diria que aqui mesmo, no início do século, havia cento e trinta exemplos de quedas de pedras suficientemente constatadas e, entretanto, contestava-se a realidade dos aerólitos que tantas provas estabeleceram de uma maneira incontestável. Todas as denegações feitas contra a existência do magnetismo não impedem que seus efeitos se manifestem. Por toda parte, os que quiseram assegurar-se de sua realidade encontraram meios de chegar a esse fim. Mas, por uma anomalia rara nas ciências, foi entre as pessoas que, por maneira de ser ou por posição, são em geral alheias às pesquisas científicas, que a descoberta do magnetismo encontrou um asilo e foi acolhida.

É por esse canal que a verdade tornou a subir à fonte da qual ela, primitivamente, teve que descer, pois se contamos, hoje, com certo número de partidários do magnetismo nas corporações científicas, foi dentre indivíduos obscuros que eles extraíram suas crenças.

Vós acolhereis, senhores, não duvido, a verdade quando ela vos parecer demonstrada e é para facilitar-vos os meios de chegar a esse fim que hoje venho propor de serdes testemunhas de algumas experiências que me parecem, por sua natureza, não estarem sujeitas a nenhuma contradição.

Assim, senhores, não é a questão julgada que vos proponho de examinardes novamente; não são os fatos antigos que desejo submeter ao vosso julgamento; não se trata absolutamente de selhas, de crises e de sonambulismo. Abandono todas as maravilhas que julgaram reconhecer no magnetismo; e, adotando-as e julgando-as verdadeiras, deixo aos outros a tarefa de convencer-vos.

Acabo de solicitar vosso exame de fatos que em nada fogem da ordem física; fatos que parecem manifestar-se da mesma maneira que aqueles produzidos pela eletricidade, pelo galvanismo e pelo magnetismo mineral, mas que não são devidos a nenhum desses agentes, pois nenhum deles é empregado: apenas nossa organização os produz, sem o concurso de nenhuma combinação e sem nenhum contato.

Vou explicar-me mais claramente: se os inúmeros fenômenos dos quais fui testemunha e que produzi não me enganaram, eles fornecem a prova que nosso cérebro pode, por intermédio dos nervos, dispor de uma força física que ainda não foi apreciada, e que essa força, dirigida pela vontade em um indivíduo organizado como nós, pode produzir em sua organização fenômenos físicos que só se manifestam quando a causa está em jogo e que cessam logo que esta deixe de agir.

Esse agente pareceu-me produzir uma verdadeira saturação do sistema nervoso do indivíduo que o recebe, pois os efeitos não ocorrem instantaneamente; é preciso certo tempo para produzi-los. Eles se manifestam por espasmos, os quais, também, só se renovam em intervalos mais ou menos longos.

Esses movimentos são inteiramente automáticos; e são executados inconscientemente, pois aquele que os executa está totalmente alheio à sua manifestação. Nesse caso, a vontade não poderá ter nenhum papel, e apenas admito, para o sucesso completo dessa experiência, um estado inteiramente passivo da parte do paciente quando agimos sobre ele.

Esta condição, senhores, é fácil de encontrar. A cada instante podemos observá-la, não podendo haver nenhum subterfúgio de minha parte nem nenhum equivoco da vossa; não pode levantar nenhuma discussão, pois se trata de fatos puramente físicos, dos quais vós apreciareis apenas as causas. Que seja, para mim, o magnetismo animal ou o fluido nervoso o agente desses fenômenos, pouco importa no momento. Para vós, trata-se apenas de reconhecerdes se o fenômeno existe e se ele é produzido por um agente totalmente independente da imaginação, do calor animal e do eretismo da pele, como garanto tê-lo reconhecido e constatado.

Se justifico o que vos anuncio, teremos aberto uma nova via aos observadores, encontrado a explicação natural de inúmeros fenômenos que hoje não são mais negados, mas que são vistos como produzidos por causas acidentais; teremos justificado as observações dos senhores Humbold, Bogros, Reil, Authenriet e de muitos outros cientistas que parecem admitir a existência de um fluido nervoso, e, finalmente, teremos enriquecido a ciência com uma descoberta cuja importância está acima de qualquer cálculo. A questão que estou propondo que examineis não apresenta, repito, nenhum obstáculo. As experiências podem ser feitas a qualquer hora do dia; numerosos são os locais em que podemos multiplicá-las, pois experimentaremos com crianças de tenra idade, e em condições que darei a conhecer ulteriormente. Esse exame não exige de vós, senhores, nem abandono de vossas crenças nem renúncia de vossas opiniões, nem mesmo o sacrifício de vossa razão. Ele só necessita de pouco tempo para ser feito, podereis recusar tal exame?

Barão du Potet

Tal foi a dissertação que li na Academia de Ciências em 3 de agosto de 1835. Foi ouvida com bastante atenção e o senhor presidente nomeou imediatamente uma comissão, composta de cinco membros, para examinar os fatos que eu queria submeter à Academia: os senhores Double, Magendie, Serres, Roux e Dulong foram os cientistas designados para tanto.

Passaram-se seis semanas sem que eu obtivesse qualquer notícia que esses senhores estivessem dispostos a me receber e a me ouvir. Assim, julguei não dever adiar por mais tempo a execução do projeto que eu tinha de deixar Paris.

Eis, aliás, as experiências que eu propunha fazer diante dessa comissão:

Eu havia notado, um dia em que eu magnetizava um doente em um quarto onde uma criança estava adormecida, que o magnetismo agia sobre essa criança em seu berço, acelerando muito sua respiração e produzindo agitação em seus membros. Quando eu parava de agir no enfermo, a criança voltava a ficar tranquila e notava-se novamente a agitação quando eu recomeçava a magnetizar. Essa observação e algumas outras feitas quase nas mesmas circunstâncias, mas com homens fortes e robustos, que em seu sono sentiam vivamente a ação magnética, não me deixou mais dúvidas sobre esse singular fenômeno que nenhum magnetizador havia ainda percebido. A partir de então, comecei a fazer pesquisas e não perdi qualquer ocasião de magnetizar seres adormecidos. Sempre vi efeitos nítidos se produzirem, algumas vezes, até, eles foram tão pronunciados que determinaram, bruscamente, o despertar, como se as pessoas adormecidas tivessem sido tocadas por uma garrafa de Leyden[5] levemente carregada. Os animais adormecidos apresentavam os mesmos fenômenos. A partir de então, nada era mais fácil do que fazer experiências que tivessem um caráter de certeza: bastava irmos a um hospital, até em pleno dia, e, a qualquer hora, o hospital das crianças teria nos oferecido pacientes para experimentação; outros, certamente, farão o que os acontecimentos não me permitiram realizar.

Eu partia com o coração alegre e cheio de doces ilusões dadas por uma boa consciência e pela certeza que se possui uma grande verdade.

Os obstáculos que ia encontrar, só cabia a mim superá-los. Afinal de contas, eu me dizia, precisamos apenas dos olhos para nos instruir sobre o magnetismo; os cientistas da província talvez tenham menos preconceitos do que os de Paris. Se estes foram surdos e cegos, talvez seja por residirem no *grande centro das luzes;* longe do qual pode ser que eu encontre alguns que, menos aturdidos pelo barulho, sejam mais acessíveis à verdade; mas, infelizmente, eu havia me esquecido do provérbio: *em todo lugar, todos os homens se parecem,* e, sobretudo, os cientistas, hoje eu poderei acrescentar!

Eis os nomes das pessoas que, em Paris, se instruíram comigo sobre a ciência magnética antes de 1835:

Manoury, Voisin, Cramouzaud, Malgaigne, Boniard, Guyon, Peyrouse, Marchand, Auguste Sayvre, Legay, Deloys, Beuchot, Lerey, David, Foucher (filho), Van Havre, Lucas, Grospellier, Maciejouski, Rendu, Dagama-Machado, Alard, Fieffé, Villers, Tixier, Nègre, Grosselin, Lavel, Azeronde, De Guichène, Mussot, De Schevietzer, Lezé, Duperron, Leroy, Belouino, Baumahe, Desbocace, Simon, Bielfeld, Stoelting, Widell, De Sèze (barão),

---

5 N.T. - A garrafa de Leyden (ou Leiden) foi uma invenção precursora do capacitor, dispositivo capaz de armazenar energia elétrica. Foi inventada acidentalmente em 1746 por Pieter van Musschenbroek, professor da Universidade de Leiden, Países Baixos, que após ter estudado suas propriedades, popularizou-a.

Duhavelt (barão), Croppert, Kiemmer, Broussouze, Corwon, Lassère, Direy, Roche, Chenewix, Chouquet, Savare, Massias (barão), Desmaret, Guenoux, Costin, Bocage, Michel, Le Baudy, Couturier, Dubellay, Anrion (general), Provars, Leguillon, Debruges (senhora), Bertot du Pillet, Sacrot, Louvencourt (conde), Janez, Carrière, De Lespinasse, Chabot, Raciborski, Goyon, Fortin d'Ivry, Barière, Mareux, Auguste Macips, Javary, Bauvais, De Tocqueville (conde), Denis, Duparcq e seus dois filhos, Jozwill, Surde, Boucherie, Jouault, Thénevin, Stofels, Corbeau, Edouard Juan, Devillers, Decalonne, Sagebien, Jaymebon, Bosselet, Launet d'Aurens, Le Brument, Daguin, Baubalain, Faivre, Josselle, Labastier.

O magnetismo em Paris
(Setembro de 1835)

É o evangelho humano!
A alma que sabe lê-lo é rainha na Terra.
Ela suporta melhor, ardente, calma e austera,
Os rigores do caminho.

Truffaut

Para vencer é preciso lutar.

Reims, onde eu tinha um amigo, foi a primeira cidade que visitei. Mal havia chegado tive de enfrentar inimigos que não eu conhecia e que me caluniaram antes de me terem visto ou ouvido. Nada tendo feito ainda para atrair sobre mim sua cólera, julguei o procedimento bastante inconveniente, embora nada novo para mim. Contudo, estava na província e pensava que minha vida seria mais amena: ao contrário, ela iria se tornar mais ativa.

Charlatanismo, mentira, falsidade eram as palavras que circulavam na cidade, e o magnetismo era o ponto de mira de todos os que se acreditavam instruídos. Sempre as mesmas injúrias lançadas à face de um homem, isso acaba por se tornar insuportável e, finalmente, ele se volta para ver quem lhe lança o ultraje. Quando percebe que são os mesmos que mais precisam não chamar a atenção sobre sua pessoa, ele se pergunta por que motivo respeitaria adversários tão desleais; porém, logo sente que sua força seria bem maior se adotasse uma conduta prudente. Não se trata aqui, com efeito, de doutrina filosófica ou religiosa; são simplesmente fatos físicos a examinar; as denegações, o desprezo sobre aquele que os produz nada provam; devem acabar tendo razão se não sois bastante fortes para impedir suas demonstrações. Nesse caso, o homem tem o direito de mostrar seus inimigos ao povo e de se vingar; se não o faz é porque ele compreendeu que é preciso esclarecer os homens sem degradá-los, e que é apenas quando a verdade está solidamente estabelecida que o inovador deve dar a conhecer os obstáculos que encontrou, a fim de que outros homens, trazendo novas verdades, saibam antecipadamente a sorte que os espera, e a dose de coragem e de paciência que lhes será preciso possuir para conseguir estabelecê-las.

Logo comecei a trabalhar naquela cidade na qual conhecia apenas uma pessoa. Um homem, chamado Charier, maquinista do teatro, sofria horrivelmente de uma doença grave que o mantinha acamado durante meses; ele definhava atormentado por dores vivas que tinham sua sede nas articulações. Uma febre nervosa havia, por sua continuidade, minado suas forças e esse infeliz, não podendo dar um passo, foi levado por seus vizinhos a um estabelecimento que eu havia escolhido para me servir de hospital.

Desde a primeira magnetização, um suor abundante deu alívio ao enfermo. Na segunda, ele começou a sentir suas forças voltarem; na quarta, ele pôde andar e, não se tinham passado doze dias, que a cidade, percorrida por ele, emocionou-se com sua cura.

Suores, tremores nervosos e um início de sono magnético foram os únicos efeitos que se manifestaram durante seu tratamento.

Levaram-me outros doentes, e fiquei muito feliz por ter obtido êxito imediato com alguns deles. Desde então, meu sucesso foi garantido. Cedo, vi acorrer todos os incuráveis da cidade: mais de oitenta se inscreveram para serem tratados pelo magnetismo; grande quantidade de pessoas eminentes foram ser testemunhas dos procedimentos por meio dos quais eu obtinha os prodígios já elogiados por toda parte e, também querendo produzi-los, pediram-me para abrir um curso de magnetismo e concordar em admiti-los.

Nada era mais curioso do que ver o tratamento que eu estabelecera. Cada novo magnetizador possuía vários doentes para curar; estes eram magnetizados ao mesmo tempo em uma imensa sala, à vista de todas as pessoas que queriam ser testemunhas daquele espetáculo. Aqui, produzia-se o sono, ali, ataques de epilepsia que eu provocava com intenção de mostrar aos meus alunos o meio de curar muitas dessas doenças, excitando os acessos e usando, assim, a sensibilidade. Viam-se paralíticos, cujos membros gelados após longos anos se reaqueciam sob as mãos de homens convencidos de que a fonte de vida que estava neles podia extravasar para fora; pessoas agitadas, cujos acessos cediam sem o auxílio de amargas beberagens. Como aqui e ali, o sono lúcido vinha aumentar o entusiasmo dos meus novos convertidos, eles apressavam-se a ir testemunhar-me mais vivamente seu reconhecimento pelos prazeres que eu soubera oferecer-lhes.

Logo a medicina magnética, que os médicos clássicos haviam declarado, com sua *presunçosa* autoridade, ser charlatanismo, era reconhecida tão positiva, que os que a exerciam acusavam os verdadeiros médicos de serem os únicos charlatães.

Enfim, eu ganhava para o meu lado até o redator do jornal, o senhor Béranger, que, também obteve efeitos tão extraordinários que acreditou ser perigoso ir além, pois eu lhe havia ensinado que, passados certos limites, nenhum guia era garantido.

Que faziam, durante esse tempo, os médicos da cidade? Infelizmente seu riso cessara. Não era mais o charlatão o único que eles tinham que combater, mas tudo o que a cidade encerrava de respeitável, pois o próprio vice-administrador civil fora cumprimentar-me pelos meus sucessos.

> Nós produzimos o que vós havíeis contestado – gritavam-lhes de todas as partes –; portanto não negais mais, pois vos desconsiderareis aos nossos olhos. Estudai, antes, um meio potente de agir sobre os enfermos e de curá-los. Vide, todos aqueles que não pudestes aliviar estão em nossas mãos; mais de cem recebem diariamente nossos cuidados, e somos nós que cumprimos os deveres de vossa posição.

Dei-me conta desse conselho salutar; vários médicos vieram pedir-me para ministrar-lhes um curso de magnetismo no hospital. Tive, nessa circunstância, que fazer calar uma repugnância bem perdoável, e só escutar a voz do meu coração que sempre me fez perdoar as injúrias.

Tive nesse novo curso a maioria dos médicos da cidade, e todos os alunos do hospital.

O primeiro paciente que me deram para magnetizar foi uma jovem que, havia três ou quatro meses, estava em um estado de delírio nervoso, tendo, algumas vezes, cinquenta ou sessenta acessos convulsivos em um dia. Durante seus acessos, ela cantava, gritava, urrava e, apostrofando um após o outro os enfermos do hospital, perturbava noite e dia aquele lugar, já tão repleto de dores.

A primeira sessão não apresentou nada digno de nota; e, durante o tempo que me foi necessário para essa prova sem resultado aparente, meus ouvintes diziam entre si: *Será que o magnetismo não terá êxito aqui como teve na cidade? Talvez tenhamos olhos bons demais?*

No segundo dia, ainda nada de sensível: a enferma procurava desferir-me pontapés e cuspir-me no rosto. A satisfação dos meus ouvintes anunciava-me bem qual era o seu desejo e o estado do seu espírito.

A terceira sessão estava quase no fim e nenhum sintoma da ação magnética havia sido notado. Eu escutava as zombarias que faziam ao meu respeito; eu era o ponto de mira dos farsantes da assembleia. A tosse de alguns e os bocejos de outros anunciavam-me que eu perdera a confiança que o relato de minhas obras pudera inspirar. Finalmente, quando eu nada mais esperava naquele dia e que eu pensava nas dificuldades do dia seguinte, no momento, enfim, em que eu ia encerrar aquela prova, a moça entrou de repente no mais profundo estado de sonambulismo. Nada de sensibilidade, nada de audição, nada de visão, embora os olhos estivessem abertos, e aquele corpo vivia para mim e apenas para mim.

Como fiquei feliz, então, com o espanto, poderei dizer, com a estupefação dos meus ouvintes, pois eles acabavam de passar da mais absoluta incredulidade a uma convicção mais forte, tendo em vista que os fatos que eram sua base tinham deixado de ser prováveis.

O Magnetismo em Oposição à Medicina 57

Eu, que um instante antes, não passava de um ser desprezível, ou ao menos, digno de pena, passei a ser um *homem sincero, corajoso, possuindo um grande poder*; mas meus novos convertidos haviam feito com que eu pagasse caro a mudança de sua linguagem.

As experiências com essa garota continuaram por algum tempo: tiros de pistola foram dados improvisadamente próximo do conduto auditivo, mas seu sono não foi absolutamente perturbado; foi beliscada, picada e não sentiu nada; seus olhos permaneciam abertos uma hora inteira sem que houvesse uma piscadela, e enquanto nos cantava de uma maneira encantadora os cânticos e as canções que aprendera na infância, vimos muitas vezes moscas andarem sobre seus olhos e sobre as bordas dos cílios sem provocarem o menor movimento dessas partes.

Enquanto eu produzia maravilhas em infelizes afetados por doenças de todos os tipos, pessoas ignorantes e animadas por uma falsa piedade espalhavam pela cidade o rumor de que tendo magnetizado uma enferma instalada sob a imagem de Cristo, eu fora jogado para trás. "Fostes avisados desse segredo cheio de horror. Deixo a alguém mais instruído do que eu a tarefa de esclarecer o que existe de diabólico em tudo isso. Quanto a mim, como não quero ter alguma relação com o espírito das trevas, todas as vezes que eu vir chegar um desses magnetizadores, direi: *Vade retro...*". Assim terminava um pequeno folheto publicado contra o magnetismo.

Os acessos da minha jovem paciente foram todos previstos e anunciados por ela; indicava com precisão as diversas mudanças que sua constituição devia sofrer e ao cabo de três semanas ela saiu do hospital em plena convalescença. Foi meu aluno, o senhor Didier, um dos primeiros comerciantes da cidade, quem acolheu caridosamente essa enferma em sua casa de campo e terminou seu tratamento.

Foi naquele mesmo hospital que contei diante de trinta pessoas a história de um magnetizador que abusara de seu poder assassinando em um duelo um rapaz corajoso, mas que nada podia contra uma força oculta que provavelmente ignorava. Tomado por uma espécie de vertigem no momento em que se punha em guarda, o infeliz jovem não pôde se defender e foi covardemente morto por seu adversário. Minha narrativa encontrava muitos incrédulos, quando pegando em seguida uma bengala de estoque[1] que um dos ouvintes portava, dei sua lâmina a um interno do hospital, o senhor Mopinot, creio eu, e fiquei com a bainha. Assim armado, dirigi-me decididamente para o meu adversário fisicamente bem mais forte do que eu, e logo todos o viram cambalear; seus olhos estavam estrábicos e suas pernas vergavam. Ter-me-ia sido fácil matá-lo sem que ele pudesse me oferecer a menor resistência. Os espectadores não mais julgaram meus relatos exagerados e, certamente, nenhum deles naquele momento teria ousado me provocar.

Era bom iniciar em minha nova carreira e o sucesso indicava-me o caminho a seguir doravante para garantir o triunfo do magnetismo, pois, deixando mais de duzentos defensores de minha causa em uma única cidade, a verdade não mais podia ser ali abafada.

Meu curso no hospital tivera início em 5 de setembro de 1835 e terminou no dia 23 do mesmo mês.

Eis os nomes dos médicos e estudantes que o seguiram: Médicos – Senhores Savigny, Chabaud, Lejeune, Philippe, Hennequin, Panis, Henriot, Langlet, Duval, Petit. Estudantes – Senhores Mopinot, Goulet, Bonnard, Robinet, Dubois, Griffon, Cagnet, Colignon, Urban, Charbonnet.

Vários comerciantes notáveis que não puderam seguir meu curso na cidade juntaram-se aos médicos do hospital; entre eles encontravam-se os senhores Didier, Givelet, Sandelion, Dudin, Champagne, Jacquet. Outras setenta pessoas seguiram meu primeiro curso. Infelizmente, possuo apenas uma lista incompleta que, no entanto, cito aqui, pois ela contém nomes que me são bem caros:

Oudin Bansard, Manem, Machoté, Chambal filho, Bailly, Feard, Polliard, Rouget, Bourguignon, Lavialle, Cretignez, Hourlier, Miller, Binard, Drouinet, Desrué, Voc, Peigné, Choppin, Bredy, La Joie, Devillers, Arnold, Hué, Brice.

Alguns dias depois de eu ter terminado minhas experiências no hospital, um dos meus ouvintes, médico famoso, ao me

---
1 N. T. – Bengala que serve de bainha a uma espada ou estoque.

enviar o valor da inscrição no curso, escreveu-me uma carta que terminava com o seguinte parágrafo:

> Recebei, senhor, em meu nome e no de todos os meus colegas, os agradecimentos que vos são bem devidos, pela gentileza com a qual vos prestastes a nos esclarecer sobre os fenômenos do magnetismo. Queira também acreditar nos sentimentos de estima de todos os que tiveram a vantagem de vos conhecer, e dos quais estou feliz em poder ser o intérprete nesta ocasião.
> Vosso devotado colega, Petit, D. M.

Posso dizer que parti deixando amigos em grande quantidade. Os testemunhos de simpatia que recebi deles muitas vezes causaram-me o pesar de não poder me fixar naquela cidade. Mas, levado por uma força secreta, pude algum dia deter-me em algum lugar onde eu encontrasse repouso para minha mente e doces afeições para meu coração?

Apenas havia deixado Reims, recebi uma carta que me forçou a voltar precipitadamente. Essa carta estava escrita nos seguintes termos:

> Meu caro senhor Du Potet. Não ouso dizer meu caro amigo, pois na verdade, vós nos fizestes, sem querer, muito mal para que eu possa chamar-vos assim. Por outro lado, ensinastes-nos, em estado rudimentar, uma ciência tão poderosa, e penso que o termo amigo não cairia bem na relação entre um discípulo e um mestre.
> Meu caro senhor Du Potet, todos ou quase todos nós (estou falando dos que obtiveram êxito ao magnetizar) encontramo-nos em uma situação muito difícil. Muitos produziram o sonambulismo sem grande esforço, mas como consequência do sonambulismo fenômenos terríveis se desenvolveram.
> Voltai a Reims para terminar a instrução iniciada de vossos alunos que se encontram mais ou menos em apuros. Se só houvesse alunos, isso não teria importância; mas os seres com os quais experimentamos são também mulheres, seres vivos: espero que apenas esta palavra vos de-

termine a vir passar ainda alguns dias em nossa cidade; em todo caso, peço-vos que me envieis instruções a cada carta recebida.

Adeus, senhor, não tenho forças para odiar-vos, mas recomendo-vos prudência no futuro; guardo todo o meu desprezo para os nossos pretensos cientistas, e peço-vos que aceites meu cordial aperto de mão.

Béranger

Fatos descontrolados de sonambulismo se manifestaram. Davam-me detalhes circunstanciados dos atos de loucura cuja causa parecia ser o magnetismo. Acontecera em Reims o que se apresenta sempre quando um magnetizador, pouco seguro de si mesmo, se deixa levar por sentimentos de temor e de assombro ao perceber fenômenos novos que confundem sua razão. A perturbação da alma do magnetizador então se faz sentir no magnetizado, de modo a causar graves desordens em seu organismo. Mas logo todos esses fatos perdem sua gravidade. A primeira precaução que se deve tomar em semelhantes casos é fazer cessar as magnetizações do magnetizador timorato. Assim os sintomas graves desaparecem pouco a pouco como ocorre com os da embriaguez. Se persistirem, é preciso que um novo magnetizador não tema agravar momentaneamente o mal magnetizando novamente, e o princípio magnético do qual ele dispõe, completamente diferente do primeiro, logo expulsa diante dele até a lembrança das desordens que se manifestaram.

Fui imediatamente a Reims e encontrei vários amigos consternados. Duas mulheres estavam adormecidas há alguns dias sem que fosse possível acordá-las inteiramente. A imaginação perturbada dos magnetizadores criava monstros que para os sonâmbulos pareciam completamente reais e, em meio a essa desordem, víamos aparecer fenômenos incríveis de lucidez. Uma das mulheres via tudo o que o seu magnetizador fazia, embora estando ausente; ela surpreendia seus segredos e era capaz de revelar, assim, as mais secretas coisas.

Eu magnetizei imediatamente a mais desequilibrada das duas sonâmbulas e percebemos imediatamente uma mudança favorável em seu estado. Pude, até mesmo, levá-la a falar sobre isso tranquilamente, como também da pessoa que era a causa involuntária de sua perturbação. Então, ordenando-lhe imperiosamente que tudo esquecesse, ela própria nos contou que essas imagens fugiam do seu cérebro. Desde que me garantiu que não as via mais, acordei-a bruscamente. Ela estava bem. Porém, no mesmo dia os acidentes reapareceram; uma segunda magnetização foi necessária e bastou. A calma não tardou a voltar igualmente para os magnetizadores e os magnetizados.

Minha educação magnética havia sido, desde o princípio, acompanhada das mesmas angústias e dos mesmos tormentos; mas ninguém viera me socorrer, e foi-me necessário procurar sozinho o remédio para o mal que eu pudera causar. O temor tornou-me, então, bem infeliz; no entanto esse temor não me impediu de me dedicar novamente ao estudo do magnetismo. Tornando-me mais senhor de mim, tornei-me o mestre dos outros, pois está aí todo o segredo: *Sede mestre de vós, se quereis sê-lo da pessoa que magnetizais.* Jamais, depois que descobri a causa das desordens sonambúlicas, o menor acidente aconteceu; mas com frequência fui chamado para destruir os causados por magnetizadores menos avançados.

Em suma, o magnetismo tem perigos; mas mesmo assim ele ainda não matou ninguém.

Poderiam os médicos dizer a mesma coisa da medicina?

Quanto tempo foi-me necessário para modificar a mentalidade de uma grande cidade? Seis semanas no máximo, mas para consegui-lo tive de produzir centenas de fatos e minhas forças corresponderam à necessidade que tive delas.

O bem que resultou dessa missão para o magnetismo é incalculável. Bons e valorosos rapazes, que se instruíram sobre o magnetismo, propagaram-no com um ardor igual ao meu. Muitos deles, em suas viagens, não perderam nenhuma oportunidade de falar sobre o que tinham visto e do que tinham produzido. A mesa comum e a diligência eram para eles uma tribuna de onde, todos os dias, os mais sinceros e persuasivos discursos eram proferidos para apoiar e elogiar a nova verdade. Depois, unindo o exemplo ao preceito, eles provocavam em toda parte o sonambulismo aos olhos surpresos dos espectadores incrédulos.

Em presença de todos os meus alunos, muitas curas apenas

pelas forças magnéticas aconteceram. Lembrarei, aqui, somente duas, pois terei a oportunidade, em outra obra, de voltar às curas que operei.

Não vou mudar nada nos relatos dessas duas curas escritos sob a impressão dos fatos. Eles reproduzem perfeitamente a disposição de meu espírito e lembrarão às pessoas que foram testemunhas dos fenômenos curiosos oferecidos pelos enfermos a verdade completa de minha descrição.

Como o magnetismo não é medicina propriamente dita, minha linguagem deve diferir da linguagem do médico. Ser-me-ia impossível, sem isso, relatar os fenômenos que a magnetização fez aparecer, tanto que eles são sobrenaturais.

O primeiro caso de cura foi produzido em um epilético, homem grande e robusto, carpinteiro. Seus acessos eram terríveis de se ver, e aconteciam uma ou duas vezes por dia. Precisávamos, então, várias pessoas para segurá-lo. – Ele nos disse, mais tarde, que antes do tratamento decidira suicidar-se.

A segunda cura ocorreu em uma moça, igualmente epilética, de vinte e quatro a vinte e cinco anos de idade. – Os acessos eram extremamente frequentes, sete a oito por dia. Após o tratamento, ela perdeu um dos seus filhos, e a profunda tristeza que sentiu não provocou novos ataques.

Primeiro tratamento
Que queres tu, cujas forças atléticas ultrapassam em muito às das pessoas comuns? Tua doença não é percebida; sofres, entretanto, já que devido ao rumor de nosso renome, acorres para tentar te curar? Qual é o teu mal? Não ousas nomeá-lo? A epilepsia! Jogo cruel de tuas forças vivas, tua virilidade serve apenas para torná-lo mais terrível e mais durável, e os remédios são ineficazes para fazê-lo cessar! Tu vens a mim sem esperanças, pois que posso eu contra teu mal? Sabes que não dou remédios, e tua razão não consegue conceber que se possa curar sem fazer uso deles. *"Deus escolheu os fracos para confundir os fortes".* Em um instante ver-te-emos medroso como uma criança, todos teus membros tremerão e implorarás piedade! A dúvida e um riso de incredulidade afloram em teus lábios; medes tuas forças com as minhas? Não sabes que se trata de uma luta de duas

almas, e que a minha ganhou o prêmio em cem combates. Eis-te avisado, agora; resiste, se puderes, às sensações que vais sentir. Mas teus membros já tremem, tua voz torna-se trêmula e tuas entranhas parecem fazer força para romper seu invólucro! Tudo se comove diante deste espetáculo, pois a luta é terrível. Qual é então o demônio que te agita? Tua vida vai ruir? Oh! Não és mais que um fraco caniço sobre o qual passa uma borrasca. Em um instante vais te levantar e procurar na memória o que ocasionou esta cena estranha. Vãos esforços de tua mente! Nada descobrirás. Restará apenas a recordação de minha força e o secreto pressentimento do bem que ela pode fazer a ti.

Agora, mais assustados do que estavas há pouco, os que te observam se perguntam com ansiedade o que é essa força que pode, de acordo com a vontade daquele que a possui, derrubar a uma grande distância o homem mais robusto e mais ousado e, jogando, por assim dizer, com essa força, parar seus efeitos, enfraquece-los e acabar até com a própria lembrança do que ela produziu; e, não encontrando razões válidas para explicar semelhantes fenômenos, eles exclamam: "É a força de Cristo"[2].

Fraqueza do espírito humano, é preciso um deus para explicar o que não concebes; à força de procurar, fora da humanidade, a verdade, a força e o poder, acabas por te perder.

Homem de pouco senso, porque me vês entrar no corpo do outro como um navio sem piloto e governá-lo de acordo com minha vontade, supões que preciso de um intermediário, e que este intermediário só pode ser divino. Examina-te, pois! Tudo o que passa em ti é mágico[3]; Deus assim quis uma vez; eis tudo. Quanto tua ignorância me inquieta, pois, a cada instante formas votos, e eu conheço todo o seu poder. Oh! Não levantemos, ainda, a cortina! Nos homens há maldade em demasia para divulgar um mistério tão grande. Os sábios da Antiguidade tinham razão de testá-los antes de chamá-los para a iniciação.

Voltemos bem depressa ao que pode conhecer o vulgo; in-

---

2 Um médico, o senhor Hennequin, dissera-me diante mais de trinta pessoas: Senhor, tendes a força de Cristo!
3 *Magia*, ciência outrora tão venerada que Platão, em sua obra *Cármides*, chamou-a a verdadeira medicina da alma, a qual adquire daí uma tranquilidade perfeita e o corpo um bom hábito; e no seu *Primeiro Alcibíades*, ele diz que ela é ensinada aos filhos dos grandes reis da Pérsia, por seus teólogos e filósofos chamados Magos a fim de que eles aprendam a formar sua dominação etc.

terroguemos a máquina humana que acabamos de agitar; um tremor surdo, molecular atesta que um agente acaba de atravessá-la; o rosto está inchado, os olhos brilhantes, um pulso muito acelerado. À visão de todos esses fenômenos, só resta ao homem, que deseja utilizar seus sentidos para examinar, nenhuma dúvida sobre o poder do homem.

Vejamos agora qual é nossa obra; apenas produzimos um fenômeno curioso, sem utilidade para o enfermo? Por que este último está melhor? É uma ilusão de seu espírito? Absolutamente não. A natureza não brinca com os instrumentos que ela criou; nela, tudo é sério e tem uma meta de utilidade; seus meios são tão numerosos quanto nossa ignorância é grande. É tão extraordinário vermos um homem adoecer subitamente quanto vê-lo sarar subitamente. Não apelemos ao milagre diante das obras de um homem; apenas a natureza faz milagres e é somente imitando-a que um homem pode se tornar superior àqueles que contestam seu poder.

Então, tu sararás, infeliz, pois a natureza assim o quer, já que ela te tornou sensível à minha ação e me colocou em contato com ela.

Sou eu quem vai fornecer-lhe materiais de reparação que só ela sabe empregar; o trabalho se opera, e já o terrível projeto que tinhas de te suicidar desapareceu do teu pensamento; sonhas com dias melhores e logo eles chegarão para ti, pois teus acessos se afastam; o gosto pelo trabalho renasce com tuas forças e tua mulher te sorri novamente.

Mais tarde só te lembrarás do terrível estado em que nós te encontramos como nos lembramos de um sonho penoso. Todavia, abençoarás a mão benfazeja que o impediu de se prolongar, e se sentires toda a importância do benefício, chamar-me-ás, a mim que escrevi tua história, chamar-me-ás *teu amigo*; é o único título que ambiciono, a única recompensa que meu coração deseja; vai, fico muito feliz quando a voz de minha alma encontra um eco.

MAGNETISMO! *Verdade grande como o mundo, o primeiro que puder descrever tuas maravilhas merecerá uma palma imortal!*

Mas a linguagem comum oporá por muito tempo ainda

obstáculos ao relato das cenas de magnetismo. São necessárias palavras novas para descrever as novas sensações e o gênio que deve criá-las ainda não existe.

Segundo tratamento

E tu que recusas aproximar-te, qual é o mal que te atormenta? Novamente a epilepsia, mal mais terrível que a morte. Espalhas o pavor por tua vizinhança, e a mãe afasta os filhos quando te percebe; tens vergonha de ti, pois vês o pavor que as pessoas sentem quando apareces.

Maldize, então, a ciência de teus esculápios, pois ela nada pode contra tua doença; é um mal sem remédio, dizem, apenas o túmulo pode curá-lo. Estás condenada a vagar pela beira dos caminhos enquanto tiveres uma sombra de razão; mas logo, tornando-te imbecil, será em um hospital que terminarás tua horrível carreira; e só terás aparecido nesta Terra para espalhar o terror.

Vem, tenhas confiança, espere da natureza, ela mesma não pode interromper sua obra antes do tempo; alivia teu coração, até chora, é um início dos seus benefícios. Nada mais temas, minha alma encontrou a tua; são dignos de lástima os que não têm remédios para tua doença, pois eles mesmos se ignoram, e nossa linguagem, simples como a verdade, não os tocará.

Não fales mais dos venenos que te deram, sua relação é numerosa, eu sei, mas tu não mais os tomarás. A esses vapores que te sobem ao cérebro, só oporei sinais sagrados como tua enfermidade, e, logo, senhor de dirigir de acordo com minha vontade seus acidentes, se te fizer sofrer, nada temas, a dor é muitas vezes um benefício. Compara agora: há pouco oito homens robustos não podiam conter-te, minha palavra agora basta e despejo em abundância a serenidade em tua alma.

Por que, então, uma mudança tão súbita? Sou, pois, um deus para ti? Não, não. Que teu espírito não te engane, apenas tenho uma vontade forte e o sincero desejo de fazer-te bem. A natureza ajudada fez tudo, e o produto da fermentação que existia em teus órgãos encontrou uma saída.

Doce emoção que a verdade fornece, felicidade pura que segue o homem que a possui! Ele sabe que pregando o bem ele derruba aqueles que vivem do mal, mas sua alma compadecida chama-os para partilharem seus prazeres. Ele gostaria de vê-los voltar atrás de seus erros; ele os lamenta, se neles persistirem, e seus olhos os procuram ainda ao longe quando sua voz foi impotente para detê-los.

O magnetismo em Bordéus
(Janeiro de 1836)

Certamente, se encontrássemos um meio de fazer com que todo mundo se portasse bem, que ninguém tivesse necessidade de médicos e remédios, nós aplaudiríamos essa descoberta. E se fosse provado que são os princípios e os velhos hábitos da medicina em vigor até agora que impediam, por sua falsidade, essa feliz descoberta, diríamos que esses princípios e esses hábitos foram funestos à humanidade.

CONSIDÉRANT

Logo, quando nós vos tivermos dito tudo, sereis tomados pelo pânico.

Eu pensava encontrar em Bordéus elementos de sucesso para minha propaganda e para lá fui quando saí de Reims. Nessa primeira cidade, o magnetismo já era conhecido: o senhor conde de Brivasac lá havia feito inúmeras experiências, e se nem todas elas foram convincentes, ao menos me haviam preparado as vias, dispondo os espíritos ao exame.

Comecei por leituras públicas, nas quais eu assinalava as causas da incredulidade e da indiferença afetada de nossos adversários a respeito de nossa ciência. Logo vi acorrer ao meu ensinamento uma multidão de homens eminentes e, recebendo da maioria deles encorajamentos, continuei meus ataques.

O *Journal de Médecine*, então, não mais negou o magnetismo, mas rejeitou a maioria dos fenômenos curiosos que o sonambulismo produz. Essa conduta é e deve ser a dos médicos de todos os países.

Eles negam os fenômenos que acompanham o sonambulismo, como se não fossem a consequência rigorosa da tormenta do corpo das pessoas adormecidas. Qual! Vós admitis que os licores fermentados produzem fenômenos incompreensíveis; admitis que o ópio determina efeitos mais singulares ainda e estranhas aberrações do cérebro e não quereis admitir que o magnetismo, esse agente tão ativo, tão estimulante da própria vida, e ao qual todas as forças vitais e nervosas obedecem, produza os fenômenos atestados por tantas pessoas respeitáveis! Felizmente, uma coisa nos tranquiliza: é que negastes primeiramente o próprio princípio, rejeitastes a existência do magnetismo e que mais tarde fostes obrigados a vos retratar. Hoje, forçados a admiti-lo, contestais os fatos principais que o acompanham. Agora já conhecemos vosso procedimento; temos certeza de que admitireis um dia o que rejeitais atualmente. Então, somente desprezareis os fatos inteiramente novos que poderão surgir, pois eles contrariarão, talvez ainda, ou vossos interesses ou vossos estratagemas.

Abri cursos práticos de magnetismo e oitenta pessoas se inscreveram para segui-los. Meus novos alunos logo se convenceram de que eu exercia um grande poder sobre a maioria das pessoas magnetizadas, e essa convicção tornou-lhes mais fácil o emprego dos meios dos quais me viram tirar um partido tão grande.

Todos os dias, um deles produzia algum fenômeno novo, e também todos os dias o entusiasmo dos meus discípulos aumentava.

Nas conferências filosóficas, eu deixava entrever o futuro da *nova revelação*; encorajava todos os meus alunos a *amarem uns aos outros*, a praticarem o bem em silêncio e não se exibirem aos nossos adversários senão para mostrar-lhes as curas das doenças contra as quais a medicina fora impotente.

Uma doce fraternidade cedo se estabeleceu entre eles, como eu havia desejado. Tiveram a ideia de formar uma sociedade acadêmica para estreitar os laços que já os uniam; mas certamente foi um erro, pois não tendo um pensamento comum e com cada um interpretando os fatos de acordo com a extensão de sua mente, discussões intermináveis necessariamente deveriam ocorrer e trazer a divisão e a desordem onde apenas a harmonia deveria ter reinado. A sociedade de Paris havia se dissolvido da mesma forma. As sociedades magnéticas só serão duráveis quando a doutrina filosófica que o magnetismo deixa entrever tiver sido formulada e aceita pela inteligência de todos. Entre os novos magnetizadores encontravam-se alguns que serviram calorosamente a causa do magnetismo. Em cem locais da cidade, experiências aconteciam e todos os dias uma quantidade razoável de pessoas adquiriam a convicção que os sofismas dos cientistas e dos médicos não mais podiam destruir.

Em minhas últimas instruções, dizia aos amigos que logo iria deixar:

> Tende um grande pensamento quando magnetizardes; tende entusiasmo; é preciso que vossa alma seja movida pelo amor à humanidade, por tudo o que ela possui de sublime! É preciso recorrerdes a Deus durante as tristezas que vos suscitarão a ignorância e a má-fé. – Recorrer a Deus – este pensamento que revoltaria nossos céticos modernos é, para mim, repleto de futuro. Meus caros amigos, a luz vem de cima, o homem sempre volta os olhos para esta região superior; quando ele procura a verdade, é para lá que ele leva os olhos. O magnetismo faz com que compreendamos Deus, ele dá mais do que sua consciência, ele nos inicia Nele.
> Acreditai, a nova verdade deve tornar o homem melhor e mais humano; as leis morais da humanidade estão totalmente escritas no magnetismo e no sonambulismo. Todos os legisladores da Antiguidade hauriram nessas *fontes de águas vivas.* Quem não ficaria radiante de ser o possuidor de tão grande segredo? Qual! O homem encerra nele o princípio de todas as coisas! Sua vida, esta pequena chama azul, está à sua disposição; ele pode perder uma parte dela sem se esgotar em demasia, e quando a dá pelos procedimentos que vos fiz conhecer, com frequência ela permanece na superfície do corpo daquele que a recebe, atormenta-o agradavelmente,

passa e repassa por ondas sobre sua pele, algumas vezes ela escapa repentinamente e vai se perder em algum lugar; mas muitas vezes ela encontra uma parte do corpo menos protegida, entra orgulhosamente nesse novo domicílio como se fosse seu, leva para aí nossa vontade, nossos desejos e nos torna senhores absolutos do local, embora o proprietário o seja. Um médico hábil serve-se por vezes de um narcótico para adormecer quem ele quer tornar insensível à dor: o magnetismo faz ainda mais; despoja o homem do seu *eu*, o único patrimônio que lhe pertence na Terra; mas esse gênio benfazejo dá mais do que tira. Antes de sair, ele olha se tudo está em ordem, se tudo estiver fora de lugar, ele próprio trabalha para colocar no lugar; vai, vem, inquieta-se, olha à direita, à esquerda e quando sua tarefa terminar, sai sem deixar nem a lembrança do bem que fez. Leva somente as impurezas da casa; *limpou os estábulos de Áugias*[1]. Mas quantas virtudes seriam necessárias para ser um bom magnetizador, e quantas doces harmonias poderíamos tirar de uma máquina humana animada por uma mão hábil! Os sons tirados de um violino por Paganini nada são se comparados à harmonia que resultaria de duas almas assim postas em relação, pois aí tudo seria divino, seria o concerto dos anjos elevando-se até Deus.

Depois, procurando premunir meus alunos contra a perigosa arte chamada *medicina*, mostrei-lhes que, embora nossa ciência estivesse ainda no berço, já era capaz de nos liberar do jugo que aquela arte, por um tempo demasiado longo, fez pesar sobre nós.

Quando a natureza é impotente para curar uma enfermidade, não seriam inúteis todos os esforços do médico? – Nós sabemos isso, – diziam eles.

Credes que uma lâmpada que se apaga por falta de óleo

---
1 N. T. – Referência ao quinto trabalho de Hércules (ou, em grego, Héracles): limpar os estábulos do rei Augias, da Élida, em um só dia. Os estábulos estavam muito sujos, mas, para realizar o trabalho, Hércules desviou o curso de dois rios para passarem por dentro deles e obteve êxito.

se acenderá se não o adicionais? – Não, certamente –. Por que, então, submetei-vos a uma arte cuja insuficiência vos foi tão bem demonstrada? Julgamos que Deus não havia dado mais luz aos homens, mas agora percebemos toda a fraqueza da ciência que nos mostrais. Esses apóstolos, com efeito, estão sujeitos a todas as doenças, nenhum deles pode se garantir dos acidentes que acompanham e ameaçam incessantemente a vida; são impotentes até para governá-la. – Apenas aquele que é verdadeiramente médico sabe curar a si próprio.
Que importam o grego e o latim, bem como essas prescrições admiravelmente formuladas? Não é a ciência que cura, pois serve somente para mascarar um charlatanismo que dá o ouro e a consideração. O que mais é preciso na vida? – A vida e a saúde, será que alguém pensa no seu valor?

Após ter passado em revista os males causados à sociedade pela falsa medicina e a filosofia mentirosa, eu tinha esperança no futuro; mas esse futuro não podia existir para mim e para aqueles a quem eu ensinava. Era-nos permitido, apenas, vê-lo em pensamento.

Dizia-lhes:

Sim, longe desse esgoto e desse bosque de mancenilheira[2], corre uma fonte, ainda fraca, mas cuja água é límpida e doce: algumas gotas vos desalteram e vos fazem sorrir para a vida. Essa água vem, certamente, do Lethe[3], pois os que a bebem esquecem, momentaneamente, seus males e renascem para a esperança. Para encontrarmos essa fonte, basta termos pensamentos simples e praticar o bem; o magnetismo é o caminho e apenas a vontade permite atingi-lo: não poderíeis querê-lo?
Como sofri para conseguir, pois o caminho me era des-

---

2 N. T. – Árvore da família das euforbiácias, da América Central, também conhecida como "árvore da morte", ou "maçã da morte", cujos frutos e látex são extremamente venenosos e cuja sombra era considerada mortal.
3 N. T. – Na mitologia grega, Lethe, filha de Eris (a Discórdia), é a personificação do Esquecimento. Confundida, muitas vezes, com o rio Lethe, um dos rios dos Hades (infernos), também conhecido como "rio do Esquecimento".

conhecido, os homens para quem eu perguntava sempre me enganavam, e quando eu seguia as veredas batidas, eu tropeçava a cada passo. Precisei de coragem para persistir, mas quanto mais eu avançava, no entanto, mas me convencia de que uma grande verdade seria a recompensa de minha perseverança. Enfim, em posse dessa verdade, nada mais foi tristeza em minha vida. Puros prazeres da alma, eu vos provei! Quantas vezes vi a morte fugir à minha aproximação, e a vida voltar nos corpos gastos pela doença e pelos remédios! Oh, não! Não é um sonho, a sentença fatal havia sido pronunciada, a própria natureza abandonara a luta. A lâmpada apagava-se, verti o óleo nessa lâmpada; ela reacendeu-se para brilhar ainda algum tempo. Esse óleo era minha vida, era esse fogo que circula em mim, e que me queima neste momento; era esta faísca que sai dos meus olhos que ia, rápida como meu pensamento, levar a vida e a saúde aos órgãos invadidos pelo frio da morte. Oh, cenas deliciosas! Quem tentará retratar-vos? É a alma quem vos compreende; a palavra não poderá vos representar. Doce serenidade que nasceis em consequência de uma boa ação, vós engrandecereis aquele que vos provar. Oh! É apenas aí que o homem se crê a imagem de Deus na Terra, e que compreende bem a imortalidade de sua alma.

Médicos, vós vos retirastes, toda a vossa farmácia não pôde fornecer uma droga para prolongar a vida. Um ser sem ciência, sem qualquer meio físico, tendo para si apenas sua convicção, coloca-se à cabeceira do leito do moribundo; concentra-se em si mesmo, reúne forças que ignorais existir, e dirigem-nas, pelo pensamento, para o cadáver que lhe abandonastes; aquece-o, reanima-o e dá à natureza uma ajuda que o impede de sucumbir. Negais a obra deste homem, vós o acabrunhais de desdéns. O enfermo, mais justo que vós, estende-lhe a mão, sorri-lhe, e nessa linguagem muda que tendes a infelicidade de não compreender encontra-se a recompensa de uma ação certamente bem simples, mas essa ação eleva esse homem acima de vós e lhe dá um amigo. Não, não sabeis curar os males do corpo mais do que os padres sabem curar os males da alma; isso não se aprende em uma escola de medicina ou em um seminário. Vós, médicos, vosso deus Esculápio, para quem ergueis o altar, era adivinho e curava os enfermos, indicando-lhes, em sonho, o que era necessário fazer para curar-se. Todos os médicos daquela época remota eram adivinhos, ou seja, *videntes*. Vosso divino Hipócrates, ele mesmo confessava que devia uma parte de seus conhecimentos às luzes que lhe chegavam por meio do sonho. Como poderíeis curar? Nenhum de vós pratica a meditação; não tendes, é verdade, fórmulas para todas as doenças. Esqueceis, ainda, que vossas primeiras farmacopeias foram compostas nos templos antigos, e tomadas, palavra por palavra, dos *ex-votos* que enfermos reconhecidos haviam pendurado nas paredes dos templos. Hoje em dia, vossa medicina é uma coisa da moda: o que era bom ontem será ruim amanhã. Que vos importa? Cada um vos entrega sua vida com uma indiferença realmente admirável e, morto ou vivo, ele vos pertence. Ide, cortai; mas o que deveria afetar-vos, entretanto, é que estais sujeitos ao mesmo regime. Como tratastes os outros, sereis tratados; e vossos colegas não se preocuparão convosco da mesma forma com que não vos preocupastes com eles. A Terra, esse vasto Clamart, nunca diz: Basta! Oh! Indiferença culpada que quebras as leis da natureza! Continuarás a reinar entre os homens? Nenhum esforço do espírito humano será tentado para tirá-los dessa apatia?

Chorai, chorai, mãe desolada, a morte de um filho cedo arrebatado do vosso amor. Não foi a Parca[4] que marcara o momento de sua morte; mas que vossas lágrimas sequem, tereis necessidade delas, mais tarde, para vosso esposo; pois as mesmas mãos que vos prepararam, sob o nome de beberagem, os venenos dados ao vosso filho não são inativos. Vide esses laboratórios res-

---

4 N. T. – Cada uma das três deusas infernais (Cloto, Láquesis, e Átropos) que fiavam, dobavam e cortavam o fio das vidas humanas. Por extensão, o destino.

plandecentes de luzes; ali, nesses vasos brancos como o alabastro, nesses cristais dourados estão depostos o extrato alcoólico da noz-vômica, o ácido hidrociânico, o acetato de morfina, o ácido prússico e milhares de outros venenos, todos destinados a vos serem dados como remédios. A arte se orgulha deles, a natureza se apavora, pois ela jamais pretendeu curar-vos com meios semelhantes. É para o terrível suicídio que seu inventor deve tê-los preparado e ele deveria ter sido arrastado às gemônias[5].

Aonde vais, jovem, toda resplandecente de frescor e de adereços? Em ti, tudo anuncia uma saúde perfeita. Crês em um longo futuro de felicidade: quem poderia duvidar disso, já que não tens vinte anos? O baile para aonde vais com tuas companheiras transformará em tristeza a alegria de teus pais. Esse vento fresco que respiras com tanta felicidade, atenção, é a morte. Algumas horas de prazer terão murchado essa tenra flor que apenas desabrochou. Oh! Não é o prazer que mata, ao contrário, ele faz viver quando moderado. O que mata são essa terrível sangria e esses anelídeos usados às centenas para tratar as indisposições que não teriam importância, pois, algumas horas de tratamento magnético as fariam desaparecer inteiramente.

Agora, leva tua vida lânguida e murcha e a terrível tísica devora teus órgãos, tua vida! Ela se esvai com teu sangue. Não há mais tempo de prolongar teus dias: eles estão contados; amanhã morrerás, ao passo que seria tão fácil fazer-te viver. A mão de tua mãe podia mais que a ciência de teus esculápios. Essa mão deslizando sobre ti com arte, aumentando tuas forças, daria à natureza o meio de restabelecer a harmonia em teus órgãos que um acidente, em princípio leve, havia perturbado.

Não, não, a medicina não mudará seu método se a estupidez dos enfermos não se esclarecer com tantos ensinamentos. O tempo nada mais ensina aos homens; eles envelheceram; é em vão que a verdade procura aparecer.

---

5 N. T. – Na Roma antiga, escadas sobre o Capitólio que davam para o Tibre, e pelas quais eram arrastados e atirados ao rio os corpos dos condenados.

Seu coração, como a terra, parece ter se resfriado; como a terra, é preciso perfurar sua camada a uma profundidade muito grande para encontrar o calor e a vida.

Infeliz do homem que sente a verdade e que não ousa dizê-la! Sua vida não é mais do que um longo combate, lutando nu contra adversários protegidos, ele deve sucumbir na luta.

Vencedores infelizes, não vos regozijeis, pois apagastes um archote à chegada da noite.

Deixei Bordéus com a certeza de que serviria melhor ainda os interesses do magnetismo se eu fosse fazer com que julgassem meus atos os habitantes de uma cidade, no meio da qual estavam os nossos mais violentos antagonistas.

Seguem os nomes das pessoas que seguiram meu curso de magnetismo em Bordéus:

Malsevin, Bagourin, Guillier, Hovyn, Winter, Du Rennel, E. Révé, Dabadie, Lost, Bance, Noé, Meilier, Renateau, Gerrard, Laserre, Théophile Chenier, Marrast, Teullère, Boileau, Curcier, Scholle, Chaîne, Édouard, Pence, Desgrottes, Assier, Pagaut pai, Pagaut filho, Drouot, Couturier, Marsaudon, Valentin, Duboul, Escodeca, Laroche, Cotterel, Sorbé, Bitouret, Delor, Ulrichs, De Baritault, Filloneau, Marchand, Poytevin, Sablon, Engler, Lacour, Dubroca, Sciau, Jonain, Pagas, Maléta, Maignot, Thriouart, Achard Jules, Vignot, La Forie, Pfariffer, Devestre, Boyer jovem, Duret, Bequey, Le Blanc, P. Destrées, Billot, Durand, O Cônsul dos Estados Unidos Désils, Magonti, Rivierre, Stouvenel, Taillefer, Arthur de Gaigneron, Michaud, Delbruck, Barckhausen, Célerier, Maigret, Foulon, Huyard, Delbert, Detmering, Lallemand, De la Tranchade, Lawton, Lajarrisges, Danderaut.

Algumas outras pessoas deveriam ser acrescentadas a esta lista, mas ignoro seus nomes.

O magnetismo em Montpellier
(Abril de 1836)

O que é uma ciência que, hoje, não é mais o que era ontem; que sucessivamente glorifica, como oráculos Hipócrates, Galeno, Boerhave, Friedrich Hoffmann, Brown e outros; em suma, o que é uma ciência sobre a qual perguntaram, não se ela existia, mas se ela era possível?

Laromiguière

Por que há tantas farmácias quantas padarias?
É porque é preciso alimentar o corpo e a doença.

Montpellier tornou-se o objetivo de minha santa cruzada. Era um perigoso campo de batalha, pois eu devia me encontrar só diante de um corpo médico de elite entrincheirado atrás da grande artilharia da universidade. Mas até esse perigo me sorria. Aliás, eu tinha a consciência de minhas forças e julgava glorioso fazer penetrar a verdade que eu possuía naquele antigo santuário da antiga medicina, naquele local tão temível para os enfermos.
 Com efeito, por que eu teria medo se a verdade caminha comigo? Por que teria evitado os cientistas? Como último resultado, eles só têm argumentos para opor contra os fatos que posso produzir diante dos olhos de todos. – Tal foi meu raciocínio e dirigi-me decididamente para aquela colmeia sem mel.
 Cheguei prontamente, pois a bagagem de um magnetizador não é considerável, sua farmácia ocupa pouco espaço e ele car-

rega todos os seus instrumentos em um par de luvas. Tratei de colocar as atitudes do meu lado, indo fazer uma visita ao decano da Faculdade, o senhor Dubreuil, e pedindo-lhe o favor de sua intercessão, a fim de que os médicos da Faculdade permitissem minha entrada nos hospitais por eles dirigidos a fim de ali realizar experiências públicas para a instrução dos alunos. Minha iniciativa, devo dizer, foi julgada conveniente pelo decano, que me garantiu que minha proposta e minha solicitação não encontrariam obstáculos. "Em dois dias, no máximo –, disse-me ele –, tereis uma resposta".

O decano procurou-me, realmente, dois dias depois de minha visita, mas era para me levar más notícias: em toda a parte havia encontrado as portas fechadas. *Qual!* – dissera-lhe um daqueles esculápios – *servis de patrão a um magnetizador!* Como – dissera-lhe outro – *um prestidigitador encontraria em vós proteção e apoio!* Enfim, os discursos mais insultantes sobre mim lhe foram feitos. Ao me repeti-los, o senhor Dubreuil encontrava palavras severas para censurar a conduta de seus colegas, pois se o magnetismo fosse charlatanismo, nada mais fácil do que comprovar isso pelo exame. Se, ao contrário, fosse uma verdade útil, não estudá-lo seria o cúmulo do contrassenso.

O senhor Dubreuil encorajou-me a escolher outro meio para divulgar a verdade e para tornar conhecida minha doutrina.

Eu havia previsto a resposta dos médicos dos hospitais de Montpellier, e estava decidido a dispensar sua ajuda. Comecei, então, a mandar afixar cartazes para avisar os jovens da escola e os habitantes de Montpellier que, para provar a existência do magnetismo animal, eu faria em minha casa, todos os dias, experiências e demonstrações com os doentes que me levassem.

Mas já me haviam pintado com cores tão desfavoráveis que nem um indivíduo foi saber do que se tratava e se, realmente, eu trazia uma verdade. Para quê? *O charlatão* não podia ter acesso a uma cidade em que a medicina estava tão bem estabelecida, a um local em que *a verdadeira ciência* faz, a cada dia, cair uma chuva de ouro.

Uma semana decorreu dessa maneira. Entretanto, um aluno, o senhor Chabaud, foi me procurar. – Esse jovem ouvira falar do magnetismo e desejava informar-se sobre a descoberta. Convenci-o a me levar alguns de seus colegas e ao cabo de cinco dias seis deles vieram. Incitá-los ao estudo do magnetismo, destruir os falsos relatórios e as suspeitas injuriosas que espalharam sobre mim foi coisa de alguns instantes, pois eu me dispunha a mostrar fatos imediatamente, e logo começando a agir, magnetizei um daqueles rapazes que se tornou quase de imediato sensível ao magnetismo.

No dia seguinte, no lugar de seis, chegaram-me doze alunos; dois dias depois, mais de trinta haviam-me solicitado o favor de assistirem às minhas experiências. Enfim, não haviam se passado quinze dias, que cento e cinquenta rapazes tinham vindo juntos escutar as lições da nova ciência que eu lhes trazia.

– Único representante da verdade em meio a uma afluência tão grande de jovens, essa verdade era, pois, bem poderosa, já que todos eles estavam compenetrados e prestavam a maior atenção aos discursos pelos quais eu procurava torná-la familiar!

Infelizmente, tão belo sucesso foi seguido de muitas tribulações, e eu devia pagar bem caro o privilégio que me arrogara, ou seja, divulgar a ciência por nada.

Como! Um estranho, um charlatão, reunir cento e cinquenta jovens, quando homens hábeis e *mestres na arte de curar* só conseguem reunir vinte e cinco ou trinta! As ovelhas fiéis abandonando o aprisco e aventurando-se a irem procurar outra pastagem diferente daquela do redil universitário! A voz do pastor perdera, então, o seu domínio? Por que essa emigração e como chamar à razão jovens tomados por uma espécie de vertigem?

Os primeiros meios empregados foram a advertência e os conselhos: *eu era um sonhador que nem tinha o mérito de ser médico, em toda parte eu fracassara. A pretensa ciência que eu ensinava havia sido julgada e condenada, e os que a pregavam eram imbecis.*

Entretanto, alguns professores, poucos seguros de sua causa, sem dúvida, vieram procurar-me, mas à noite, por medo de serem vistos e, após terem longamente conversado comigo, eles ainda voltaram, e achei essa atitude pouco em harmonia com os discursos que faziam na cidade. – Mas não lhes ocultei nem meu objetivo nem meus projetos.

No momento em que eu estava mais certo de ter alguma tranquilidade, recebi do senhor Gergonne, reitor da Academia de Montpellier (em 28 de abril de 1836), uma carta na qual me perguntava se eu possuía autorização para ensinar e, nesse caso, que fosse comunicá-la a ele. Respondi-lhe que não tinha necessidade de nenhuma autorização, porque minha ciência, a que eu professava havia vinte anos, nada tinha em comum com os conhecimentos que a universidade possuía. Acrescentava que, estando minha porta aberta a todo mundo, era fácil verificar se aquilo que eu dizia era verdade e convidei o senhor Gergonne a honrar-me com sua visita.

Logo recebi uma injunção para parar com todas as minhas conferências, com a ameaça de perquirição se eu as continuasse. Preveni as pessoas que se encontravam em minha casa das intenções do reitor, garantindo-lhes, ao mesmo tempo, que não interromperia minhas experiências e que estava decidido a sofrer as consequências boas ou más que minha determinação pudesse trazer.

Eu tinha o direito do meu lado, minha causa deveria, por fim, ser reconhecida como justa, ao menos era o que eu pensava.

Assim, continuei meu curso. Minha sala de ensino era um grande bosque onde havíamos procurado colocarmo-nos ao abrigo dos ardores do sol. Ali, rodeado pelos meus alunos, procurava persuadi-los por meio de relatos simples e sinceros, não pensando em apagar as pessoas que a mim se opunham, pois estou convencido de que muitas delas têm mérito. Eu queria apenas tornar reconhecida uma verdade importante, combatida desastradamente por pessoas que deviam, sobretudo, fazê-la prevalecer. Também não havia fel nos meus discursos, pois eram pacíficos, embora meus adversários me tivessem cumulado de amargura. Pacífico, apenas preocupava-me um temor, o de talvez não estar à altura da missão que tentava cumprir.

Estava no meio de uma das minhas últimas lições públicas, quando vários homens da polícia foram vistos pelos alunos; e logo em seguida, de todas as partes elevaram-se gritos de *à água o delegado! À água os delatores!* Tais gritos causaram um tumulto terrível e diante da resolução que parecia que os alunos tinham tomado de cumprir suas ameaças, eu, tão decidido em presença dos meus inimigos, tão calmo quando recebia à queima-roupa suas injúrias, caí em um estado difícil de descrever. Meu sangue congelara em minhas veias. "Parai, parai! – gritava aos meus alunos. Senhores –, eu dizia-lhes –, coloco estes homens sob minha proteção; estão aqui enviados pelo poder; nenhuma censura pode lhes ser feita. Eu quero, exijo que suporteis sua presença; nossa conduta é inocente, não a torneis culpada. Não torneis impossível, por vossa conduta, o bem que ainda posso fazer". E pegando as cadeiras que estavam ao meu redor, convidei os agentes da autoridade a se sentarem. Os pobres homens estavam mais mortos do que vivos; a palidez de seus rostos demonstrava o seu pavor; um deles, todavia, quis perorar para acalmar a tempestade que bramia ainda. "Estamos aqui para o sossego da França – dizia ele – mas vós estais tranquilos, bem o vemos, e nada tendes a temer de nós". Os murmúrios redobraram e ele compreendeu que seria mais razoável se calar.

Eu não estava absolutamente tranquilo sobre o que iria acontecer. Os murmúrios de cento e cinquenta rapazes, longe da cidade, pois minha casa dela distava um quarto de légua, o movimento dado às bengalas com que estavam armados vários alunos, tudo me inspirava temores; e eu teria tido bem mais se soubesse, naquele momento, que os jovens que estavam em minha casa tinham antigas queixas contra os policiais que, muitas vezes, contrariaram-nos em suas diversões.

Convidei os policiais a escutarem meus ensinamentos, relatarem-nos fielmente e a voltarem, se achassem conveniente.

Acabei aquela aula em meio a uma calma aparente, depois acompanhei os homens da polícia até a porta da minha casa, barrando, a seguir, a passagem aos alunos que, se saíssem imediatamente, poderiam tê-los maltratado.

A partir da tarde, recebi de um oficial o conselho de partir, ir procurar uma cidade mais favorável ao sucesso de minhas ideias. O conselho era sensato, com certeza, e a razão assim o ditava. Pobre razão humana que todos creem ter como herança, tomar-te sempre por guia seria, muitas vezes, pura loucura! Permaneci em Montpellier e fiz bem, como se verá mais tarde.

No dia seguinte, recebi uma intimação para comparecer à polícia correcional e soube, ao mesmo tempo, que uns vinte alunos foram citados como testemunhas. O papel timbrado não tinha sido economizado, pois certamente pensavam que não caberia à justiça pagar suas custas.

Aconselhei meus alunos a nada ocultar da verdade. – Tinha sido intimado para responder a um delito de ensino, e a pena que eu poderia sofrer nessa primeira vez era uma multa de mil francos. Mas o que pouco me tranquilizava sobre as consequências do meu processo era o fato de ter conhecimento que meus juízes eram amigos dos meus inimigos e que o *caso tinha sido arranjado secretamente*, e que o artigo do código que devia me ser aplicado estava marcado no canto da página que continha a lei.

Homens privilegiados da natureza, vós que não conheceis as penas da vida, vós para quem o maior sofrimento é uma digestão difícil, não podeis compreender a dor de um homem que consagrou todos os momentos a pesquisas úteis, ao se ver conduzido diante de um tribunal e obrigado a se defender de um ato que considerava um excesso de virtude.

Magnetizadores pacíficos, vós que vedes o tempo passar sem se preocupardes com os infelizes que *a ciência* deixa morrer e que vossa arte salvaria, vinde me contar vossas proezas em algumas pessoas que podiam prescindir da vida que lhes jogais a mancheias, e vos direi: "Nada fizestes de útil, já que o triunfo da verdade cuja causa abraçais não está garantido. Imitai-me, batei corajosamente à porta da ciência: se ela não se abrir, quebrai-a; e sobre a fronte dos homens que encontrareis no santuário, escrevei: *falsidade, mentira e incapacidade*. Somente então tereis bem merecido".

Embora não conhecesse as formas jurídicas, apesar de não ser advogado, resolvi, no entanto, ser meu próprio defensor. Após ter escutado o procurador do rei, cuja voz era ardente e alta, como se se tratasse de um grande criminoso, lembrei-me involuntariamente da fábula de La Fontaine, *Os animais enfermos da peste*. – Nessa fábula, o asno que foi sacrificado não era mais culpado do que eu; pois se ele comera do capim do monge uma quantidade equivalente à largura de sua língua, eu nada mais fizera do que passar sobre o domínio da universidade; apenas, é verdade, eu caminhara ao lado da senda ordinária e pisoteara algumas ervas daninhas.

Por minha vez, tomei a palavra e pronunciei a seguinte defesa:

Meritíssimos juízes,
Venho à vossa presença confessar um fato que me honra; venho vos dizer de frente que ousei enfrentar a universidade de Montpellier, chamando, apesar de sua proibição, não somente a juventude das escolas, mas todo o público desta cidade, para ouvir o relato de fatos que devem ser conhecidos por todos.
Sim, senhores, ousei dizer diante de grande quantidade de pessoas, o que eu havia feito pela ciência e o que ela esperava de mim.
Ousei solicitar o exame público, não de uma doutrina, mas de fenômenos extraordinários que os cientistas de vossa cidade ignoram.
Devo dizê-lo, a juventude acorreu e um dia vós devereis agradecê-la por isso. Ela quis formar uma opinião sobre algo que está fora da ciência atual; quis saber se o descrédito que os cientistas lançaram sobre o magnetismo havia sido com conhecimento de causa. Esses jovens quiseram se servir de seus sentidos para examinar; e desprezando, por um momento, as tradições da escola, foram ver os novos fenômenos que são independentes de qualquer crença. Podeis me condenar por isso?
Eles foram assistir a um curso de medicina? Mas se eu dissesse, um grito de indignação se elevaria imediatamente contra mim para me desmentir, embora, no entanto, o magnetismo cure sem remédios uma grande quantidade de doenças.
Tende, pois, a bondade de me dizer o que ensinei. Nada sabeis sobre isso; não podeis nada saber, e a universidade não é mais instruída do que vós. Aqueles que iniciei logo vos contarão, pois vós mesmos ireis, para vos esclarecer, assistir às suas experiências; mas quando quiserem se explicar diante de vós, percebereis seu embaraço, pois lhes faltarão termos: não existem ainda termos para fazer compreender o magnetismo.
Se me condenais por tornar conhecido um sexto sentido, teríeis, pois, condenado Paganini por haver tirado novos sons do seu instrumento; o abade Parabère, porque seu

organismo faz com que encontre fontes? E o primeiro homem que imantou uma barra de ferro e apresentou-a ao povo, era, então, culpado também? Não, não há lei para os quais o desconhecido se revela. Só podeis me atingir com a lei das associações, pois recebi mais de vinte pessoas ao mesmo tempo. Porém eu teria vindo até vós cheio de confiança; ter-vos-ia contado ingenuamente o que se passava em minha casa e não teríeis encontrado nada de condenável. Não me meto em política, nem em religião; não é um dogma novo que procuro divulgar, mas algo mais útil, ou seja, a descoberta de uma força física cuja sede está em nossos próprios órgãos: seria um motivo para me condenar? Teríeis condenado Galvani e Volta se tivessem vindo vos demonstrar os incríveis efeitos de uma pilha de metais diversamente superpostos? Não, seríeis os primeiros a irem assistir às suas experiências. Teríeis feito votos para que semelhante descoberta fosse útil para a humanidade, e encorajado, com todo o vosso poder, as experiências feitas por homens esclarecidos que enriqueceriam a ciência com uma bela descoberta.

E se o primeiro que tivesse feito uma máquina elétrica tivesse chamado o público para ser testemunha das maravilhas do seu instrumento, teríeis punido esse homem por não ter solicitado à Universidade a autorização de realizar sua descoberta abertamente? Harvey e Jenner não teriam sido aceitos pelo senhor reitor? Um, provando publicamente a circulação do sangue, o outro mostrando os benefícios da vacina, não poderiam, pois, hoje em dia, estabelecer suas descobertas? Mas os juízes que tivessem condenado esses felizes filhos do talento teriam sido expostos ao escárnio público e, como os juízes que condenaram Galileu, seus nomes desgastados teriam sobrevivido ao tempo! Em que eu sou, portanto, mais culpado do que eles, e por que me condenaríeis? Seria por eu ter divulgado ideias contrárias aos bons costumes? Mas nunca as palavras foram mais morais do que as minhas. Ensino aos homens a fazerem um nobre uso de sua vida. Ainda uma vez, seria por me ter metido em assuntos políticos? O que eu ensino está longe de discussões desse tipo. Seria, enfim, por ter lutado com a Universidade a respeito de uma ciência do seu domínio? Não, cem vezes não; nunca a Universidade falou do magnetismo e jamais magnetizou. Se alguém dorme na Universidade, trata-se de sono natural e não de sono lúcido. Alguns dos membros dessa corporação vieram dizer às pessoas reunidas:

A arte que ensinamos é completamente conjetural. Porém, há na natureza uma coisa ignorada pela maioria, um princípio superior à nossa razão. Aquele que sabe empregá-lo, mesmo pertencendo à última camada da sociedade, produzirá maravilhas superiores às obras dos maiores gênios.

Oh, não! A Universidade nada disse de semelhante; ela ignora o que é o magnetismo; e, enquanto em outros países seus efeitos são cuidadosamente estudados, aqui só falam dele para combatê-lo e jogar no ridículo os que nele creem. Por que fatalidade o hábil reitor da Academia de Montpellier foi levado a me proibir de ensinar uma descoberta que, segundo ele, não existe? Temeria que eu abusasse da juventude com falsos fatos? Mas hoje em dia, o erro não pode durar muito tempo. Se minhas experiências são feitas às claras e com meus próprios alunos, não posso ter comparsas, e se não tenho comparsas e se não sou um charlatão, que homem é, pois, o senhor reitor? A Universidade ignora o que se passa em minha casa; os fenômenos que provoco lhe são desconhecidos; e ela me proibirá, no entanto, de fazer e dizer qualquer coisa! Mas parece-me que se posso andar sem qualquer autorização do Ministro da Instrução Pública e do reitor da Academia de Montpellier, posso também magnetizar sem seu consentimento, pois andar e magnetizar são duas propriedades naturais do homem.

É verdade, senhores, que arguido sobre as consequências dos fenômenos magnéticos, balbuciei o que minha fraca razão vira. Mas poderia eu ser somente uma máquina física e lamentar não ser mudo? Talvez tenha eu deplorado diante dos meus ouvintes a cegueira dos cientistas, que deixavam a um filho perdido das ciências o dever de realizar sua tarefa. Isso seria, certamente, um crime para o senhor reitor. Mas, senhores juízes, vós não podereis reconhecer o delito que vos indicaram, e condenar um homem, porque este homem não quis curvar injustamente a cabeça sob a verga do senhor reitor.

Vosso bom senso vos dirá até que pedir semelhante autorização teria sido, de minha parte, não uma marca de fraqueza, mas um erro do meu julgamento, pois, ainda uma vez, o magnetismo não é, atualmente, uma ciência. Não é nem física, nem química, nem medicina: é uma descoberta que ultrapassa em grandeza todas essas ciências. Muitos cientistas julgam muito se honrarem ao rejeitá-la sem exame. O tempo lhes dará uma severa lição. Um dia, a descoberta do magnetismo será a glória das escolas; os médicos empregarão, então, procedimentos que hoje condenam. Vosso julgamento, qualquer que seja, senhores, não será esquecido; ele acompanhará a história da luta que os magnetizadores tiveram que enfrentar. Assim, ele passará às gerações futuras e lhes lembrará a ignorância e a intolerância dos cientistas desta época.

Montpellier se lembrará de minha luta e de meus esforços para destruir os preconceitos, Montpellier se recordará de que fui citado para comparecer à barra do tribunal para me justificar de uma ação virtuosa. E quando, entre os habitantes desta cidade, novos apóstolos da verdade aparecerem, as pessoas saberão lhes dizer, se eles encontraram um caminho plano, que é porque um homem laborioso viera arrancar seus espinhos.

Senhores, se minha conduta é condenável, então a justiça fez bem mal o seu dever, pois pratico o magnetismo há vinte anos e há dez anos eu o ensino em Paris diante dos olhos da Universidade, que nele nada encontrou de censurável. O que fiz em Paris, em Bordéus e em outras cidades, diante das autoridades, podia, certamente, ser feito em Montpellier. Mas não, minha residência foi invadida por policiais: o que então viram? Quereis saber? Primeiramente, viram muitos rapazes ouvindo um relato de fatos magnéticos. Na segunda visita, esses mesmos policiais encontraram trinta e quatro rapazes conversando comigo e me interrogando sobre a descoberta do magnetismo. Na terceira, ah, foi bem diferente: os comissários viram um jovem adormecido, e perto dele dezessete moços examinando com atenção os singulares efeitos do magnetismo. Isto é um delito? E se for um delito, teria sido necessário, em minha casa, em Paris, prender os membros da Academia de medicina e de ciências que para lá iam, frequentemente, em grande número, para testemunharem as cenas de magnetização. Teria sido preciso, como fizeram aqui, pegar os nomes das pessoas que eu recebia. Não se tratava, então, de estudantes, mas sim de homens sérios, homens que exercem a primeira magistratura, médicos renomados; teria sido preciso levá-los a um tribunal como testemunhas do delito que eu cometi e incriminar-me de ter procurado esclarecê-los, ou de ter recebido suas luzes, pois vários praticam zelosamente o magnetismo.

Teria sido preciso, quando me apresentei, com sonâmbulos, na Academia de medicina de Paris, desafiado por vários de seus membros, fazer intervir a polícia, pois era lá, sobretudo, que eu procurava explicar e fazer com que o magnetismo fosse compreendido. Teria sido preciso, há vinte meses, quando, diante dos olhos da Universidade de Paris, ousei, perante mais de oitocentas pessoas, apresentar o quadro das maravilhas que oferece a descoberta que propago, prender-me em flagrante delito de ensino.

Mais tarde, quando professava na "Athénée" de Paris, arranquei aos nossos grandes cientista a máscara da falsa ciência, teria sido preciso deter-me e conduzir-me perante um juiz.

E quando, em uma das mais memoráveis circunstâncias de minha vida, ainda iniciante nos bancos da escola, eu desafiei os médicos em seus santuários, ousando submeter-me a experiências públicas diante de grande quantidade de ouvintes, todos juízes competentes, reunidos em um dos primeiros hospitais de Paris, o Hôtel-Dieu, teria sido preciso deter minha mão que curava uma moça reduzida ao último grau de marasmo e condenada a morrer, teria sido preciso que me dominassem e, ao preço de uma boa ação, condenar-me a pagar multa ou à prisão, pois, em nenhuma dessas circunstâncias, eu pedira uma autorização.

Mas não o fizeram, não puderam fazê-lo. Não se pode impedir um homem de dar provas daquilo que ele crê ser um poder novo; não se pode impedir um ser humano de falar das propriedades de seu organismo. Calar uma verdade útil é, do meu ponto de vista, um crime. Temer os cientistas que essa verdade destrona, uma grande covardia. Mas parece que os cientistas de vossa cidade são como os habitantes de Éfeso: "Se entre vós – diziam – alguém quiser exceler e encontrar uma nova arte, que vá a outro lugar levar sua superioridade e suas luzes".

Porque, senhores, em um país no qual os habitantes fossem esclarecidos e generosos, após haver dado provas autênticas de minhas asserções e da verdade da qual me digo intérprete, é uma coroa cívica que eu deveria ter recebido como recompensa dos meus longos trabalhos, e não uma citação diante de um tribunal, como um homem acusado de uma má ação.

Não é, pois, perante vós, senhores juízes, que eu deveria e gostaria de comparecer, é perante a Universidade reunida; minha defesa teria sido muito mais fácil, eu estaria no meu terreno. O pouco de luzes que Deus me dispensou foi-me útil. Eu teria feito enrubescer todas essas velhas frontes, eu teria criticado a esses homens que se creem sábios sua deslealdade e sua injustiça.

Mas podemos ser bons filósofos e maus advogados; podemos defender a causa da humanidade e não querermos nos defender; pois eu poderia prolongar minha defesa. Mas que tenho a temer? A justiça de minha causa me tranquiliza completamente!

Além disso, qualquer que seja vosso julgamento, ele me honrará. Se me absolverdes, será dito que um dia, um homem generoso veio revelar à juventude, diante de uma velha corporação universitária, uma nova verdade, ignorada pelos cientistas; que esse homem, denunciado por pessoas bastante desprovidas de virtude para ousarem admitir fatos que derrubam os preconceitos, encontrou juízes esclarecidos que souberam reconhecer o ódio do sábio que procurava abrigar-se sob o manto da lei. Se me condenardes, vosso julgamento, longe de me aviltar, abalará ainda mais os homens que me perseguem; a posteridade não os perdoará, pois os fatos que eu produzi apenas se opunham aos seus sistemas enganosos, e minha prática não tinha o caráter que exige a lei para ser submetida à censura da Universidade.

Ainda uma palavra e terei terminado.

Não é um favor que vos peço, é vossa severa justiça; mas, para a honra de vossa cidade, não fazei com que um dia seja possível dizer: "O senhor Du Potet sacrificou seus interesses, seus afetos para divulgar generosamente uma útil verdade. Ele veio a Montpellier acreditando aqui encontrar cientistas esclarecidos, mas encontrou juízes; em todos os outros lugares os cientistas acolheram-no como irmão; aqui foram inospitaleiros para com ele e cumularam-no de desgostos!".

Durante a deliberação, senti um mal-estar indefinível, pois se uma sentença desfavorável não podia me humilhar, impediria, ao menos, de seguir o caminho que me havia traçado. Ela fecharia, igualmente, a via aos homens que quisessem, como eu, combater à luz do dia os inimigos da verdade, e asseguraria, por um tempo mais longo, o triunfo de homens que, sob a máscara de profundos conhecimentos, enganam a humanidade que eles exploram.

Os juízes pronunciaram minha absolvição, baseando-se no fato de *minha arte não ser uma ciência, mas apenas o exercício de certos procedimentos naturais que eram tão condenáveis quanto aqueles que se vê no teatro e nas praças públicas.* Obrigado, senhores.

Satisfeito com essa absolvição, embora me igualasse aos escamoteadores e aos mágicos, voltei à minha casa com o propósito de não mais irritar meus inimigos e de não mais atrair seu ódio. Mas, insensato que eu era, sua raiva provinha dos meus sucessos, seu ódio dos doentes que eu tratava, e que, já, apresentavam melhoras, ao passo que, com todos os recursos da farmácia, os hábeis médicos só souberam agravar seus males.

Portanto, eu não podia, sem desonra, deixar aquela cidade, na qual, em cada homem que encontrava, eu julgava reconhecer um inimigo.

Anunciei novos cursos práticos de magnetismo, e sessenta

rapazes neles se inscreveram, mediante certa retribuição. Outros alunos deveriam, mais tarde, iniciar-se nessa ciência e, desde então, o futuro apresentava-se cor de rosa, pois minha reputação deveria crescer com as obras magníficas que meus alunos teriam produzido. Mas aqui, ainda, eu não havia contado com meus anfitriões.

Mal havia começado meu curso que a polícia, que conhecia o caminho, fez uma nova batida à minha casa e *constatou, por meio de auto, que havia na minha sala uma grande quantidade de jovens bem despertos, e apenas dois profundamente adormecidos.*

Logo uma nova chuva de intimações veio cair sobre mim, pois o reitor apelara ao tribunal real e eu devia, novamente, ir justificar meus atos.

Como, pois, pode ser que eu, que não me envolvo em política, cujas doutrinas afastam das discussões desse gênero, seja perseguido como um revolucionário, como um carbonário[1]? Por acaso eu ensinava princípios morais subversivos? Mas não! Meus discursos são marcados pelo cunho da moral e da sabedoria. Não era só o governo que me perseguia, não era apenas a segurança pública que exigia que eu fosse processado, era uma camarilha que eu viera perturbar em sua doce tranquilidade e em seu tráfico de drogas inúteis.

> O povo crê em nossas luzes, as drogas são vendidas a peso de ouro; se todo mundo pode tornar-se médico, se são necessários poucos remédios para curar, a arte que os prescreve a rodo e aquele que os prepara são, pois, nocivos aos homens. Expulsemos para longe da cidade este estrangeiro que traz consigo uma ciência perigosa para nossos interesses; para que serve a verdade que ele preconiza, se aqueles que nos rodeiam, creem em nossa infalibilidade? Até o momento, os enfermos recusaram o sangue e o ouro que lhes pedimos? Não, é um direito de nossa arte que eles julgam imprescritível; impeçamos, pois, que a luz chegue até eles, e para não parecermos culpados, é preciso atingir o inocente.

---

1 N. T. – Membro de uma sociedade secreta e revolucionária que, no início do século XIX, atuou na Itália, França e Espanha.

Assim raciocinavam, certamente, os que me faziam ser perseguido.

Tratava-se de saber se o tribunal real mudaria o julgamento dos primeiros juízes. Eles contavam com isso, por certo, pois, caso contrário, para que uma apelação? Compareci, portanto, pela segunda vez perante a justiça, quanta honra para mim! Eu já não era um charlatão, e sabeis por que, caros leitores? Porque para me condenarem era imprescindível que eu fosse um cientista. Assim, que dificuldade teve o advogado-geral para chegar a prová-lo! Com efeito, nada era mais difícil. Entretanto, bem ou mal, eu devia ser um cientista, pois sem esse título, eu seria completamente inocente. "Bem-aventurados os pobres de espírito" – dissera Jesus – e naquele dia tive de reconhecer a verdade sublime dessas palavras.

Meus amigos me informaram que mesmo antes de ir ao tribunal minha condenação estava decidida, e tive alguma razão para crer que essa opinião estava certa. Que revolução se operou, pois, na mente dos meus juízes, já que ainda daquela vez eu obtive uma total absolvição? Não pude sabê-lo.

Eis minha segunda defesa, pois diante daquele tribunal, como diante dos primeiros juízes, eu não quis advogado.

Meritíssimos,
O que é esta obstinação cega que levam determinados homens a perseguirem, de tribunal em tribunal, um homem que só pode ser julgado pela opinião pública?
Antes de pronunciar algumas palavras em minha defesa, queiram crer, senhores, que estou profundamente magoado com a conduta dos cientistas de vossa cidade a meu respeito, e com sua pouca urbanidade. É um processo bem ridículo que impetram contra mim, senhores, pois não é perante vós que eu deveria ter comparecido, mas diante de um júri composto de fisiologistas e de médicos. Eles teriam constatado se minhas asserções podiam justificar-se pelos fatos e, em um ou outro caso, concedendo-me o louvor ou a censura, eles teriam esclarecido as mentes.
Mas vós, senhores, o que tendes a ver com esta grande questão da existência do magnetismo? A Universidade, não querendo ou não podendo julgá-la, acha, portanto,

mais oportuno fazer intervir a justiça? Qualquer que seja vosso julgamento, senhores, ele atingirá mais os cientistas do que a mim. Ele servirá para atestar sua intolerância e justificar, mais uma vez, um fato infelizmente verdadeiro em demasia: o de que todo homem que traz uma verdade nova é necessariamente o inimigo dos que não tiveram gênio suficiente para descobri-la. A história do progresso das ciências em toda parte oferece exemplos da má vontade dos cientistas, pois ficai sabendo, não há uma única verdade que não teve contra ela os homens mais esclarecidos do reino em que Deus a inspirara. Deixemos de lado os cientistas. Eles não levarão em conta, portanto, minha moderação, pois minha causa é tão bela, meu direito tão evidente, que eu poderia aqui mudar de papel, e de acusado tornar-me acusador, e isso sem ofender-vos, senhores, pois sois os defensores nascidos do oprimido.

Só pedem uma coisa de mim, senhores, uma simples confissão: ensinei ou não? O único delito aparente de que me censuram, é a palavra *Curso*, empregada por mim para atrair às minhas experiências pessoas desejosas de conhecerem fenômenos novos. Ao resto, não se dá a mínima importância. Se aquilo que ensino é verdadeiro ou falso, a Universidade pouco se importa, pois nada tem a ver com isso. Uma leve multa basta à sua cólera; mil francos, com proibição de produzir a verdade à luz do dia, eis tudo o que é necessário.

Desenganai-vos, senhores, sobre essa falsa brandura! Se digo a verdade, se não sou um impostor, os grandes cientistas, que encabeçam a ciência, mentem nos seus ensinamentos; e o bom senhor Gergonne se achará, ele próprio, bem atrasado.

Mas, senhores, só consideremos essa causa sob o primeiro ponto de vista; logo a Universidade divulgará os sentimentos secretos que a fazem agir neste momento.

A lei pode me atingir por uma palavra mal empregada, e estou destinado a tornar-me vítima da pobreza de nossa linguagem?

Espero fazer-vos reconhecer em um instante o quanto aqueles que me denunciaram enganaram-se a meu res-

peito. Lendo o meu programa, eles julgaram estar surpreendendo um cientista em flagrante delito de ensino, e eles apenas constataram, pelo auto de seu agente, o fato mais material de minha prática. A polícia encontrou em minha casa um homem adormecido e muitos rapazes examinando esse curioso fenômeno. Mas, senhores, nunca me escondi; minhas portas sempre estiveram abertas; nada tenho a negar; meus atos e meus discursos em instantes vos serão revelados.
Escutai, pois. A natureza do que eu ensino me é desconhecida, mas é um meio de dominar o mais robusto e determinado homem e fazer dele um autômato.
É um meio de curar sem remédios as doenças mais rebeldes à medicina comum.
É o meio de oprimir novamente a humanidade ou de torná-la feliz. É o bem e o mal juntos. Não julgais minhas asserções exageradas; elas baseiam-se em fatos que vim mostrar aos cientistas de vossa região.
O que querem impedir-me de produzir abertamente? É uma ciência? Não, mas sem dúvida será mais tarde. É uma arte? Ainda não, mas procuro instituí-la. Estais vendo, em duas palavras, qual a diferença que existe entre os cientistas e eu. Vós sereis ainda mais surpresos.
Divulgo o meio de fornecer o sono aos doentes sem dar-lhes ópio, de curar a febre sem quinina. Mas, seria, então, um curso de medicina? De modo algum, pois bani as drogas, não tenho farmácia e minha arte leva os boticários à ruína. Percebeis que a Universidade e eu somos dois antípodas.
Mas não é tudo.
Eu indico o meio de dar mais força ao organismo humano, de sustentá-lo quando sucumbir, de, enfim, colocar óleo na lâmpada prestes a se apagar. Os que possuem todas as ciências não sabem senão diminuir a vida; eu sei aumentá-la. Vedes bem, ainda, que não invado o domínio da Universidade.
Toda a ciência da Universidade está nos livros e, mediante algum dinheiro, possuis um grande tesouro, quer dizer, o espírito desses senhores. Minha ciência

está na natureza de cada ser; cada cérebro humano oferece-me conhecimentos não encontrados nas bibliotecas. Não existe, então, nenhuma analogia entre aquilo que a Universidade ensina e o que eu divulgo. Como ela, não possuímos um Corpo, uma Faculdade; nossos ensinamentos são fáceis e podem ser feitos sem dissecção de cadáveres; nossa ciência não é uma ciência de palavras, mas uma ciência feita de fatos reais, e não temos necessidade senão de uma linguagem para aprofundá-la.

Se no dia do eclipse eu tivesse ido dizer à multidão: "Vossos olhos veem mal este fenômeno; vide, com este vidro fosco ireis reconhecer perfeitamente a posição dos dois corpos que passam agora sobre vossas cabeças" teríeis me condenado por isso? Não. O que estou fazendo agora? Quase a mesma coisa. Digo aos que vão à minha casa: "Vossos olhos de carne fazem com que julgueis mal vossos cientistas: eles são demasiadamente ofuscantes de esplendor; a viva claridade que eles jorram vos impede de poder observá-los bem. Vou passar alguma coisa sobre a vista e ireis reconhecer imediatamente seu valor intrínseco". Se isso significa ensinar, então sou como o senhor Jourdain que fazia prosa sem o saber. Quanto a mim, faço ciência sem suspeitar, e se vosso julgamento não me absolver, eis-me obrigado a reservar lugar, a contragosto, entre os honrados cientistas que me perseguem. E vós, senhores, tribunal tornado excepcional, podereis fazer cientistas e dar certificados de capacidade; mas admito, antecipadamente, que podereis algumas vezes enganar-vos, e gratificar com um título cobiçado pessoas que, como eu, não terão nenhum direito. Onde está, pois, o direito da Universidade e em que ela se imiscui? Não ensino grego nem latim; física e química também não; tudo o que essa respeitável corporação ensina sempre foi sagrado para mim. Jamais tentei atacá-lo. Apenas falo minha língua e, no entanto, sou professor e minha ciência é tão certa que farei sair do seu estado de tranquilidade os cientistas deste país, e que agitarei quanto quiser suas mentes. Longe de viver em um isolamento semelhante àquele que eles vivem, tudo pode se animar ao meu lado. E, entretanto, eu não terei, como eles, a eloquência; minha palavra, longe de me servir, será contra mim, pois os fatos que produzirei para atrair a multidão não podem ainda ser explicados! Julgaram que o melhor meio para me expulsarem da cidade, sem muito barulho, seria um processo. Enganaram-se, certamente, pois partir sem justificar minhas asserções teria sido uma covardia; temer a justiça, quando minha conduta não era repreensível, um erro de julgamento; não quis ser nem fraco nem insensato. Outrora, não seria diante de vós que eu teria comparecido, seria diante de uma inquisição e, durante meu julgamento, teriam preparado as achas para executar minha sentença, pois o poder do qual me sirvo é inteiramente oculto. Foi assim que os juízes vestidos com uma toga diferente da vossa fizeram, em nosso país, queimar Joana d'Arc, Urbain Grandier[2] e tantas outras vítimas que possuíam apenas uma faculdade inerente à natureza humana; na época ignoravam sua fonte e, em sua simplicidade, os juízes acreditavam que fosse o espírito maligno.

Vós me condenareis por ter procurado reconhecer essa lei que dá a certos homens um poder sobrenatural? Vós me condenareis por ter dado provas de sua existência? Provocai, então, uma lei que proscreva qualquer pesquisa e, como Deus, dizei ao gênio do homem: *Virás até aqui, não irás mais longe!*

Quando a Universidade conhecer o magnetismo, quando tiver reconhecido sua existência, quando o ensinar como ciência nas escolas, poderá, talvez, em virtude do seu privilégio, se ainda o possuir, perturbar aqueles que pretenderem tê-lo aprofundado mais do que ela. Mas

---
2 N. T. – Urbain Grandier foi um sacerdote católico que foi queimado vivo em Loudun, França, após ter sido injustamente acusado de bruxaria. Ele ignorou seus votos de celibato e teve relações com um grande número de mulheres. Em 1632, freiras do convento das Ursulinas acusaram o padre de ter invocado o demônio, para que elas fossem forçadas a cometerem atos indecorosos com ele.

até lá, as pretensões da Universidade vos parecerão absurdas, e seus atos para impedir a verdade de se produzir por meio de experiências, atos de demência.

Vide em que embaraço eu poderia vos meter com apenas uma palavra. Se eu viesse vos dizer: "Meus relatos são mentirosos, os fenômenos que produzo, pura ilusão", o que diríeis? Condenaríeis um homem por ter ensinado uma coisa que não existia.

A Universidade ainda não vos disse: "Admitimos o magnetismo, conhecemos todo o partido que dele podemos tirar para chegar ao conhecimento do homem e para encontrar os meios de curá-lo". Não, longe de adotar o magnetismo, as corporações científicas atuais o negam; convencidas do julgamento de seus predecessores, elas nos consideram sonhadores, impostores, e nossa ciência não merece um novo exame.

Quanto a nós, nós ousamos lançar um desmentido a esses sublimes gênios, e da mesma forma que aquele antigo filósofo que se contentou de andar diante de qualquer um que negasse o movimento, nós começamos a produzir fatos às claras, sem ainda tentar explicá-los. Senhores, se se tratasse de provar nossa descoberta, nós o faríamos sem sair deste recinto. Mas não é uma querela de palavras que me é feita: não se podendo atacar as ações do homem, ataca-se os seus discursos; ele não será condenado por aquilo que fez, mas sim pelo que disse.

Trata-se de saber se vós, senhores, religiosos observadores da lei, consentireis em alterar vossa mente no interesse de pessoas feridas em seu amor-próprio de cientistas.

Trata-se de saber se vós vereis um culpado no homem simples que só procurou provar as propriedades do seu ser, pois o magnetismo é uma faculdade natural do organismo humano, e vós a possuís como eu.

Trata-se de saber se vereis um delito ou uma infração à lei onde não pode haver nem delito nem infração, ou então se seguireis o exemplo dos outros juízes que me absolveram. Mas, lembrai-vos, senhores, que não é um favor que vos peço, mas vossa justiça. Concedendo-ma vós mesmos sereis irrepreensíveis, pois não pode haver direito e lei contra o que ainda não existe; não pode existir privilégio para subjugar o desconhecido.

A nação que tiver semelhante lei em seu código merecerá ser banida da humanidade.

Apesar de tudo, se vosso julgamento vier frustrar minha expectativa, os que vierem me notificar de vossa sentença encontrar-me-ão praticando e ensinando o magnetismo, pois só farei isso toda a minha vida.

Não pagarei absolutamente a multa que me será infligida; serei preso. E vós sabeis, senhores, que isso será glorioso para mim, pois enquanto permanecer encarcerado, a verdade que eu ensinei será mostrada publicamente! As pessoas acabarão por perguntar a quem a devem e tomando conhecimento de que ele está preso, expiando o erro de muito cedo ter tido razão, não haverá desprezo suficiente para cumular meus perseguidores.

Escapei por um triz, pois o presidente, o senhor de Pordenas, parecia bem decidido a aplicar-me a lei. Seu dedo, constantemente fixado sobre o artigo fatal, seus movimentos e suas conversas com os colegas mostravam muito bem que sua decisão era contrária à sentença que os outros juízes gostariam de proferir.

Assim sua raiva não podia ser mais manifesta quando eclodiram os aplausos dos espectadores que prestavam homenagem a uma justiça *justa*. Imediatamente ordenou aos gendarmes que agarrassem aqueles que aplaudiam, mas estes eram muito numerosos, sem dúvida, ou então talvez os gendarmes tivessem adormecido devido ao meu discurso, pois pareciam não ter ouvido a voz do presidente, que, no entanto, a contrariedade tornara tão forte que ela fez, creio eu, tremer as vidraças.

Minha reputação aumentava com as perseguições de que eu era vítima; os enfermos vinham de todas as partes; não interrompi por isso a educação dos meus alunos. Entretanto, tive que dividir meu trabalho, porque o rancor dos homens que eu acabava de vencer quase conseguira que eu fosse perseguido com a lei contra as associações. Desde então, temendo receber mais de dezenove pessoas ao mesmo tempo e comprometer-me novamente com a justiça, fui obrigado a ter quatro vezes mais trabalho. No fundo, era mais um bem para mim, já que dessa maneira, exercitando com homens robustos, eu preparava meu organismo para suportar um trabalho que jamais um magnetizador teria imaginado possível executar.

Os amargos dissabores de cada dia, fazendo-me ver que não haveria, proximamente, descanso para mim, faziam-me ter alguns momentos de desânimo e meus discursos ressentiam-se disso. Temendo passar por um entusiasta aos olhos dos meus alunos, eu ocultava a metade da verdade para não ser obrigado a sustentá-la inteiramente. Obviamente, eu sofria com essa disposição, pois desde então a luta estava em mim e não me deixava qualquer repouso.

Os espíritos frios – dizia eu aos meus alunos – não têm simpatia pelos males de outrem e nem por aqueles que admiram grandes coisas; com eles não é preciso nenhum calor de alma; eles não podem imaginar que as pessoas sintam de modo diferente do que eles sentem. Ah, senhores, lamentais esses homens duros e negativos, pois eles jamais ilustrarão sua pátria! Jamais farão uma obra digna de provocar entusiasmo; mas nem por isso pensai que não possam se perder, ao contrário. Como sua sensibilidade, o horizonte de suas faculdades é limitado; como sua mente estreita nada pode descobrir nem nada criar, eles atacam os que criam, os que descobrem e perseguem-nos, às vezes, até além da morte.

Os homens de quem vos falo, verdadeiros zangões humanos, zumbem a vida inteira sem levar à colmeia comum uma única gota de mel; dão picadas, eis tudo. Vós os vereis bem cedo incriminar o olhar que lançarei no futuro se, convencido do meu ideal, eu nele avançasse para mostrar-vos as mudanças certas que nossos costumes e nossas ciências devem sofrer devido a um conhecimento mais perfeito da ciência que vos ensino. Se provoquei tantas paixões apenas com o anúncio de simples fatos físicos, o que aconteceria se eu viesse revelar o que vinte e cinco anos de trabalho e de observações me fizeram conhecer e que vai contra as ideias preconcebidas!

Assim, esconderei a verdade por amor a ela; é um sacrifício pelo qual vós me sereis reconhecidos mais tarde, já que ele terá servido a aplainar algumas dificuldades que se opõem ao progresso de nossas ideias.

Os rapazes da escola que seguiam meus cursos lamentavam vivamente que eu não fosse admitido nos hospitais. Frequentemente falavam-me de uma mulher acometida por uma doença epileptiforme, cujos acessos irregulares eram infinitamente variados e curiosos de se observar. Por vezes, entrava em estado de coma que durava várias horas, às vezes até mais de um dia, sem consciência e sem qualquer sensibilidade. Essa enferma estava sob os cuidados do doutor Kesergue, antagonista do magnetismo. Não havia, pois, nenhuma esperança de submetê-la a um tratamento magnético no hospital; mas conhecendo a humanidade e a caridade de uma senhora da cidade, senhora de Saint-Pierre, invoquei tanto sua piedade que ela solicitou a saída da doente. Obteve, não sem algumas dificuldades e sofrendo as pilhérias do médico que, sabendo que seria magnetizada e julgando-a incurável, julgava estar enganando a senhora de Saint-Pierre, ao entregar a doente à porta, para que, dali por diante, aquele triste refúgio do pobre não lhe fosse mais aberto.

Magnetizei essa enferma em presença de grande número de pessoas da cidade, e de mais de cinquenta alunos que a conheciam. Os efeitos do magnetismo foram súbitos; ela entrou lúcida no sonambulismo desde a primeira magnetização; predisse suas crises, regulou a duração dos seus sonos, anunciou suas expectorações de sangue e o aparecimento de suas menstruações que estavam suprimidas havia muito tempo e, finalmente, fixou a duração do seu tratamento para uma época muito próxima. Apresentou-nos fenômenos extremamente notáveis. Os alunos daí extraíram úteis lições práticas de magnetismo e tivemos a felicidade de vê-la partir para sua região em estado de convalescença. Logo após sua partida, ela escreveu à senhora de Saint-Pierre para agradecer os seus cuidados e informar-lhe que estava perfeitamente curada.

Um estudante chamado Courbassier tinha sido afetado por uma paralisia dos músculos da metade da face. Magnetizei-o e ocorreu-lhe na fronte e nas têmporas um inchaço bem considerável. Ele foi consultar o doutor Kesergue que lhe garantiu gravemente tratar-se de uma zona[3] e que lhe restavam quarenta dias. – A semana não tinha ainda passado quando tudo desa-

---
3 N.T. – Herpes-zóster,

parecera, até a paralisia. Como reconhecimento por mim, esse moço publicou no *Journal du Midi* um relato sucinto e sincero sobre o tratamento e sua cura.

Um célebre professor da Escola de Medicina de Montpellier, o senhor Lordat, mandou perguntar-me se eu consentiria em magnetizar diante dele alguns doentes que me traria. Consenti sem hesitar e já no dia seguinte magnetizei, em sua presença e na de vários médicos, uma moça de 18 a 20 anos de idade, que havia dezoito meses estava acometida de afonia (extinção da voz). Os meios indicados em tais casos tinham sido tentados e somente a sangria, por várias vezes, devolvera-lhe a voz, mas apenas por algumas horas e no dia em que a sangria fora praticada. Durante seu sono, interrogada sobre os meios a serem empregados para curá-la, respondeu que em três dias recuperaria a voz para não mais perdê-la. O fato era demasiado curioso para que todos não desejassem verificá-lo. Magnetizei-a, portanto, durante três dias seguidos, obedecendo às suas ordens, e em torno da metade do terceiro dia, sua voz voltou subitamente. Logo, cheia de alegria, ela percorreu toda a cidade, gritando: *É minha voz que fala, sou eu quem fala!* E sua fluência estava tão animada que se poderia acreditar que ela buscava recuperar o tempo perdido.

Seu sono magnético produzira fatos muito curiosos que foram recolhidos pelo senhor Lordat. Esse homem distinto ofereceu-me um certificado da cura dessa moça; mas agradeci-lhe, respondendo-lhe que eu multiplicaria tanto os exemplos de cura, que apenas aqueles que tivessem interesse em neles não acreditarem recusariam sua crença no magnetismo.

Os rumores que correram a meu respeito, as suspeitas de cumplicidade, de astúcia começavam a se dissipar. Com efeito, era às claras que eu operava, e meus atos não podiam ser contestados.

Minha clientela já era grande; de todas as partes afluía ao meu redor uma grande quantidade de enfermos. Qual! – eu me dizia – nesta cidade onde tudo o que vive é médico ou aspira a sê-lo, neste lugar, perto do templo de Epidauro[4], há milhares de doentes; a farmácia aqui é florescente e tantas pessoas sofrem?

---
4 N. T. – Epidauro era uma cidade da Grécia antiga, às margens do mar Egeu e célebre pelo templo de Esculápio, que atraía doentes de todo o mundo.

Nunca uma cidade teve tanta necessidade da arte do caritativo Mesmer, como Montpellier!

Minha residência, como já disse, era longe da cidade; os visitantes deviam, consequentemente, enfrentar os ardores do sol para serem testemunhas das cenas de magnetização; mas a curiosidade estava tão vivamente excitada por aquilo que se contava de extraordinário, que para lá chegar não era preciso perguntar o caminho. A estrada estava coberta de pessoas que iam à minha casa ou que dela saíam. – Alguns iam de charrete, outros em macas; outros ainda em brilhantes carruagens. – De longe podia-se ver uma longa fila de pessoas de muletas, e todos iam *à casa do homem que cura*. Era o nome que me haviam dado.

Pelo menos trezentas pessoas iam todos os dias à minha casa e ali, onde havia pouco eu ensinara os procedimentos do magnetismo, as maravilhas que ele produzia entre minhas mãos podiam ser vistas. Algumas vezes, cinquenta doentes estavam ao meu redor e submetiam-se sucessivamente à magnetização que eu soubera tornar tão potente quanto a ação elétrica. Eram atingidos de uma maneira tão súbita que quase sempre os efeitos magnéticos atingiam seu pleno desenvolvimento no terceiro minuto!

Quantos volumes não seriam necessários para prestar contas dos fatos produzidos, durante um ano, em mais de mil enfermos? Quem poderia descrever os efeitos maravilhosos que apenas um homem pode produzir, animado pelo fogo de um divino entusiasmo! As almas e os corpos pareciam obedecer a um sinal de minha vontade, e os lugares onde aconteciam essas maravilhas podiam ser considerados lugares encantados.

Quantas vezes, à noite, impressionado com que eu havia produzido de admirável durante o dia, fui tomado pela vontade de descrevê-lo e de deixar um monumento digno dos sentimentos que me inspiraram! Mas, cruel fatalidade, não podendo encontrar as palavras para exprimir meus pensamentos, uma febre delirante apoderou-se de minha mente, e eu gemia, oprimido pelo sentimento cruel de minha impotência.

Foi então que certa mão amiga veio acalmar o ardor do meu cérebro e me devolver a calma de que eu tanto precisava para continuar minha obra, pois a cada dia meu trabalho devia recomeçar com a mesma constância e não menos cansaço.

Vários dos infelizes doentes, que o rumor de minhas curas atraíam para mim, vinham de trinta léguas; como mandá-los embora? Entre eles, havia os que não conseguiram encontrar uma hospedaria e foi assim que, deixando-me vencer pela piedade que eles me inspiravam, alojei-os em todos os cantos da casa. Estavam, ao menos, reconhecidos pelo que eu fazia por eles? Só Deus sabe, mas eu, apreciando sua conduta, julguei reconhecer que sua miséria moral era ainda maior que sua miséria física. *Eu era pago pelo governo para curar,* diziam, e não querendo reconhecer meu desinteresse por uma obra humana, em uma cidade onde a medicina comum é tão cúpida, queriam fazer de mim um deus para não serem obrigados a recompensar o homem.

Mas, ao menos, havia eu conseguido apagar o ódio dos meus perseguidores? Infelizmente, não. Não podendo vencer minha resistência empregando o Ministério da Justiça, recorreram ao ministério dos sacerdotes. E agiram tão bem que estes últimos, logo animados pelos mesmos sentimentos que os outros, pois também não tinham virtude, subiram ao púlpito para me mostrar ao povo como *o demônio.* Em quatro igrejas, ao mesmo tempo, minhas obras foram denunciadas como diabólicas[5]. - Eu possuía um grande poder, isto era incontestável, mas o diabo tinha participação nisso e *quem que se fazia curar assim perdia sua alma.* Depois, comparando-me a um sansimonista, a um republicano e a um bebedor de sangue, procuravam incutir no povo um grande horror a mim, a fim de conseguirem a execução do seu projeto.

Oh, França! Terra que passas por ser a mais esclarecida e a mais civilizada do mundo, mas qual! Encerras ainda em teu seio o horrendo fanatismo; a verdade pode ainda aí encontrar mil entraves! Uma cidade universitária deixa impunemente o povo estagnar na ignorância, e não exiges do padre mais luzes! Para que, então, servem seus sábios? O ouro que recebem é, pois, um roubo feito à nação?

Onde, portanto, fui parar? É um sonho? Eu o compreen-

---

5 "Estais ansiosos por aprender esse grande mistério... Pois bem! Custe o que custar, vou dizer-vos esta palavra terrível: esse magnetismo, essa arte maravilhosa, prodigiosa, tenebrosa não é outra coisa senão o demônio. Sim, o próprio demônio. É ele que conduz a mão do magnetizador; é ele que cura os doentes mais desesperados; é ele que dá aos sonâmbulos o dom da profecia e o dos milagres; é ele, enfim, que se serve deste último recurso para perverter o gênero humano".

di bem? Pessoas estúpidas lançam pedras às janelas de minha casa, denunciando o feiticeiro (*abaixo a máscara*). Então retrocedi dois séculos? Não, não é um sonho, é preciso evitar esses locais inospitaleiros! Aqui o bem acaba sendo um mal, a filantropia é um crime e o homem que se torna culpado deve ser lapidado! Mas não, eu ficarei, desenganarei esses homens que o fanatismo cega e um dia eles me farão justiça!

Lutando, assim, contra tantos obstáculos, minha vida não era mais do que um longo combate, e meus órgãos enfraquecidos não encontravam compensação senão na alegria secreta que meu coração sentia, pois eu julgava ter mais virtude do que meus perseguidores. O bispo, homem esclarecido, cedo impediu as predicações insensatas, mas já os doentes pobres tinham refletido e vários deles diziam em alta voz: *Prefiro ser curado pelo diabo a sofrer sempre*, e, cobrindo-se de objetos bentos, eles novamente acorriam à minha casa.

Um barqueiro, que um resfriamento súbito havia paralisado todos os seus membros, ia, deitado em uma charrete, receber os cuidados dos médicos dos hospitais de Montpellier. Visto, quando atravessava a cidade, por pessoas do povo, estas desviaram o carro de sua direção, exclamando: *para a casa do homem que cura! Para a casa do homem que cura!* E, em grande quantidade acompanhando-o, levaram-no para junto dos outros enfermos reunidos em meu jardim.

Ele se encontrava em um estado cruel: seus membros encurvados e próximos do tronco tiravam-lhe a possibilidade de fazer um movimento, e quando tentavam erguê-lo, ele gritava com uma voz lamentável.

Magnetizado imediatamente, ele adormeceu em menos de cinco minutos. Mandei-o, então, andar e, colocando-me diante dele dando um passo, atrai-o para mim. Logo vimos seus membros se alongarem; a seguir, levantando-se com esforço, seguiu-me sem soltar um grito; trouxe-o de volta da mesma maneira e, interrogando-o sobre quantas vezes devia magnetizá-lo, ele respondeu: "Três vezes". Despertei-o, e ele já não era o mesmo homem: podia mover os membros e colocar-se sobre seu assento.

As sensações de prazer que eu sentia eram compartilhadas

pela multidão. Foi bem diferente quando viram, no dia seguinte, esse homem andar pela cidade, tendo apenas uma bengala como apoio. No terceiro dia, como ele próprio anunciara, pôde pensar na sua partida. Restava-lhe apenas a lembrança de todas as suas dores. Ele foi de porta em porta; mostravam-no dizendo que era milagre; sua alegria, é preciso dizer, estava impressa em todos os seus traços.

O marceneiro de Gignac, que havia sete anos tinha um inchaço considerável nas pernas que o impedia de dedicar-se ao seu trabalho, fez-se conduzir à minha casa. Pensei que sua doença, devido à sua Antiguidade, fosse incurável, e não quis tratá-lo. Porém, ele me pediu e suplicou tanto para que eu tivesse piedade dele, que decidi magnetizá-lo. Os efeitos foram súbitos, por assim dizer; a partir da segunda sessão ele sentiu mais facilidade para mover as pernas e o inchaço já diminuíra; ao cabo de sete dias elas estavam em seu estado normal. Aquele homem não cabia em si de alegria; agradecia-me com arrebatamento, mostrava a todos seus calçados e suas meias que pareciam ter sido feitos para um gigante e pendurava suas muletas em uma árvore do meu jardim, quando um médico, a quem eu permitira a entrada em minha casa (e já era um grande favor então, pois eu tinha tanto a me queixar deles, que recusava todos os pedidos que me endereçavam), avistando aquele doente e reconhecendo-o por ter-lhe prestado cuidados, levou-o a uma parte afastada do jardim e lhe disse: *Não percebes que estás na casa de um charlatão e que teu mal voltará mais forte e mais incurável!* Aquele miserável acabava de me pedir, até com impertinência, que eu cuidasse de dois padres doentes que o haviam escolhido para me fazer esse pedido.

O doente que eu acabara de curar voltou a pé para sua casa, e creio que a distância é de sete léguas. Sua cura causou uma grande sensação na cidade, pois ele era muito conhecido. Veio me ver algum tempo depois; ele pudera trabalhar várias horas dentro da água sem nada sentir de seu antigo incômodo. De todos aqueles que, na categoria daquele homem, receberam meus cuidados, nenhum foi mais reconhecido.

Curas tão extraordinárias levavam até mim uma quantidade de enfermos tão grande que logo me foi impossível tratar todos eles. Chamei vários jovens da escola e todos os dias cento e cinquenta enfermos eram magnetizados. Devido aos pobres, logo fui procurado pelos ricos e estes, apesar de suas ofertas de dinheiro e de suas súplicas, tiveram que esperar algum tempo antes que eu consentisse em recebê-los.

O senhor de Boisserolles, filho do antigo general com esse mesmo nome, rico proprietário de Ganges, era portador, havia anos, de uma doença que os médicos de Montpellier consideravam incurável. Era uma espécie de gota que afetava principalmente as pernas e os rins. A cárie em todos os dentes e a cor amarelada da pele anunciavam os danos que aquele humor causara em todo o seu organismo. Esse doente só podia andar curvado em dois e apoiado em duas pessoas. Assim, em vez de andar, ele se arrastava penosamente; foi em vão ter procurado um alívio para um estado tão cruel. Esse senhor chamou-me para ministrar-lhe meu tratamento; encontrei-o sensível ao magnetismo, embora o sono magnético não tivesse se desenvolvido. Ousei prometer-lhe de fazê-lo andar ereto e sem ajuda pelas ruas de Montpellier; exigindo, no entanto, que, não importando o que acontecesse, ele não seguisse outros conselhos além dos meus e que sua docilidade fosse tão grande quanto a minha perseverança.

Minhas recomendações, realmente, não poderiam ter sido mais úteis.

Não decorridos ainda doze dias, que o humor, que causara tantos sofrimentos ao senhor de Boisserolles, já começava a desaparecer. As urinas foram, de início, muito carregadas, a pele tornou-se oleosa e deixava escapar uma grande quantidade de humor espesso; as trocas de roupas se multiplicaram de maneira assustadora, chegavam a sessenta por dia; até as expectorações eram abundantes, e o nariz, igualmente, escoava uma grande quantidade de serosidade. Logo essa crise extraordinária alarmou a família, que acorrera devido ao rumor que o doente estava em um estado desesperador. Minhas exortações tranquilizaram plenamente o senhor de Boisserolles, mas minha influência era combatida por argumentações contrárias, vindas de pessoas que não eram minhas amigas nem amigas da verdade.

A senhora de Boisserolles, para adquirir mais confiança,

todos os dias passava várias horas no meio dos enfermos; e ali, eu a via interrogar cada um deles sobre o que sentia, sobre o que eu pudera lhe dizer de sua doença e de seu tratamento e, só vendo pessoas alegres e cheias de esperança, enfermos aliviados e em vias de recuperação, tornou-se, também, minha auxiliar para contrabalançar os temores que haviam procurado inculcar na mente de seu marido.

O que tomava, então, o senhor de Boisserolles para que uma mudança tão extraordinária ocorresse em seu estado habitual? Para o grande desespero dos farmacêuticos, eu lhe ministrava apenas o magnetismo e a água magnetizada. Com toda certeza, eu colocava alguma coisa nas garrafas – era, ao menos, o que os médicos e os farmacêuticos garantiam. Infelizmente, eles se enganavam mais uma vez, pois traziam-me garrafas de água completamente vedadas e eu não abria nenhuma. Eles foram reduzidos a dizer que eu estava de combinação com os domésticos; que tristeza!

Depois de dez ou doze dias de crises, que produziram um grande estado de fraqueza e uma extrema magreza, as forças começaram a voltar. Para sua grande surpresa, o doente pôde se manter em sua cadeira; aconselhei-o a ingerir poucos alimentos, a se poupar muito e, sobretudo, a não gastar muito prontamente a nova força que eu lhe dava.

O que eu lhe havia predito aconteceu. Havia apenas seis semanas que eu o tratava e já tive o prazer de encontrá-lo na rua, andando sozinho à minha frente. Ele andava ereto e sua única ajuda era uma bengala leve. A perna direita, onde haviam inabilmente feito um cautério, era a única que permanecia com dor e fraca. Aquele doente estava totalmente curado? Eu achava que não e aconselhei-o a se fazer magnetizar todos os anos na mesma época, durante um mês, para modificar totalmente sua constituição que não me parecia boa.

Logo, o próprio senhor de Boisserolles aprendeu a magnetizar. Reunindo-o, em minha casa, com o doutor Pigeaire, com os senhores Montvaillant, Faventine, Olivier, Léon e com outros personagens ilustres, iniciei, para eles, um curso de magnetismo.

O que diziam os meus antagonistas diante do relato dos meus bem sucedidos tratamentos? Espalhavam o rumor de que minhas curas não foram duráveis, que tal pessoa tivera uma recaída, que outras haviam morrido etc. Tive a bonomia de acreditar, em um primeiro momento, nesses rumores; mas logo pedi informações e, para minha satisfação, eles eram todos falsos. Tal já havia sido, a meu respeito, a conduta de pessoas muito esclarecidas e de boa-fé que negam o magnetismo. O senhor Récamier, médico famoso, também não dissera, em plena Academia, que a senhorita Samson, que eu curara no Hôtel-Dieu de Paris, para lá voltara algum tempo depois e morrera em suas salas? E a afirmativa desse homem ilustre certamente teria passado, aos olhos de todos, como verdade, se o acaso, alguns dias depois, não me tivesse feito encontrar aquela moça, que consentiu em me acompanhar à Academia, e, em plena sessão, fazer um estrondoso desmentido àquele que ousara afirmar que ela estava morta. O senhor Husson, a quem esse fato interessava tanto quanto a mim, redigiu uma ata que foi assinada por vinte pessoas.

Vamos, senhores inimigos do magnetismo, coragem! Não fostes ainda derrotados. Não enfraqueceis! Dai-vos as mãos. Que os de Paris respondam aos de Montpellier! Porém, vossas armas estão gastas, e se elas ainda fazem fogo, doravante elas ferirão apenas vós.

O magnetismo já se espalhava pelas cidades vizinhas de Montpellier; um dos meus alunos, o senhor Olivier, de Béziers, escreveu-me daquela cidade, em 19 de dezembro de 1836, a seguinte carta:

> Senhor,
> Apesar dos dois terríveis adversários do sublime magnetismo, a ignorância e o egoísmo debaixo de uma toga doutoral, desde que tive o prazer de vos escrever, desafiei a incredulidade em pleno café, e essa audácia foi um perfeito êxito. Não fracassei em nenhuma experiência, mas, no entanto, as pessoas exigiam muito de mim, pois não adormecer, não significava nada fazer, e isso em meio a risos, barulho e zombarias. Constantemente venci os mais incrédulos e os mais robustos. Aqui nossa causa está, em geral, ganha. Quando chegardes, encontrareis o terreno preparado; só tereis de aqui jogar a semente; toda a nossa juventude inteligente vos espera com impaciência.

Alguns dias mais tarde, o senhor Olivier escreveu-me, ainda, e reproduzo essa carta na íntegra:

Meu caro senhor,
Glória à vossa ciência, honra a vós que, longe de monopolizá-la, procurai compartilhá-la! Certo do prazer que vos darei, apresso-me em fazer-vos conhecer os efeitos surpreendentes que ontem produzi, e com os quais ainda estou tão surpreso quanto aqueles que foram testemunhas. A proprietária do café onde eu estava propôs-me, brincando, magnetizá-la e eu aceitei. Em dois minutos, suas pálpebras abaixaram-se, movimentos inusitados se mostraram acompanhados de leves gemidos. Interroguei-a: "Estais dormindo? – Não. – Estais sofrendo? – Não. – Quereis dormir? – Não, não posso abrir os olhos. – Se vos deixar neste estado, sofrereis? – Não". Quase no fim dessa experiência, entrou um rapaz de dezoito anos bem a tempo de ver em que estado se encontrava aquela mulher; ficou surpreso, mas disse baixinho a alguém: "Não acredito". A pessoa lhe respondeu: "Pedi ao senhor Olivier para magnetizar-vos". Ele avançou e me disse: "Quereis magnetizar-me? Tenho certeza de que não conseguireis nada. – Com prazer, ficai ali". Sentou-se em uma cadeira, e em dois minutos seus olhos se fecharam, movimentos convulsivos apareceram, seu peito estufou-se, soluços violentos fizeram-se ouvir e ele procurou fugir de mim. Eu disse às pessoas que lá estavam: "Este rapaz certamente sofre do estômago, seja acidental ou habitualmente". Finalmente, não podendo suportar meu magnetismo, ele se levantou para fugir. Segurei-o suavemente pela mão e ordenei-lhe que se sentasse e ele obedeceu. Estava tão agitado que não ousei interrogá-lo naquele estado, e acordei-o. Perguntou onde estava, de onde tinha vindo e se tinha sido tão sensível ao magnetismo quanto a mulher que vira adormecida. Responderam-lhe: "Cem vezes mais". Ele não quis acreditar, porque tinha estado profundamente adormecido, e ficou estupefato quando lhe descreveram todos os seus movimentos. Perguntei-lhe se habitualmente ele sofria do estômago, ao que respondeu que não, mas que comera em demasia no almoço e que quando entrara no

café sua digestão estava difícil. Tomou lugar a uma mesa e encostou-se confortavelmente na parede. Enquanto todos discutiam o assunto, dois amigos meus entraram, informaram-se e pediram-me para repetir a experiência. Peguei uma bengala, postei-me a quatro passos dele e dirigi-para o epigástrio daquele rapaz. Em um minuto, ele caiu violentamente sobre a mesa, quebrou os frascos que lá estavam e só tive tempo de impedi-lo de cair ao chão. Repeti a experiência, mas dessa vez a descarga não foi tão rápida. Enfim, encorajado, estendi a prova até o pensamento e tive pleno sucesso.

Espero que não esqueçais a promessa que fizestes de vir passar algum tempo aqui. Estou certo de que tereis muitos pacientes e vos garanto um curso numeroso e bem composto; todos nossos jovens estão impacientes para segui-lo, sobretudo depois que viram ou souberam o que aconteceu ontem. Além disso, confesso que de todos não sou o menos surpreso. Esse rapaz disse que quando estava em minha presença mal ousava me olhar, e que minha voz ou o menor dos meus movimentos no cômodo o deixavam encantado. O que há de singular, é que todos os dias ele mantinha uma discussão contra o magnetismo e que, quando experimentou sua força, acabava de ter uma discussão exaltada com um tio que é padre e que queria que ele acreditasse. Garanto-vos sua conversão.

Aguardando a satisfação de encontrar-vos etc.

Olivier
Béziers, 27 de dezembro de 1836

Eis outra carta que me foi escrita de Roujan, em 24 de dezembro de 1836:

Meu caro professor,

Fiel à promessa que vos fiz quando de minha saída de Montpellier, vim saldá-la com um reconhecimento sem limites, anunciando-vos, como com frequência me garantistes, a cura de minha filha: ela ouve como se jamais tivesse sido surda. Encorajado com essa cura, dediquei-me ao magnetismo e, no momento, tenho seis pacientes em tratamento, dos quais dois são epiléticos que devem estar curados, um em 6 e o outro em 7 de janeiro. São excelentes sonâmbulos e muito clarividentes, pois muitas vezes coloquei-os à prova, fazendo-os consultar, em cômodos diferentes e sem que tivessem conhecimento disso, os mesmos pacientes. Várias vezes eles me surpreenderam pela indicação das mesmas enfermidades. Mas o que me admira, são os mesmos meios terapêuticos que com frequência me indicaram sem nenhum conhecimento de medicina.

Na semana passada, fui chamado a Pézénas por dois colegas para ver um corajoso capitão acometido de paralisia há quatro anos, e que queria se submeter ao magnetismo. Magnetizei-o, mas não se mostrou absolutamente sensível. Dois dias depois, lá voltei com um dos sonâmbulos dos quais já vos falei e coloquei-os em contato. Ele me disse que o capitão tinha água na cabeça, o fígado comprometido e que não havia nada a fazer. Felizmente, o sonâmbulo falou bem baixo para que o enfermo não pudesse ouvi-lo; apenas seus dois médicos que eu colocara muito perto o ouviram como eu.

Toda a Faculdade de Medicina de Pézénas reuniu-se e me pediu para, depois do jantar, fazer algumas experiências com o doente que eu havia levado. Concordei pelo interesse da ciência; por quatro vezes adormeci o enfermo, a dez pés de distância, dirigindo minha mão sobre ele, e isso em dois minutos. Se o chamava, respondia-me, ao passo que era surdo à voz daqueles senhores, mesmo que tentassem imitar minha voz. Por mais que fizessem barulho perto dos seus ouvidos, esteve sempre mergulhado no sono. O que mais os surpreendeu, foi ouvi-lo indicar o número de pessoas presentes, dizendo que havia vinte e uma, o que era verdade. O senhor prefeito à frente e tudo o que havia de mais eminente em Pézénas relacionado com as ciências estava ali. Lamento, meu caro professor, que não estivésseis presente àquela reunião, teríeis gostado de ver sua surpresa. Não podendo, como de ordinário, explicar aqueles diversos fenômenos, os incrédulos resolveram falar de cumplicidade. Entretanto, como lhes fazia observar que eu não havia escolhido bem o meu colega, já que ele dissera que não havia nada a fazer pelo capitão e que era por ele apenas que eu o levara, pois era do meu interesse tratá-lo, essa reflexão fez com que vários deles pensassem que eu tinha razão, e o que eles haviam visto era efeito do magnetismo animal.

Causei, em Pézénas, tanta sensação como vós o causastes outrora em Montpellier; todo mundo fala do magnetismo. Eu não teria tido necessidade senão de vossa presença e de algum outro paciente; ficaríeis encantado de ver a avidez e, sobretudo, a curiosidade daqueles senhores. Estou disposto, quando os doentes que tenho em tratamento tiverem sarado, a ir passar alguns dias nessa cidade, para convencer os incrédulos da existência do magnetismo e dos resultados que podemos obter como meio curativo.

Soube com prazer, pelo senhor Kuhnholtz que abristes um curso e que teve grande quantidade de alunos.

Vosso muito devotado,

L. Carles, D-M.

Outro aluno, o senhor Faventine, escreveu-me de Vigan, em 20 de janeiro de 1837:

Permiti que vos entretenha com meus sucessos magnéticos. Tentei a cura de quatro pessoas com problemas de visão e com dores reumáticas. Todas elas sararam, para o grande desespero dos médicos que, todos os anos, na mesma época, costumavam tratá-las sem curá-las.

Tenho a honra de vos cumprimentar,

Faventine

Recebi, ao mesmo tempo, cartas de Arles e de Nîmes, onde experiências eram feitas para convencer sobre o magnetismo. Mas o que me encheu de alegria foi saber que meus antigos alunos não me esqueciam e avançavam por etapas até compreender o valor do magnetismo; seu reconhecimento, sobretudo, me tocava até o fundo do coração.

Eis o que dois desses senhores me escreveram:

...Cada um de nós opera separadamente. Nós temos epiléticos, obstruções escrofulosas, gastrites, supressão de regras etc. em tratamento. Em geral, há melhora no estado

dos doentes.
Vários membros da Sociedade têm sonâmbulos muito curiosos; fenômenos do mais alto interesse se apresentaram. Os incrédulos não mais riem do magnetismo, eles o temem. – Como nossa Sociedade tem menos de vinte membros, não temos necessidade de autorização; mas se esta for necessária, estamos certos de obtê-la das autoridades. Em uma palavra, tudo vai bem. A semente que aqui lançastes germina e promete uma bela colheita. Todos nós vos devemos o reconhecimento e, quanto a mim, eu vo-lo protesto; um dia novo nasceu em minha mente. Vivo em uma nova esfera e não trocaria a iniciação recebida por dez anos de minha existência. E, entretanto, quem sou eu? O que é essa ínfima centelha ao lado do foco de luz que pressinto, que adivinho, mas que ainda não vejo! Ao vos deixar, senhor, nós vos testemunhamos o vivo desejo de ligar vosso nome à nossa Sociedade. É em nome de todos os seus membros que venho pedir-vos que aceiteis o título de Presidente Honorário da Sociedade da Harmonia de Bordéus. Se aceitardes, vós nos dareis um novo testemunho da benevolência e da afeição que sempre desejastes demonstrar-nos. Ser-nos-á bem agradável que vosso nome conste de nossos diplomas. Assim que eu tiver vossa resposta, cuidarei de vo-los enviar para que aponhais vossa assinatura.
Para a Sociedade, será um dia de festa quando receber vossas notícias. Enviai-as, por favor, o mais cedo possível. Dizei-nos se tendes muitos alunos em Toulouse e como o magnetismo aí foi recebido.
De coração,

V. M.
Bordéus, 3 de maio de 1836

Meu caro professor,
Quantos agradecimentos não vos devo pela iniciação à qual me chamastes! Que vasto campo abriu-se diante dos meus olhos e como meu espírito alçou-se à uma esfera mais elevada! O livro da natureza, do qual ape-

nas vi a primeira página, deixou-me entrever um futuro cheio de encantos; meus estudos estão ainda mais fixados em coisas sérias e agora posso apreciar todo o alcance deste famoso *conhece-te a ti mesmo* dos antigos, sobre o qual faziam repousar a ciência e a filosofia. Esta nova era em minha existência é vossa obra. É a vós que cabe o mérito, pois sem vós eu estaria ainda procurando a verdade que, em vão, pedi a todas as seitas e a todas as escolas.

Os êxitos que obtivestes em Montpellier são um feliz presságio. Soubestes tornar impotentes os ataques, as invejas e as vinganças do areópago[6] médico; é um triunfo. Continuai vosso caminho. Ele deve vos conduzir, não ao repouso, pois o homem de bem é sempre perseguido pelo ódio e a inveja, mas à recompensa de todos os vossos esforços. A humanidade que tem necessidade de guias acabará vos compreendendo apesar dos doutores e dos sábios; e os germes que espalhais produzirão bons frutos. O mundo não foi criado para ser presa da ignorância; esperemos, pois, que o Deus da verdade derrube todos os falsos deuses.

Nós trabalhamos sempre; infelizmente estamos em uma cidade onde reinam a ignorância e a vaidade! Aqui, como vistes, toda ciência é rejeitada; o dinheiro é o móbil de todas as ações, de todos os cálculos e de todas as relações. O que fazer diante de tanta estupidez e de tanto orgulho? Resignarmo-nos, trabalharmos e esperarmos. Nós o faremos. Vossas cartas, que sempre serão recebidas como úteis lições, nos encorajarão e, trabalhadores perseverantes, sempre nos encontrareis prontos para secundar-vos em vosso empreendimento nobre e beneficente.

Queira receber, meu caro presidente, a garantia da afeição viva e sincera e da amizade inalterável que inspirastes ao vosso muito devotado,

E.

Bordéus, 5 de agosto de 1836.

---
6 N.T. – Célebre supremo tribunal de Atenas antiga, com competência política, que funcionava em colina consagrada a Ares, de onde o seu nome.

Um congresso de cientistas estava sendo realizado em Montpellier. Eu devia aproveitar a ocasião para chamar a atenção dos homens que dele participavam sobre a nova ciência que eu ensinava. Escrevi a esse respeito uma memória que li em sessão pública; suas conclusões foram adotadas e recebi agradecimentos *por ter sido o primeiro a chamar a atenção do congresso sobre os fenômenos do magnetismo.*

Eis em que consistia a conclusão de minha memória, após ter relatado os fatos atribuídos ao magnetismo em geral:

Agora –, acrescentei –, resta-me citar algumas consequências desses fatos. Admitindo-se, por um instante, sua realidade, o que se tornam vossos conhecimentos que não são puramente físicos ou matemáticos?

O que fazeis de vossa fisiologia, na qual depositastes o que sabíeis do homem e das leis que o governam?

Ousareis colocar vossa razão e vossas ideias sobre medicina em presença do instinto, e vossos sistemas em face dos novos fatos que os derrubam?

E o que acontecerá com vossa medicina de hoje, se logo será reconhecido que sem nenhum medicamento pode-se curar a maior parte das enfermidades?

Preferiríeis contestar os fatos a adotá-los; mas, ainda uma vez, não é uma propriedade de alguns indivíduos; todos os homens a possuem; ela é produto do nosso organismo; não é necessário gênio para utilizá-la e, agora, vários milhares de homens propagam com zelo essa nova revelação e esse novo meio de curar.

O que espero de vós, senhores, não é que vos declareis partidários do magnetismo, mas que, no interesse da ciência e da humanidade, das quais sois aqui os nobres representantes, tomeis uma deliberação sobre o assunto que acabei de vos expor. Peço que seja expressa, em vosso relatório geral, a decisão formal de, em um próximo congresso, sejam apresentadas dissertações sobre o magnetismo animal, e que discussões solenes venham, enfim, ensinar ao mundo que o magnetismo é uma das maiores verdades surpreendidas na natureza ou um dos maiores erros do espírito humano.

Tudo ia, portanto, da melhor forma possível em Montpellier. O professor Lordat apoiava o magnetismo em sua cátedra na Faculdade; o doutor Kunholtz, adjunto na mesma Faculdade, já tratava certo número de doentes com esse método, pois dois meses de exames e de estudos em minha clínica magnética, a mais bonita que jamais se viu, ensinaram-lhe todo o partido que se podia tirar do magnetismo.

Uma moça, rica e bela habitante de Montpellier, que todos os meses sentia dores terríveis à aproximação e durante a duração de suas regras, dores que os recursos da medicina clássica não puderam curar nem aliviar, foi curada por mim, sendo magnetizada quatro dias antes e quatro dias depois de cada regra, sendo que, no terceiro mês as dores não reapareceram.

A senhorita Casalis, atingida por uma febre intermitente que a quinina várias vezes fizera desaparecer, mas que voltava mais persistente depois de algum tempo, foi perfeitamente curada com meus cuidados sem que tomasse um óbolo de droga.

Um rapaz de posição menos privilegiada sarou da mesma doença e pelos mesmos procedimentos. Quando sua saúde se recuperou totalmente, enviei-o ao seu médico para fazê-lo constatar o fato, mas este o expulsou do consultório, dizendo-lhe que ele era um imbecil.

Um moleiro de Sommières, chamado Gaillet, epilético havia dez anos, veio me ver para se tratar. Esse homem, cujos ataques ocorreram várias vezes em seu barco, devia a vida apenas à coragem de algumas pessoas que o viram se afogando. Ele adormeceu nos primeiros instantes de magnetização, e durante o sono ele declarou, diante de uma imensa multidão, que estaria curado em cinco dias. Uma cura tão rápida não me parecia durável; com efeito, teve uma recaída e voltou, como eu havia recomendado. – Adormecido novamente, ele disse que essa recaída não era da mesma natureza que os seus antigos ataques, que era apenas o efeito de um medo que lhe haviam feito recentemente, mas que estava totalmente curado. Posteriormente, minhas informações confirmaram a exatidão de sua asserção.

Um sargento do corpo de elite da cidade de Montpellier, que os reumatismos haviam tornado inválido, a ponto de serem obrigados a vesti-lo, como se faz a uma criança, sentiu tais efeitos do magnetismo que no fim de alguns dias estava em condições de se vestir sozinho e retomar suas ocupações.

Minha casa era então frequentada por oficiais da guarnição de Montpellier; o conselho geral foi assistir em grupo às minhas experiências e às minhas demonstrações; os jurados do Departamento, no final das audiências não deixavam de ir à minha casa, e deles todos recebi os mais sinceros testemunhos da satisfação que sentiam de ver um meio tão simples como o que eu empregava prestar tantos serviços à humanidade.

A curiosidade não podia ser satisfeita, pois os fatos eram sempre novos; como cada doente era afetado de maneira diferente, as experiências também variavam ao infinito e surpreendiam indizivelmente as pessoas que testemunhavam.

Com efeito, este, epilético de Bédarieux, homem alto e robusto, era levado em minha direção quando eu queria, e seis homens não podiam impedi-lo.

Aquele outro, senhor Jouve, de Béziers, paralítico de um lado inteiro do corpo, sentia efeitos tão fortes que, submetido à magnetização, víamos, ao cabo de um instante, os dois membros paralisados entrar em convulsão e executar movimentos tão rápidos e tão inconcebíveis, que inspiravam medo aos assistentes. Quando a magnetização havia começado e que eu me afastei dele, levantou-se de repente e correu para perto de mim sem poder se impedir. Algumas vezes, até, girei ao redor de uma árvore, a fim de ver se a força que o atraía perdia sua ação, mas longe disso! Ele girava com tanta rapidez que eu tive que evitá-lo.

Um menino epilético teve um acesso logo que o magnetizei; e foi assim que provocando, todos os dias, um grande número de acessos, consegui curá-lo.

Uma moça, portadora de um tumor branco[7] no joelho, fazia, apenas pelo efeito do magnetismo, movimentos convulsivos dos músculos naquela parte, capazes, por sua natureza, de ocasionar as maiores desordens; e, no entanto, ela não se queixava de nenhuma dor, ao passo que em seu estado habitual, o menor contato com esse tumor era extremamente sensível. Esse efeito tão singular do magnetismo teve como resultado diminuir con-

---
7 N. T. – Artrite tuberculosa crônica.

sideravelmente a obstrução e colocar a doente em condições de andar sem muletas.

Outra moça, Julie Brunelle, pertencente a uma honesta família de Sommières, paralítica havia sete anos dos membros inferiores e que só podia se mover com a ajuda de duas muletas, fora levada, pelos seus pais para se tratar comigo. Não podendo magnetizá-la pessoalmente devido às minhas inúmeras ocupações, eu encarregara um aluno de medicina de fazê-lo. Depois de quinze dias tratada por esse aluno sem sentir melhora em seu estado, ela se persuadiu que só poderia sarar se fosse magnetizada por mim. Tomando conhecimento do seu sofrimento e vendo-a sair da casa tão triste, chamei-a, e logo que entrou adormeci-a em menos de seis minutos. Ela declarou na frente de muitas pessoas que abandonaria suas muletas em dezenove dias; que andaria, de início, com dificuldade, mas que em alguns meses, quando a sensibilidade voltasse aos seus membros, só sentiria um pouco de incômodo que o tempo se encarregaria de fazer passar; mas que esse incômodo não a impediria absolutamente de andar.

No décimo nono dia, após despertar do sono magnético, estimulei-a a andar, o que fez sem cair, mas também sem alongar muito as pernas. Levou uma hora para fazer o trajeto que eu podia fazer em alguns minutos. No entanto, a elasticidade dos membros voltou pouco a pouco, e essa moça pôde realizar posteriormente ocupações penosas sem nenhum sofrimento e sem ser obrigada a se apoiar.

Uma mulher jovem, que se tornou surda devido a um parto, foi levada pelo marido para tentar sua cura; só ouvia com extrema dificuldade o maior barulho que pudesse ser feito e, depois de quase dois anos, esse estado persistia. Magnetizada, adormeceu imediatamente, e para grande surpresa dos presentes a faculdade de ouvir voltou imediatamente. Mas eu sabia que essa faculdade só duraria durante seu sono e que, desperta, ela seria tão surda quanto antes. Assim, cumulei-a de perguntas sobre os meios que deveriam ser empregados para tornar permanente o estado atual de audição e ela me garantiu que o que eu fazia estava certo e que em cinco dias a sensibilidade desse órgão voltaria.

Findo o quinto dia, saindo do sonambulismo em que eu a mergulhara para fazê-la repetir sua afirmação, vimo-la em um estado de surpresa que a pena não saberia descrever. Primeiramente, ela sentiu um grande zumbido nos ouvidos; os sons tinham chegado confusos, sem valor; depois, ao cabo de um momento, ela compreendeu o que se dizia ao seu redor. A alegria que sentiu provocou-lhe convulsões extraordinárias e grossas lágrimas inundavam seu rosto. Mas finalmente, voltando a si, pedi-lhe que colocasse algodão nos ouvidos, que não prestasse muita atenção ao que se passava em torno dela e que só usufruísse a faculdade que acabava de readquirir por etapas. Seguiu meus conselhos e sua cura foi total e duradoura.

Magnetizei um jovem surdo-mudo de Montpellier, que devia permanecer nessa cidade apenas poucos dias: ele adormeceu em alguns instantes. Durante seu sono, disse-lhe ao ouvido e em voz baixa, *du-po-tet* e nossa surpresa foi grande quando ouvimo-lo repetir *du-po-tet*. Acordou pouco depois, sem que nada lhe restasse da emoção que supúnhamos ter-lhe causado. Eu gostaria de ter continuado a magnetizá-lo, mas como não podia garantir sua cura, seus pais fizeram-no partir para Toulouse, onde sua educação de surdo-mudo devia prosseguir.

Uma mocinha que não podia se desenvolver, foi submetida ao meu tratamento. Logo que adormeceu, garantiu-me que se fosse magnetizada por três semanas, suas regras apareceriam e fixou a hora precisa do aparecimento. Chegada a época, sua mãe foi nos informar que a filha não se enganara. Pedi a um médico que conhecia a família para ir verificar a exatidão de sua informação com todos os cuidados possíveis, e ele veio me dizer que não tinha dúvida nenhuma, adquirira a certeza material. Os pesadelos com sangue que a moça sempre tinha não reapareceram e recuperou a tez corada que perdera havia muito tempo.

Dois homens de Lodère estavam afetados por uma doença com as mesmas características, doença antiga, refratária a todos os remédios: era uma espécie de paralisia dos membros inferiores. Tinham imensa dificuldade em fazer o trajeto da cidade à minha residência, e era apenas apoiados em duas bengalas e andando raspando o chão que alcançavam penosamente o local onde deviam encontrar a cura para seus males.

No entanto, ambos não foram curados ao mesmo tempo: um foi aliviado somente depois de alguns dias e eu me aprazia fazê-lo descer cinco degraus de uma escada no meu jardim sem estar apoiado. Logo, tornando-se mais ativo, retornou à cidade, com a bengala no ombro, mas sem estar completamente curado, pois foram necessários mais de dois meses para que seu restabelecimento fosse completo.

O outro doente invejava a pronta melhoria que ocorrera no estado do seu colega; mas tratei-o de tal forma que logo não teve quase nada a lhe invejar.

Ambos sentiam efeitos surpreendentes: logo após da magnetização, eles tremiam e eram agitados por movimentos convulsivos, como se tivessem tido a dança de São Guido. Terminada a magnetização, sentiam muito calor nos membros ordinariamente frios e acusavam, todas as vezes, um sentimento de força que não mais conheciam havia muito tempo.

Sua enfermidade vinha de um resfriamento; todos os meus doentes os conheciam e os designavam como *os dois cambaios*.

Um jovem de Paris, enviado a Montpellier para experimentar o clima *como meio de retardar uma enfermidade do peito* e prolongar uma vida cujo término estava infelizmente muito próximo, foi me solicitar que fizesse qualquer coisa por ele, e que lhe tornasse a vida mais suportável. Ele estava encurvado, expectorava com dificuldade, não mais comia e não podia dormir. Todas as noites, suores abundantes também vinham aumentar seu estado de fraqueza. A medicina da cidade científica prescrevera a aplicação de oito cautérios sobre o peito e aqueles emunctórios não supuravam. Eu não queria magnetizar esse doente, pois conhecia demasiadamente bem sua enfermidade e a impossibilidade de curá-lo me era bem demonstrada. Todavia, acabei por ceder às solicitações de pessoas que me eram caras e magnetizei-o. Para grande surpresa do doente e da sua família, a partir do dia seguinte os cautérios supuraram abundantemente; a respiração e a expectoração tornaram-se mais fáceis. O sono não se fez esperar e esse doente, sentindo efeitos tão bons, pensou que tinha sarado. Ele afirmava isso com tanta certeza que me era difícil desiludi-lo. Apenas preveni a todos que o haviam visto e que o conheciam que aquela melhora era apenas momentânea. Dizia-lhes: "Logo os sintomas reaparecerão, mas, neste momento ele goza de uma vida fictícia devida ao princípio vital que introduzi em seus órgãos, mas esse impulso deve ter um termo, e o termo será o sinal de sua morte". E o que fazia o doente diante de um prognóstico tão cruel? Para mostrar que suas forças tinham voltado, ele dançava diante de seus amigos, afirmava que eu era *o deus da medicina*, mas, quanto mais ele me elogiava, mais eu me afligia e eu não estava errado. O magnetismo, depois de algum tempo, nada mais podia fazer além de aliviá-lo momentaneamente e durante a sessão; alguns dias depois, ele não mais podia suportar sua ação e, renunciando a um tratamento que produzira o único bem que poderia desfrutar, embora nada lhe tivesse dado, voltou para as mãos de um dos médicos da cidade que, incitando-o caritativamente contra mim, fez com que acreditasse que eu era a causa dos novos acidentes que se desenvolviam e que não eram senão a sequência rigorosa do avanço da doença.

Indisposto em demasia para não acreditar, foi pela cidade dizendo que eu o havia matado e que eu era um assassino e até me ameaçou por escrito de me fazer comparecer perante um tribunal. Eu via nisso a influência bem evidente de um inimigo sobre um cérebro já doente; lamentava a injustiça dos homens e esperava que ele colocasse em execução seus projetos para poder desmascarar livremente a baixeza dos meus inimigos e colocar diante dos olhos do enfermo a fatal verdade que ele devia ignorar!

Um rapaz de vinte e cinco a vinte seis anos de idade, cego havia dois anos, foi, com sua pobre mãe suplicar-me de tentar restituir-lhe a visão. O olho parecia estar sadio, apenas uma paralisia do nervo ótico determinara a perda da vista, e depois, todas as tentativas haviam sido infrutíferas para dar-lhe até a sensação da luz.

Todos os dias, à mesma hora, sua mãe o trazia e todos os dias eu tentava, em vão, adormecê-lo. Decorridos já quinze dias e nenhuma modificação ocorrera; e o que me desolava, antes de tudo, era que nele não se desenvolvia sensibilidade ao magnetismo. – No momento em que eu desesperava por nada ter obtido, vi-o cair em um semissono e, aproveitando esse momento, magnetizei a região do olho com toda a força de que era capaz. No dia seguinte, novo sono, nova ação de minha parte sobre o órgão da visão. No terceiro dia, semelhante manobra sem que aquele homem anunciasse a menor alteração; apenas seu rosto e o de sua mãe me pareceram radiantes. Percebi, também, que sua retina se dilatava com uma ligeira pressão, o que ainda não tinha notado. Enfim, decorridos alguns dias, ele não pôde guardar seu segredo e confessou-me que havia começado a ver e que, encontrando-se diante de um espelho e tentando nele se ver, vira perfeitamente seus dentes. O que não havia sido senão um vislumbre, reapareceu de modo mais marcado após algumas novas magnetizações: viu seu dedo, sua bengala, sua mãe. Ah, que sensação deliciosa ele deve ter experimentado!

Depois de alguns dias, também, ele viu uma pequena poterna que existe embaixo da muralha no fim da calçada da esplanada. Todavia, ele estava ainda afastado, pois se encontrava na estrada. A partir daquele momento, veio sozinho à minha casa, e todos os dias sua visão adquiria mais força e mais alcance. Reconhecia as pessoas conhecidas, as letras dos cabeçalhos de um jornal, e logo, as cores das cartas: enfim, ele pôde jogar e ler.

Um parente seu, o Hipócrates e oráculo da cidade, que cuidara dele durante sua cruel enfermidade, devia receber sua primeira visita, pois eu quase exigira isso e ele me havia prometido.

Amigos leitores, que pensais que foi respondido àquele homem que via para jogar cartas e que andava por toda a cidade sem a mãe e sem sua bengala? Desafio-vos a adivinhar. Aquele médico muito clarividente mandou-o embora muito cavalheirescamente, dizendo-lhe: "É tua imaginação, não passas de um tolo". – Eu penso que a partir desse momento, eles não foram mais primos.

Também devolvi a visão a uma mulher, mãe de família. Nela, a sensibilidade dos olhos não estava totalmente extinta: via a luz do sol, mas só podia distinguir as coisas confusamente. Colocada em estado de sonambulismo, indicou com precisão o dia em que começaria a ver; mandou retirar um sedal que trazia ao pescoço, por julgá-lo inútil; confessou-nos que várias vezes teve vontade de se jogar pela janela e a única coisa que a deteve foi o temor a Deus.

O Magnetismo em Oposição à Medicina

O curto prazo que fixara para uma mudança favorável no estado dos seus olhos chegou, e sua previsão não falhou. Não escondeu de ninguém o que me devia; além disso, ela era a melhor prova da eficácia dos meus procedimentos. O que podiam objetar-lhe? Ela não enxergava antes de me procurar; sua visão se enfraquecera aos poucos e nenhum médico lhe dera esperanças. Agora ela trabalhava, ia, vinha; a ideia de suicídio não voltara à sua mente; não precisava de mais nada para que eu fizesse dessa mulher uma defensora eloquente.

Eu tinha, em tratamento, uma multidão de incuráveis, capaz de lotar um amplo hospital. Todos os enfermos do Departamento marcaram consulta comigo. – Eu não podia ter a pretensão de curar todos aqueles doentes, mas a maioria podia ser aliviada. Esse bem que eles experimentavam vinha de um grande gasto das minhas forças, e eu lhes havia tão prodigamente dispensado que já era tempo de pensar na aposentadoria, pois a razão fazia disso um dever. Entretanto, não era sem um amargo pesar que deixava locais tão propícios à propagação do magnetismo, lugares onde eu fizera tanto por tal ciência!

Jamais a vida de magnetizador fora mais ativa. Por muito tempo, magnetizei até cem doentes em um só dia; cheguei a ter quarenta sonâmbulos ao mesmo tempo; em certos casos, oito, dez, por vezes, até mais adormeceram ao mesmo tempo. Jamais vimos o menor acidente, a menor crise se manifestar, sem que no mesmo instante tudo fosse acalmado. O movimento, com frequência, demasiadamente repetido dos meus braços havia cansado tanto a articulação dos ombros que, às vezes, ainda sinto dores. Com toda certeza, hoje eu não poderia fazer o que então fazia. Minha vida em Montpellier foi um excesso de bem, um excesso de deveres de um homem para com os outros. Fui ao menos recompensado por tanta fadiga, por tantas dificuldades e tantos cuidados?

Tanto os espertos quanto os retardatários virão imediatamente em consequência de uma batalha ganha; nada terão feito, mas falarão alto, fascinarão com seus grandes discursos, e o povo, sempre ignorante, acreditará que eles foram mártires; pedirão dinheiro, e o receberão, porque ninguém mais duvidará, então, da verdade que me foi preciso defender até no recinto de um tribunal.

Ficaria muito feliz, se o poder que decidirá, cedo ou tarde, criar cátedras de magnetismo nas escolas de medicina, não nomear, para preenchê-las, homens que não possuírem senão as mais vulgares noções da ciência profunda que serão encarregados de ensinar. A humanidade se esclarecerá, lentamente, sobre a descoberta mais importante de todas que o gênio humano pôde fazer. Devemos desanimar diante desse pensamento e parar todo o trabalho? Não, ao contrário. Muitos operários não devem assistir à inauguração do templo que erguem; seus ouvidos jamais escutarão os hinos sagrados que lá serão cantados em louvor ao Eterno, que importa, se ao morrerem eles levarem a convicção que sua passagem não foi inútil, já que prepararam a felicidade de seus sucessores?

O magnetismo em Béziers

Por mais que esses homens quisessem ser desculpáveis e tivessem desejado fazer o bem, seus erros não deixam de ser erros, erros fatais, erros que é preciso destruir por amor ao bem.

O amigo de seu sopro encontra seu amigo.

Provérbio árabe

Antes de deixar definitivamente o Midi[1], fui a Béziers, por solicitação de várias pessoas eminentes. Abri, nessa cidade, dois cursos de magnetismo, e lá também deixei inúmeros alunos, cuja crença repousava nos fatos físicos incontestáveis. Eis seus nomes: Fayet, Brunot, Owjals, Moulines, Sabatier, Dubousquet, Boyer, Perréal, Donnadieu, Basclet, Mazel, Dalichon, Crouzet, Pascalis, Fabregat, Azaïs, Bertrand, Giret, De Barbot, Crouzat, Gache, Durivage, Thiberancq, Barbé, Denattes, Salvan, Mauri de Nissan, Plantade, Calvet, Martin, Bellot, La Borrd, Glouteau, Dclirou, Cellier, Fourés, Delort, Mandeville, Coulon, Fuzier, Hillaire, Bourbon, Crozals, Audouard, Martin Nre.

No final dos meus cursos, esses senhores me trataram como amigo; ofereceram-me um banquete, que aceitei, e lá, uma livre efusão estabeleceu entre nós uma doce fraternidade. Todos acreditavam no magnetismo e queriam realizar o bem que ele pode fazer. Uma sociedade deveria ser constituída, assim como um

---
1 N. T. – Sul da França.

tratamento público aberto para os pobres; o magnetismo teria estabelecido uma afetuosa simpatia entre homens movidos pelo sentimento do bem; a verdade filosófica que resulta claramente dos fenômenos sonambúlicos podia difundir ideias contrárias aos preconceitos que perpetuam o mal. Mas hoje, que laço pode unir os homens entre si? Tudo se divide, tudo se rompe. É por acaso que encontramos atos de virtude, e é somente com uma grande constância e uma grande tenacidade que podemos, por instantes, lembrá-la aos homens. Tudo se apaga rapidamente e a vida comum recomeça para terminar miseravelmente. Sabemos que tudo é falso e enganador ao nosso redor, sentimos que a verdade poderia reinar no lugar do erro; mas arrastados por um turbilhão, cedemos sem luta e nos tornamos joguetes dos elementos que poderíamos ter dominado.

Parti de Béziers e só me detive em Bordéus, onde reencontrei meus alunos que tinham se tornado mais convictos devido às experiências que haviam feito e mais felizes, talvez, pelas consequências morais que seu espírito soubera tirar desses fatos.

Eu não queria que minha passagem fosse inútil; proferi dois discursos diante de uma plateia numerosa que mal podia caber na sala do Circo. Estimulando meus ouvintes ao estudo do magnetismo, percebi, pelos inúmeros testemunhos de simpatia que recebi, como essa ciência nova tinha futuro naquela cidade.

Que o poder ouse, então, tomar a iniciativa! Não se trata aqui de republicanismo nem de sansimonismo, mas apenas de uma grande verdade moral e física; os homens de hoje são como seriam as agulhas não imantadas: só por acaso tomariam a direção do polo. Os homens, digo, não creem em nada, não esperam nada, caminham sem saber onde está a meta e a perturbação da inteligência que se assemelha à loucura faz nascer o terrível suicídio.

Basta de sistemas, basta de teorias sobre a humanidade; hoje ninguém os quer mais porque são todos enganosos e frutos das combinações da mente e não da natureza.

O magnetismo revela um mundo novo; ainda uma vez, repito: não se trata de ideias ocas, mas de fatos e antes que esses fatos tornem-se públicos e provoquem crenças errôneas, que depois, será difícil destruir, o governo deveria, se estiver imbuído de sua grande missão, nomear homens seletos, não médicos como os Magendie, os Cornac, os Boillaud e os Dubois de Amiens, não homens letrados como os que formigam em todas as academias, pois estes, orgulhosos de suas obras e enfatuados do seu próprio mérito, não verão na natureza senão a matéria e o movimento e dela farão sair, a seguir, apenas uma lei grosseira e morta; mas homens que sentiram a verdade e não querem nada melhor do que sacrificar sua vida a estudá-la ainda mais e a divulgá-la.

Que se dignem a escutá-los e a fornecer-lhes um local conveniente, onde sua arte possa, primeiramente, ser exercida no silêncio e longe das paixões dos homens, e logo será reconhecido que os magnetizadores não exageraram a sua descoberta, pois, além de uma nova medicina essencialmente conservadora e não mortífera, como a que existe hoje, dela sairá, ainda, meios para moralizar os homens e torná-los felizes.

* * *

A filantropia dos ingleses e seu amor pela ciência, essas duas virtudes de um grande povo, ressoaram tanto em meus ouvidos que me deu vontade de viajar a Londres a fim de verificar pessoalmente se, com efeito, aquela nação valia mais do que a minha.

Lá, talvez –, eu me dizia –, os cientistas tenham menos preconceitos que na minha pátria; lá, todas as descobertas úteis são protegidas e os que as ensinam são prezados, respeitados, muitas vezes, até mesmo ricos; por que o magnetismo animal faria exceção à regra comum?

Eu bem sabia que Mesmer fracassara quando tentara divulgar o magnetismo em Londres; tampouco ignorava outras tentativas isoladas, como a dos cientistas Chenewix, Colqhoun e outros, mas pensava que a verdade havia sido mal apresentada, e que para fazê-la ter êxito e prosperar naquele país era preciso separá-la das maravilhas com as quais a haviam cercado.

Uma única coisa muito me embaraçava: eu não sabia a língua inglesa; mas eu assim refletia: *quanto maior for para mim a dificuldade de enganar, mais acreditarão em mim.* Com efeito, a fraude, se houvesse, deveria logo ser descoberta, já que eu devia, a qualquer instante, ter necessidade de um confidente. Decidi, portanto, a ultrapassar o Canal, e missionário de uma nova doutrina, eu não devia temer os obstáculos. Triunfar onde outros haviam fracassado parecia-me digno de inveja; não mais escutei os conselhos de pessoas experientes que conheciam o país que eu gostaria que possuísse o segredo do magnetismo, e que procuravam me demover do meu intuito. Os argumentos não têm poder sobre o homem convencido, por seu instinto, de que aquilo que concebeu pode se realizar. Ele pode obter o sucesso por inumeráveis tormentos, por fadigas inauditas; mas, finalmente, ele consegue, deixando aos outros os prazeres da recompensa; pois a natureza parece não ter desejado que os homens possam provar ao mesmo tempo as doçuras da glória e as da riqueza.

O magnetismo em Londres

Vós que sulcai os vastos campos do futuro
E semeai com o progresso a semente celeste,
Se mais de uma espiga morre sob os pés dos maus,
Da incredulidade, se o sopro for funesto,
sabei com um duro labor vencer os longos aborrecimentos;
Pela perseverança concebei prodígios;
Grandes verdades amadurecem em seus caules.
Das quais, um dia, os povos colherão os frutos...

Como Lutero, pedi reforma! Não é contra o poder de absolver as almas que venho me levantar, mas contra aquele mais terrível de sujeitar os corpos e de empobrecê-los.

Cheguei a Londres em 5 de junho de 1837 sem uma carta de recomendação, não conhecendo sequer uma pessoa e, como já disse, sem saber a língua. Eis-me, pois, naquela imensa cidade com uma verdade que ninguém ainda tinha desejado.

Se eu tivesse levado um animal curioso, um antropófago, por exemplo, um orangotango ou algo análogo, minha fortuna seria indubitável, toda a cidade teria acorrido imediatamente.

Se eu soubesse cantar ou dançar, como era a estação em que as pessoas cantam e dançam além da conta em Londres, os guinéus ter-me-iam chegado de todos os lados e meu nome teria se tornado europeu.

Mas não tinha nenhum animal curioso para mostrar, e tiveram a imprevidência de não fazer de mim nem um dançarino, nem um cantor; ali eu era verdadeiramente um ser inútil. Mal desembarquei, publiquei um prospecto, cujos fragmentos reproduzo:

CURSO DE MAGNETISMO ANIMAL
Chama-se magnetismo animal a ação que se manifesta sobre os seres vivos em determinados contatos; essa ação, que a observação consegue captar, fornece ideias positivas sobre os mistérios da vida e revela um mundo novo. Considerei uma missão santa a tarefa gloriosa de ensinar uma verdade tão útil à humanidade.
Eis o programa e a ordem do curso que terá início em 20 de junho de 1837:

PRIMEIRA PARTE
1ª *sessão* - História do magnetismo animal desde a sua descoberta, e obstáculos que essa ciência teve que superar até hoje.
2ª *sessão* – Fatos físicos que provam indubitavelmente a existência do magnetismo e apresentação dos diversos resumos elaborados pelas sociedades científicas.
3ª *sessão* – Maravilhas do sonambulismo, do êxtase e da catalepsia.
4ª *sessão* – Traços do magnetismo na Antiguidade.
5ª *sessão* – Procedimentos que servem para desenvolver os fenômenos magnéticos e estudos da força pela qual eles se produzem.
6ª *sessão* – Virtude curativa do magnetismo reconhecida por vários grandes médicos.

SEGUNDA PARTE
Da 7ª *à* 12ª *sessão* – Inúmeras experiências feitas com pacientes sensíveis à ação magnética e produção do sonambulismo e de suas maravilhas.
Sendo o magnetismo uma propriedade do organismo humano, todo homem a possui e pode exercê-la; as pessoas que seguirem os cursos magnetizarão diante dos olhos do barão Du Potet.

De todas as descobertas que honram a humanidade, a do magnetismo animal é, sem objeção, a mais extraordinária e a mais útil! Para que serve, com efeito, o fato de nossos sentidos sempre ficarem deslumbrados com a visão de novos objetos? O que nos importa o luxo e a abundância, se a riqueza não pode nos esclarecer sobre as leis que regem a humanidade e sobre os meios de evitar os acidentes que incessantemente ameaçam e acompanham a vida? O estudo das forças ocultas do homem pelo sonambulismo nos tira da dúvida em que estávamos mergulhados; aprendendo a nos conhecer cessaremos de ser joguetes do acaso e nossa vida pode ser prolongada. Os fenômenos extraordinários e *divinos* que se oferecem constantemente à observação dos que magnetizam, proporcionam-lhes prazeres desconhecidos e sempre novos. As outras ciências, quando se quer possuí-las, desgastam e enervam a vida. O magnetismo, ao contrário, mantém o homem com saúde, favorece o desenvolvimento de sua inteligência, tornando-o melhor e mais humano. Os corpos científicos já sentiram que não podiam, por muito mais tempo, permanecer alheios ao estudo do magnetismo. Por toda parte, na França e na Alemanha, homens distintos empregam-no e procuram aprofundá-lo. Nas faculdades de medicina desses dois países, defendem-se teses em favor da verdade da qual somos os mais ardentes apóstolos. A Inglaterra, tão fértil em homens de mérito e de uma verdadeira filantropia; a Inglaterra que sabe acolher com nobreza tudo o que pode favorecer o desenvolvimento das ciências e contribuir para a felicidade da humanidade, ficará ela, relativamente ao estudo do magnetismo, atrás dos povos que acabamos de citar? Nem podemos imaginar isso, e o projeto que elaboramos, de aqui difundir a descoberta do magnetismo, justifica a altíssima opinião que temos sobre os cientistas dos quais ela se glorifica.

Quem ficou muito surpreso no dia da abertura do meu curso? Fui eu, garanto-vos, pois ninguém veio; e isolado, já deplorava a ideia fatal que me conduzira para um povo que parecia não ter gosto pela verdade mesmeriana, e até nenhuma vontade de saber se essa verdade existia. Anunciei nos jornais que ensinaria, a quem quisesse conhecer, o meio de produzir fenômenos maravilhosos; nem um único inglês se deu ao trabalho de ver do que se tratava. Quando falava do magnetismo com pessoas esclarecidas, elas pareciam lamentar a minha crença; algumas até eram menos indulgentes. Enfim, elas tinham a linguagem de nossos cientistas da França, há vinte anos: *Embogue,* farsa, charlatanismo etc.

Escrevi a todos os dispensários de Londres, oferecendo-me, aos médicos desses estabelecimentos, para magnetizar diante deles os incuráveis que desejassem trazer para mim; nenhum deles respondeu. Exatamente como em Montpellier.

Mandava pedir de todos os lados doentes para serem tratados gratuitamente, mas foi um trabalho inútil! Ali os doentes estão, ao contrário dos daqui, sob a férula médica; nenhum deles teria ousado tentar um novo medicamento sem consultar seu farmacêutico.

Enfim, chegou um inglês, um verdadeiro *cavalheiro*, que lera muitos livros sobre o magnetismo, e produzira alguns fenômenos magnéticos. Ele não podia consentir em me levar pessoas conhecidas, porque meu apartamento –, dizia ele –, embora situado em um belo bairro, não era confortável (ele me custava, apenas, cem francos por semana).

O Magnetismo em Oposição à Medicina

O magnetismo no Middlesex Hospital

Um médico foi, alguns dias depois, perguntar-me se eu consentiria em fazer algumas experiências em um hospital. Respondi-lhe que era tudo o que queria. Após algum tempo, ele foi me buscar e introduziu-me no *Middlesex Hospital*. Fui recebido com risos de todos os assistentes, que eram numerosos. Para me pôr à prova, fizeram descer uma espécie de idiota, e um dos belos espíritos do local disse em inglês que se eu não adormecesse aquela mulher ele iria me arranjar um asno. Aquele sapientíssimo, sem dúvida, sentia-se capaz para substituir o animal que me propunha. Aliás, não pude lhe fazer essa oferta, pois só tomei conhecimento dessa fina brincadeira após ter deixado o hospital.

Minhas experiências começaram, como se vê, sob *felizes* auspícios. Assim, eu estava tão contrariado, que só foi na terceira sessão que pudemos observar efeitos evidentes e, devo dizer, meus assistentes tornaram-se, então, mais atentos. O doutor Mayo e o doutor Wilson certamente se felicitavam pela acolhida que me haviam dado. Porém, quanto mais os fenômenos se tornavam curiosos e satisfatórios, mais meus ouvintes se tornavam raros. Eu já nem sabia o que pensar, pois aquilo me parecia inexplicável. Enfim, um belo dia, encontrei-me sozinho com o meu intérprete. Como os doentes recusaram-se, sucessivamente, a se submeter à magnetização e os médicos não compareceram para encorajá-los, eu não sabia a que atribuir aquele isolamento e tomei-o por um insulto ou, ao menos, uma falta de consideração. Enganei-me em todas essas conjecturas, pois todos os médicos queriam assistir às minhas experiências, mas nenhum desejava assumir a responsabilidade; e o temor de serem citados pela imprensa havia sido mais forte que a curiosidade e o desejo de se instruírem. Aquelas pessoas conheciam seu país...

Já não sabia mais como me orientar; as dificuldades pareciam-me insuperáveis; mas naquele país singular, se as pessoas não gostam da verdade por si mesma, estimam-na muito pelo mal que ela pode fazer ao seu inimigo: assim o quer a civilização avançada.

Um hospital tóri[1] não queria o magnetismo, um hospital whig[2] ia apoderar-se dele. Rejeitado pelo Middlesex, eu ia ser acarinhado pelo North-London. Para uma coisa comum, teria sido muito bom. O sucesso daquele que me colocava sob sua proteção teria *desacreditado* os homens que me haviam grosseiramente abandonado. Teriam sido considerados homens tão sem discernimento a ponto de não poderem reconhecer as verdades mais evidentes. Porém, tratava-se do *magnetismo*: meu protetor calculara mal, pois homens ordinariamente inimigos iam se reunir para combater o médico inábil que se tornava defensor de uma verdade que, um dia, poderia prejudicar toda a corporação.

Assim sacudido por camarilhas opostas, eu deveria perder a coragem, mas, como para chegar àquele país eu enjoara, era uma continuação do mesmo mal-estar e dos mesmos sofrimentos.

Pobres inovadores, como sois dignos de pena! Pois se a verdade é vossa companheira, se vossa boca não se abre para espalhar a mentira, a miséria moral das pessoas que quereis esclarecer deve afligir bastante vosso coração! Todas essas pequenas paixões que se chocam e colidem diante de vós devem dar-vos uma triste ideia dos homens, quero dizer, dos filósofos.

---

[1] N.T. – Nome do antigo partido conservador do Reino Unido.
[2] N.T. – Nome do antigo partido liberal do Reino Unido.

O magnetismo no North-London University College Hospital

Mal havia feito ato de presença nesse novo hospital e produzido alguns fatos, que estes foram desnaturados pelo jornal que devia, por sua posição, tomar a defesa da verdade atacada. Julguei que seria bom prevenir outros ataques e enviei ao *Lancet* uma resposta ao seu artigo e, devo aqui dizer que essa resposta foi imediatamente inserida. Cito aqui a tradução da carta, porque ela mostrará bem minha posição e o progresso que o magnetismo começava a fazer, já que o atacavam.

Ao senhor redator do LANCET
O último número do vosso jornal contém um artigo sobre as experiências de magnetismo feitas por mim no hospital de North-London. O meu desejo de divulgar uma verdade útil, livre de qualquer erro, faz-me escrever-vos para retificar tudo o que há de errôneo no relato que foi feito de minhas sessões, e restabelecer os fatos que foram alterados devido às prevenções e a um conhecimento pouco profundo do magnetismo.
Como o objetivo de vosso jornal é de esclarecer os cientistas sobre questões fisiológicas e medicinais de grande importância, estou certo de que não me recusareis os meios de me defender e de fazer cessar as dúvidas que o artigo que vos cito pôde fazer nascer sobre minhas intenções e sobre a realidade da descoberta que vim propagar na Inglaterra.

Seria muito demorado seguir o senhor T. em todas as suas explicações temerárias, pois elas formigam em sua carta, e o humor que nelas empregou foi, sem dúvida, para mostrar profundidade. Alguém pode *ter estado na Índia, ter visto psilos*[1] *e os necromantes do grande Cairo, ter perfeitamente escrito sobre todas essas coisas*, e ignorar completamente um fato novo, pois o senhor T. nada sabe sobre o magnetismo e nunca sequer abriu um dos quinhentos volumes que já existem sobre essa ciência.

O senhor T. confessa só ter assistido uma vez às minhas experiências; suas informações não foram dadas por médicos que diariamente estavam presentes quando eu operava; enfim, seu relato parece ter sido feito mais para divertir seus leitores do que para instrui-los.

Introduzido, há quase um mês, no hospital de North--London pelo doutor Elliotson, médico desse hospital, para lá demonstrar a existência do magnetismo diante desse médico ilustre, procedi a alguns testes que, de início, não apresentaram grandes resultados, mas logo vimos chegar sucessivamente o que era o objeto de nossas pesquisas; fenômenos da maior importância ofereceram-se aos nossos olhos e só tivemos que prosseguir com nossos testes para sermos testemunhas de fatos singulares, bem capazes, por sua natureza, de jogar uma nova luz sobre o domínio das ciências e, sobretudo, sobre a fisiologia e a medicina.

O relato de todas essas experiências será feito, não tenho a menor dúvida, pelo próprio doutor Elliotson honrará a verdade e dirá o que ele viu. Conhecemos muito bem o caráter desse cientista para não estarmos convictos de que seu relato será rigorosamente exato.

Não querendo antecipar o futuro, posso, no entanto, aqui contar aquilo que centenas de pessoas já viram e o que milhares de outras são convidadas a ver.

Sim, senhor redator, um poder novo se revela ao mundo, e já não é um mistério; por toda parte encontramos

---

1 N.T. – Domesticador de serpentes.

homens que procuram aprofundá-lo e reconhecer suas leis. Não é na sombra, mas em pleno dia que esse poder pode ser demonstrado; nada de maravilhoso existe nos procedimentos que servem para fazê-lo ser reconhecido; e logo não mais haverá mistério no seu emprego como não o há no emprego das máquinas elétricas e galvânicas.

Vós sentireis como é importante que as primeiras impressões causadas pelo aparecimento dessa nova descoberta não sejam falseadas por descrições pouco sinceras. A opinião pública, cedo chamada a se pronunciar, deve ser premunida contra o erro, de qualquer parte que ele venha.

Permiti-me entrar em alguns detalhes e não imitar o senhor T. O riso e a zombaria não devem ser permitidos quando se trata de uma importante questão científica.

Se fosse verdade que um homem pudesse fazer outro homem ser penetrado por uma parte do princípio vital que seu organismo encerra, os fenômenos que resultariam dessa adição de vida feita a esse indivíduo deveriam ter um caráter sobrenatural e surpreender tanto pela sua novidade quanto pela dissemelhança que apresentariam com os outros fenômenos da natureza.

Pois bem, essa hipótese torna-se uma realidade pelo ato magnético: o indivíduo que prova os efeitos dessa força deixa, por um momento, de ser o mesmo ente; tudo se modifica em seu organismo; suas percepções são mais rápidas, mais extensas, e torna-se capaz de executar coisas que não poderia ter feito e nas quais não teria sonhado em seu estado habitual. Daí, uma série de maravilhas inconcebíveis e que, com sua aparição, causaram admiração dos que foram suas primeiras testemunhas. O agente que produz semelhante estado fornece o meio de curar muitas enfermidades rebeldes a todos os remédios da medicina comum; e o estado extático que ele provoca demanda à medicina e à filosofia novas meditações que, estou certo, farão nascer doutrinas fecundas com felizes resultados.

Para propagar semelhante descoberta, é preciso muita prudência da parte dos que aceitarem essa missão: pois os homens são rápidos em suas asserções e as suspeitas de impostura e de charlatanismo pesam sempre sobre aquele cujas ações não são perfeitamente explicadas. Já disseram que eu tinha relações íntimas com os doentes e que eu me entendia com eles para enganar os homens que procuravam se esclarecer. Sem considerar que não falo a língua das pessoas que magnetizo; sem considerar que aceito os primeiros que chegarem como pacientes de minhas experiências e que não peço, para julgarem seu valor, senão cientistas esclarecidos, seria mais do que loucura da minha parte esperar convencer se eu não tivesse a verdade comigo.

A malevolência está à porta de todo inovador; ela aí permanece até que a verdade, da qual ele se diz intérprete, tenha sido *reconhecida, estudada, provada* e, então, a justiça humana irromperá, e o homem que tiver bastante gênio para descobrir o desconhecido, receberá sua recompensa. Mas com frequência, antes dessa sentença das nações, ele deixou de viver, pois os desgostos suscitados pela inveja e a ignorância terão abreviado seus dias.

Espero que o mesmo não aconteça aqui. Deixar-me-ão a liberdade para difundir uma nova ciência e traçar suas regras. Vinte anos de experiências e de observações me fizeram conhecer bem os fatos ocultos que vou revelar. Chamo todo o mundo aos meus ensinamentos; para que a verdade seja acessível a todos, é preciso que ela seja clara, evidente, compreensível e cumprirei todas essas promessas. Logo, certamente, milhares de vossos compatriotas serão capazes de produzir as maravilhas das quais terão sido testemunhas e, por vezes, os agentes. Eles dirão se minha boca se abriu para espalhar a impostura, e se os fatos que anunciei poder produzir eram simulados. Então, será julgado o homem que veio cheio de confiança encontrar uma nação livre e esclarecida, para ensinar-lhe uma descoberta cuja importância ainda não pode ser calculada.

Espero de vós, senhor redator, que concordeis em inserir esta resposta aos homens que, animados, certamente, pelo desejo de esclarecer seus concidadãos, não possuem uma qualidade bem essencial: a de estudar seu assunto.

Se me permitis, senhor, dar-vos-ei uma sequência de artigos próprios para tornarem conhecidos na Inglaterra os trabalhos dos cientistas do meu país a respeito do magnetismo, e também noções corretas sobre o emprego desse meio como agente terapêutico.

Tenho a honra de ser etc.

Continuei minhas experiências e já os homens mais distintos as assistiam. Lorde Stanhope foi um dos primeiros visitantes; ele se lembrava, sem dúvida, de que seu pai fora o defensor de Mesmer na Inglaterra, e talvez me tomando como seu continuador, foi cheio de benevolência para comigo. Vários professores da Universidade vieram a seguir, e o movimento não mais devia se atrasar. Entretanto, as férias chegaram. Oras, nessa essa época do ano, não sair de Londres quando se é médico das pessoas importantes; não sair da cidade em uma determinada época, é uma grande falta de consideração, que todo aquele que ocupa uma posição na hierarquia médica evita com o maior cuidado. Mas esse tempo afortunado não devia ser para mim uma época de repouso: a guerra fora declarada, era impossível recuar.

O doutor Elliotson, médico muito célebre para ficar em Londres durante as férias, por mais atrativos que lhe oferecessem as novas experiências, foi para a Suíça. Deixara a ordem para que eu tivesse a liberdade de continuar meus tratamentos em suas salas. Mas mal chegara à França que os impedimentos de toda ordem já começavam a surgir. Era o anfiteatro que me recusavam, porque só o professor podia ocupá-lo; era aos doentes estranhos ao hospital que proibiam a entrada. Logo, até os visitantes foram repelidos e como não era apenas para minha instrução que fazia as experiências, deixei de ir ao North-London Hospital.

Essa suspensão e o afastamento do único homem que podia defender com sucesso a verdade dos fatos dos quais fora testemunha, forneceram a ocasião esperada pela imprensa; os adversários do magnetismo iam obter ganho de causa, ou antes, os rivais do doutor, aqueles que não conseguiram obter uma posição tão boa quanto a sua, iam enganar a opinião pública para desacreditar o senhor Elliotson.

Escrevi ao senhor conde Stanhope para informar-lhe da suspensão de minhas experiências e pedir-lhe conselhos. Ele respondeu-me imediatamente, com a seguinte carta:

Senhor
Eu ia vos escrever para saber da continuação de vossas experiências com Okey, Lucy Clarke, Rebecca e um jovem epilético, e também anunciar-vos que um cirurgião das imediações tem a intenção de ir a Londres para vê-los. As notícias que me comunicastes em vossa carta causaram-me uma tristeza profunda, ainda mais porque me eram completamente inesperadas. Ignoro o pretexto que fez cessar as experiências no hospital da Universidade, não li os jornais dos quais me falastes, à exceção de um artigo satírico no *Blackwood's Magazine,* e nada sei do senhor Berna, de Paris, de modo que estou na ignorância sobre todos esses pontos, e, consequentemente, incapaz de formar um julgamento competente. Ser-me-á agradável pensar que as experiências recomeçarão a ser feitas quando o doutor Elliotson, que vos faz justiça em seu discurso, estiver de volta, ou então, com a permissão de qualquer outro médico; mas se me enganar nessa esperança, não haverá nada que vos impeça de continuar as experiências em vossa casa e divulgá-las por meio de um anúncio no *Lancet,* como jornal de medicina, ou por outros meios. O anúncio deverá ser curto e tomo a liberdade de vos propor o anexo que redigi; mas espero ir à cidade brevemente e ter a oportunidade de discutir convosco esse caso.

O magnetismo é uma verdade real e muito importante que oferece resultados do mais alto interesse, e sou sempre da seguinte opinião: *Magna est veritas et prea-*

valebit.[2] Neste país, o espírito de partido se imiscui em tudo, mas vossos procedimentos deveriam bastar para convencer os mais incrédulos. No entanto, é muito desagradável e desencorajador ser exposto a ataques nos quais a ignorância se alia com a grosseria, mesmo assim, poderemos responder a eles fazendo traduzir vossas justificativas.

O senhor Colqhoum, advogado de Edimburgo, publicou, em dois volumes, um livro muito instrutivo e sensato sobre o magnetismo e fala de vós. Se tiverdes vontade de escrever-lhe sobre as dificuldades que se apresentaram, encarregar-me-ei, com prazer, de fazer-lhe chegar vossa carta, bem como também lhe escreverei.

Tenho a honra de ser, senhor, vosso humilíssimo e obediente servidor,

Conde STANHOPE

Pobre povo, tu que crês que os cientistas e os médicos respeitam-se mutuamente e que estimam as verdades que devem influir na tua felicidade, que eles têm, enfim, alguma piedade dos males de que sofres; estás enganado; conheço teus chefes e teus diretores; diante de mim sua alma falou, seus instintos se mostraram; recolhi tudo; nada se perderá daquilo que vi e ouvi; logo, certamente, arrancando-lhes a máscara com a qual se cobrem, verás o que existe de *generoso* no homem que honras.

Eu que acreditava que houvesse mais virtude, mais amor sincero pelos direitos da humanidade entre os cientistas de um povo cujo poder governa vinte nações, e que ao lado deles eu encontraria um apoio que me faltara na minha pátria, eu estava ofuscado pelo teu renome; teus filantropos pareciam-me gigantes; mas como a canoa boiando da fábula:[3] *De longe é alguma coisa, e de perto é nada*. Teu renome, poderosa Álbion,[4] é fundado no charlatanismo, na mentira e no orgulho; tudo o

---

2 N. T. – Grande é a verdade e ela prevalece.
3 N. T. – Referência à fábula de Esopo, "A canoa boiando".
4 N. T. – "É o nome celta ou pré-céltico da Grã-Bretanha Atualmente é ainda usado, na linguagem poética, para designar a ilha ou a Inglaterra em particular. O nome Álbion pode ser uma helenização de Alba, nome que ainda hoje designa, na Irlanda e em Gales, o terço norte da ilha. Na sua origem estaria o fato das suas falésias serem brancas". [Ref. http://pt.wikipedia.org/wiki/%C3%81lbion].

que não é movido por um desses móbeis definha em teu seio e se resseca. Mas o teu império se rompe, o veneno corruptor dos teus falsos sábios e dos teus falsos cientistas penetrou nas entranhas do povo; os gritos do seu sofrimento e da sua miséria ressoam de um polo a outro, e não tens nenhum remédio para oferecer a esse terrível flagelo.

Fugi, vós que tendes sensibilidade; aqui não podem vos compreender; quereis amenizar os males de outrem, levai vossos passos para outro lugar, pois aqui não há eco para vós. Vide, tudo é frio e congelado, é apenas a sombra da humanidade, o calor ainda está no continente.

Esse grito de sofrimento escapou-me quando pensava em tudo o que suportei de insulto e de ironia, ao difundir na Inglaterra do germe da nova verdade, ao me lembrar de que a imprensa arrastou-me na lama sem que aqueles que me dilaceravam tivessem me conhecido pessoalmente, sem que tivessem estudado a ciência com a qual eu fora enriquecê-los.

"*Na moral Inglaterra*, exclamava um dos jornalistas, um homem como o magnetizador deveria ser jogado na prisão com os ladrões"; e indicando minha casa como um local suspeito, incitava os cidadãos a evitarem aproximar-se dela. E sabeis por quê? Era simplesmente dinheiro que queria arrancar de mim aquele homem da *moral Inglaterra*.[5] Mas ele não conseguiu. Apenas dois ou três médicos, poltrões da sua natureza, não mais ousaram reaparecer de medo de serem apontados como meus comparsas.

Atacado de todos os lados, tive que curvar a cabeça e deixar passar a tempestade; pois, como responder a vinte folhas ao mesmo tempo? Depositei, portanto, minha confiança no futuro, e o futuro não me enganou; a verdade não tem sempre razão?

5 Sabeis como faz um jornalista para obter ouro nesse país da liberdade? Ele não se limita a atacar o homem que quer explorar. Ele criará, *uma* por *uma*, todas as histórias da vida privada de cada uma das pessoas que ousarem pôr o pé na casa onde colocou seu lacre vermelho; interrogá-las-á como a um acusado, investigando a família para descobrir as fraquezas de cada membro, que logo transformará em torpezas, até que enfim, consiga fazer um deserto daquela casa. E se vós, homem de coração, quereis obter justiça, não podereis, pois aquele que for condenado a pagar a multa não será o autor das diatribes que tereis de sofrer; será apenas um testa de ferro que, sem se queixar, deixar-se-á ser preso porque alguém garantirá que na prisão sua vida será confortável. E aí passará seus dias, se assim o quiserdes, ao passo que o homem que vos desonrou está em vossa casa, talvez ao vosso lado, pois não podeis conhecê-lo, nem, consequentemente, persegui-lo ou matá-lo.

O Magnetismo em Oposição à Medicina

Escrevi uma única memória justificativa; ela deve ter algum interesse, pois contém boas explicações e refutações que devem ser conhecidas por aqueles que defendem nossa causa.

Resposta do barão du Potet de Sennevoy aos ataques dirigidos contra suas experiências no hospital de Middlesex *e no* University College Hospital, *e refutação de algumas objeções opostas à existência do magnetismo animal.*

Quando um homem reconheceu uma verdade que se opõe aos preconceitos e, sobretudo, aos inúmeros interesses, ele deve se perguntar, antes de começar a divulgá-la, se essa tarefa não está acima de suas forças. Deve estudar os obstáculos que oporão aos seus esforços, a quantidade de inimigos que terá de combater e a época em que vive. Tudo isso bem examinado, deve se perguntar, ainda, se terá coragem suficiente para realizar sua obra e travar um combate renhido com os inimigos do progresso. Esse caminho indicado pela razão não foi seguido por mim. Certo de possuir uma grande verdade, nada calculei e fui, cheio de ardor, enfrentar as pessoas que me contestavam. Não tardei a reconhecer que ao me tornar defensor de uma causa justa, eu percorria um caminho espinhoso e cheio de dificuldades que devia me privar da vida calma que me parecia reservada.

Realmente, mal havia dado alguns passos que reconheci como me seria difícil fazer a ciência adotar um fato novo, cuja causa estava oculta e que já haviam declarado que não existia. Porém, recuar teria sido mentir à minha consciência e cometer uma grande covardia. Jurei, pois, consagrar minha vida inteira à defesa de uma verdade sobre cujo valor todos os meus sentidos haviam sido consultados.

É esse devotamento à nova ciência que hoje me leva diante de vossos leitores para justificar os magnetizadores da suspeita infame que lançaram contra eles. É, enfim, para responder aos ataques injustos que de toda parte dirigem contra uma descoberta útil e protestar com todo o meu poder contra as ideias errôneas que procuram fazer prevalecer.

Se escolhi, senhor redator, a Inglaterra em detrimento de

outros países para divulgar o magnetismo, foi porque julguei que a Inglaterra, fértil em bons observadores e em homens animados por uma verdadeira filantropia, seria capaz de aproveitar e aprofundar uma descoberta chamada para agir moral e fisicamente sobre as nações. Ainda estou longe de ficar desiludido, pois, uma vez superados os obstáculos que opõem aos meus primeiros passos, encontrarei homens generosos e, sobretudo, amigos da verdade, e caberá a mim convencê-los da existência e da importância do magnetismo. Se eu alcançar meu objetivo, seu apoio não me faltará.

Pertencendo o magnetismo mais especialmente ao campo da medicina do que ao da filosofia, foi aos médicos que primeiramente me dirigi: pois devemos naturalmente considerá-los os melhores juízes de tudo o que se passa em uma máquina humana. Como o magnetismo, aliás, age mais sobre o homem doente do que naquele com boa saúde, é nos locais consagrados à dor que sua virtude curativa deve ser constatada.

Estrangeiro e não sabendo uma palavra de inglês, tive que, na minha chegada, procurar pessoas que, como eu, acreditavam no magnetismo, ou as que tinham o desejo de se convencer de sua existência. Apresentado em uma sessão da Sociedade Real por um membro dessa corporação, conheci alguns médicos que, sem acreditarem em tudo o que se conta sobre as maravilhas do magnetismo, estavam, no entanto, dispostos a adotarem uma parte delas. Vários me disseram que nada haviam visto, mas que os testemunhos vindos de pessoas dignas de fé não lhes permitiam duvidar da existência do magnetismo. Experiências me foram propostas e, no dia 12 de junho passado, em presença de vinte pessoas, comecei a empregar o magnetismo no Middlesex Hospital. Uma jovem quase idiota foi a primeira a ser magnetizada, mas não sentiu nenhum efeito sensível; mas nas sessões seguintes fui mais feliz: várias mulheres sentiram efeitos muito marcados; sobretudo uma, que tinha os olhos vendados por precaução, pois acusavam sua imaginação de ser a causa dos fenômenos produzidos, sentiu contrações nos membros, apesar de sua venda e da resistência voluntária que ela própria opunha a manifestação de suas sensações. Outra doente, magnetizada a mais de trinta passos de distância, sentiu efeitos muito marcados apesar do afastamento.

Essa experiência, repetida diante de várias pessoas, fez o senhor Mayo dizer que esse fenômeno surpreendente determinava sua crença no magnetismo, quando, não sei por que razão, retiraram-nas sucessivamente de minhas mãos e tive que, na oitava sessão, parar, a contragosto, as experiências que prometiam uma ampla coleta de observações.

Mas para continuar meus testes, era-me preciso a ajuda dos médicos do hospital, e eu não a tinha; nas últimas sessões, cada um deles tinha um motivo para não estar presente às minhas experiências; inúmeras ocupações impediam-nos, sem dúvida.

Procurou-se fazer crer que meu afastamento deu-se em consequência dos fracassos, ao passo que ele tinha como causa honrados motivos. O relato da *Gazette Médicale* é, portanto, errôneo, e se desmentissem novamente minhas asserções, eu proporia recomeçar as experiências, com certeza do sucesso: pois se a lucidez não se manifesta sempre que desejamos, os efeitos físicos magnéticos são fáceis de serem obtidos.

Vários outros hospitais me foram oferecidos para que eu demonstrasse o magnetismo. Se eu tiver boa memória, creio me lembrar de que o mais violento dos meus antagonistas era um dos mais interessados nessa oferta e que me confessou como estava aborrecido com os procedimentos dos médicos do Middlesex Hospital.

Introduzido no North-London, as primeiras palavras do doutor Elliotson, médico eminente daquele hospital, foram: "Nas tentativas que ireis fazer para provar o magnetismo, se não produzirdes nenhum efeito, eu o direi; se obtiverdes *diante de mim* resultados úteis, eu também o direi". Essa franqueza agradou-me muito, confesso: pois é a verdade que quero difundir e não o erro. É diante de pessoas instruídas que quero fazer prevalecer o magnetismo, porque meu medo não é que essa descoberta continue ignorada; mas minha tristeza seria de vê-la chegar ao povo antes que os cientistas tenham traçado as regras do seu emprego.

É sabido que minhas experiências prolongaram-se por muito tempo no North-London. É sabido que magnetizei vários enfermos que se tornaram sensíveis ao magnetismo e que sentiram bons efeitos. Essas experiências ainda durariam se, na ausência do doutor Elliotson, não me tivessem informado que os regulamentos do hospital se opunham a que eu recebesse naquele local pessoas estranhas. É preciso dizer que chegavam muitas dessas pessoas: pois meu desejo de convencer havia feito com que eu convidasse curiosos para assistir a essas experiências e para lá levarem os doentes.

Escreveram que o North-London Hospital tornava-se, devido aos meus testes, *uma escola de malabarismo*, e eu ouso dizer que um dia, quando a verdade for reconhecida, o North-London se orgulhará de ter sido o primeiro hospital a abrir suas portas a uma verdade que todos os corpos científicos rejeitavam.

De todas as partes surgiram gritos de alerta contra mim; trataram-se como um zangão em um enxame de abelhas. E por que tanto medo, então, se fracassei em todos os lugares? Seria porque sou estrangeiro? Mas posso garantir que na França recebi em minha casa uma boa quantidade de ingleses e que eles não tiveram motivos de queixa. Por mais que eu procurasse o motivo para tão pouca cortesia, só encontrei um; mas não vou revelá-lo agora; certamente, dar-me-ão mais tarde a oportunidade para não deixá-lo ignorado; mas hoje, aquele que conhece tão bem os segredos dos seus inimigos deseja deixar o seu ignorado.

Fizeram despesas de publicidade; exumaram das caixas todas as peças contra o magnetismo, sem considerar que essa formidável artilharia não havia matado nenhum dos seus partidários, mas, que muito ao contrário, essa guerra injusta levara muitos bons espíritos a aprofundar a questão, e que desse exame resultara convicções em favor de nossas ideias.

Devemos também falar desses relatórios. Sim, existe o de Deslon, antigo doutor regente, o de Varnier e os de vários outros médicos que expulsaram da escola, como haviam feito com os primeiros partidários da substância emética; o de Jussieu que vos é um pouco contrário; o de 1784, assinado por grandes nomes; mas é preciso reconhecer que nele há uma grande contradição: pois dizer que uma coisa é perigosa, é admitir implicitamente que ela existe. Há o relatório mais recente de Husson, Fouquier, Guéneau de Mussy, Itard, Tillay, Marc, Guersent, Bourdois de la Motte etc.; o qual não pode ser contradito, e não deixarão que seja publicado. É muito provável até que o do grande observador, senhor Dubois (de Amiens) teria sido ignorado se tivesse sido favorável.

Também devemos levar em conta os trinta e cinco votos, dos sessenta membros da Academia que votaram nessa questão; sendo que esses trinta e cinco votos foram dados por pessoas que haviam visto os fatos e examinado o magnetismo.

É preciso ainda acrescentar o senhor Cloquet, que não desmentiu sua operação, apesar de terem afirmado que ele assinara um relatório negativo; e não é contra ele que devemos nos voltar, mas contra o senhor Dubois (de Amiens) que nessa circunstância não quis dizer a verdade.

E já que os antagonistas do magnetismo dão sua opinião, é preciso, também, que eles nos permitam citar as opiniões de Cuvier, Laplace, Deleuze, Georget e Bertrand, pois, se eles adotam este último como antagonista do magnetismo, o maior prazer que possam nos proporcionar seria que recomendassem suas obras. Levaremos, ainda, em consideração a opinião do decano dos fisiologistas da França, o senhor Lordat, a do senhor Ampère, físico célebre, a do senhor Francœur: é ainda um homem cuja opinião vale alguma coisa. Ser-me-ia bem difícil esgotar o assunto; e garanto que minha lista se pareceria com uma enciclopédia; pois Fouquier, Marjolin, Dumas, Delpit, Despine, Rostan são homens cujo mérito não pode ser contestado. Mas ainda não é tudo: posso citar os nomes dos primeiros magistrados do meu país; homens que têm a infelicidade de ser alheios à medicina, mas que também possuem grandes luzes. E, finalmente, a França não é o único lugar em que o magnetismo é praticado: Alemanha, Rússia e América, todos esses locais possuem uma grande quantidade de partidários dessa ciência. Acreditaram que um dique fraco bastaria para deter um rio que estava transbordando; é um pensamento que só podia vir de Deus: pois como seria possível a cientistas que não podem destruir um dos mil sistemas existentes, sistemas construídos apenas sobre raciocínios, como, repito, poderiam ter a pretensão de impedir a doutrina magnética de se espalhar, ela que tem inumeráveis fatos por base? É doloroso pensar que o maior erro dos magnetizadores para fazer admitir sua descoberta foi de sustentar que os efeitos magnéticos são produto de uma força cujo núcleo está em nossos próprios órgãos; força que denominaram *força magnética*. Se tivessem dito: "É nossa imaginação que age sobre os doentes; é a ação de uma alma forte sobre uma alma fraca que é a causa dos fenômenos que obtemos; conhecemos melhor que ninguém como o espírito age sobre a matéria etc.", todos os cientistas teriam protestado contra essa asserção; também saberiam provar que a natureza sujeita todos os indivíduos às mesmas leis; que não é a imaginação nem a alma do magnetizador que age, mas simplesmente a ação que resulta de dois corpos organizados, colocados em determinados contatos. Teriam chamado em testemunho os fenômenos da simpatia e da antipatia geralmente reconhecidos. Logo teriam reconhecido em nós o fluido magnético, ou uma espécie de eletricidade: pois não vemos por que razão, tendo-o encontrado no ar, no reino mineral e, ultimamente, no reino vegetal, por que, pergunto, o homem, esse senhor do reino animal, estaria dele privado? Aqui, ainda, eles teriam provado que vários peixes possuíam a propriedade elétrica, e podiam até matar a uma distância bem grande outros peixes e até homens. Mas a contradição é por vezes aproveitável: ela oferece a oportunidade de se escrever argumentações luminosas e adquirir boa reputação: durante esse tempo as honras e o dinheiro chovem sobre vós. Porém, chega um dia em que todo esse monte de opiniões rui: deixais de ser grandes homens sem deixar, por isso, de serdes acadêmicos; que importa, então, vossa reputação se vivestes bem? Pois, para muitos homens, esse é o objetivo da vida. Aqui, senhor redator, é apenas do meu país que quero falar. Quando o magnetismo for bem compreendido, e não mais produzir nos cientistas o efeito que a luz produz em certos enfermos, explicar-se-á sua ação irresistível sobre o corpo humano, como se explica, agora, a dos diferentes agentes da natureza. Então, não parecerá nem absurdo nem ridículo crer em efeitos singulares, por que se terá descoberto que sua causa é natural. Atualmente, ainda é preciso responder às objeções e mostrar como um experimentador pode muito bem não provar o que ele afirma, sem que por isso as pessoas tenham o direito de classificar seus insucessos na categoria de *fraudes voluntárias e premeditadas*. Quando somente alguns homens contam fatos maravilhosos, garantindo tê-los produzido, pode-se contestar seu testemunho e crer que estão errados, sobretudo se esses fatos são de uma ordem superior aos fenômenos habituais da natureza. Essas denegações adquirem mais valor ainda quando, querendo mostrar e provar esses fatos, eles não o conseguem. Mas, se em todos os lugares, os mesmos fatos forem atestados pelas mais honradas pessoas; se milhares de homens garantirem novamente que eles os viram com os próprios olhos, deve-se acreditar, então, que às vezes há a impossibilidade de mostrá-los quando se deseja, e que nem sempre a natureza pode obedecer aos desejos do magnetizador, sobretudo quando esses desejos são contrários às leis por ela estabelecidas. Chamar de ilusionistas, mistificadores, charlatães os homens que são bem infelizes por não obterem sucesso em uma experiência delicada é se mostrar animado por um ódio profundo contra o magnetismo; pois os melhores professores de química e de física, agindo sobre corpos inorgânicos e, consequentemente, constantes em sua ação, muitas vezes, no entanto, não obtêm êxito nessas experiências, porque causas alheias e, muitas vezes, muito fracas vêm destruir ou alterar as condições do sucesso.

A ação de ver sem o auxílio dos olhos, até à distância, fenômeno que é negado, eu o adoto, porque eu o vi e o produzi com frequência, mesmo à luz do dia. A lei em virtude da qual essa faculdade existe, confesso que a ignoro completamente; mas sei perfeitamente o que impede sua manifestação em certos casos, pois também me aconteceu de nem sempre conseguir, e eis sua explicação.

Quando eu agia com um sonâmbulo, em silêncio e concentrado, e que não tinha perto de mim senão pessoas inofensivas que ignoravam o que ia se produzir, ou que o esperavam, sem suspeitar de minhas intenções, eu estava calmo e tranquilo; a ação do meu ser sobre o sonâmbulo era regular quase como a de uma máquina física; e o que se passava dentro do sonâmbulo também era regular. A natureza, então, se manifestava sem imposição, e os fenômenos resultantes tinham um caráter particular e quase sempre satisfatório. Mas era diferente quando meu desejo de fazer participar pessoas que duvidavam dos meus relatos fazia com que eu as admitisse em minhas experiências. Logo essas pessoas agiam sobre mim por meio de suas dúvidas expressas, com frequência, por palavras mordazes ou risos amargos. Imediatamente, eu deixava de estar calmo e tranquilo, minha mente entrava em estado de agitação extrema; meu coração batia com violência, e era nessa disposição física e moralmente desfavorável que era obrigado a justificar minhas asserções. Eu deveria ter admitido que não podia mais, mas o orgulho impedia que eu ouvisse a voz da razão. O que acontecia então? O ser que eu magnetizava e que não tinha qualquer motivo para estar perturbado, pois quase sempre ignorava o que devia acontecer durante seu sono, não mais adormecia da mesma forma; suas faces se coloriam, seu coração batia como o meu e, embora entrasse no estado sonambúlico, logo eu percebia que não era mais o estado regular de seus sonos anteriores, e que meu estado de agitação e de perturbação desenvolvera nele a mesma superexcitação; e era nessa disposição contrária que eu o apressava a obedecer, que lhe pedia que me desse provas de sua visão. Ele consentia, na verdade, com dificuldade (pois fora advertido de que mudanças se haviam operado nele), mas, enfim, ele consentia; e logo obtínhamos a prova que sua lucidez não mais existia, e que todas as suas previsões eram inexatas. Esses fracassos, colocando-me fora de mim, só serviam para acrescer as dificuldades que já existiam, e tornavam as experiências negativas. Várias lições desse gênero ensinaram-me, finalmente, e tive a certeza de que descobrira a causa da falta de êxito dessas experiências, quando, repetindo-as diante dos mesmos homens, decidi--me a não me deixar influenciar pelos olhares zombeteiros. A água, por mais transparente que seja quando está calma e tranquila, não mais reflete os objetos quando está agitada; da mesma forma, o espelho, embaçado por um leve sopro, deixa de ser fiel. Se deixardes correntes úmidas penetrarem perto de uma máquina elétrica, por mais que gireis a manivela, não obtereis eletricidade. Tendo cessado esses acidentes passageiros, a ordem retomou seu curso; mas aqueles que só perceberam a desordem vos acusam de mentir e acrescentam vosso nome à lista de todos os charlatães.

O que fazer, então, nessas circunstâncias? Queixar-nos dos homens que nos forçam a baixar a cabeça sob seus julgamentos precipitados, esperarmos que o tempo nos dê ganho de causa, pois, quando os homens negam um fato provado pela natureza, é bem certo que esta acabará, cedo ou tarde, por ter razão.

Eis um fato de visão, sem o auxílio dos olhos, atestado por homens instruídos, e que naturalmente encontra seu lugar aqui. Nós o escolhemos entre cem outros, pois aqueles que o observaram estão vivos e ocupam, hoje, um lugar de destaque na Faculdade de Medicina de Paris. Extraí esse fato do Dicionário de Medicina, impresso em Paris em 1827, artigo *Magnetismo*.

Depois de ter falado das faculdades sonambúlicas em geral, o senhor Rostam, professor da Faculdade, assim se exprime:

> Mas se a visão for abolida em seu sentido natural, foi totalmente demonstrado por mim que ela existe em várias partes do corpo. Segue uma experiência que repeti com frequência; ela foi realizada em presença do senhor Ferrus. Peguei meu relógio, colocando-o a três ou quatro polegadas atrás do occipício; perguntei à sonâmbula se ela enxergava alguma coisa: "Certamente, vejo alguma coisa que brilha e isso me incomoda". Sua fisionomia exprimia dor; a nossa devia exprimir surpresa; olhamo-nos, e o senhor Ferrus, rompendo o silêncio, disse-me que, já que ela via

algo brilhar, diria certamente o que era. – O que vedes brilhar? – *Ah! Eu não sei, não posso dizer-vos.* – Olhai bem! – *Esperai... isso me cansa... Esperai... é um relógio.* Mais um motivo de surpresa. Mas se ela vê que é um relógio – diz ainda o senhor Ferrus – com certeza verá que horas são. – Podereis dizer que horas são? – *Oh, não! É muito difícil.* – Prestai atenção, procurai bem. – *Esperai... eu vou tentar... talvez eu diga a hora, mas jamais poderei ver os minutos.* Após ter procurado com a maior atenção: – *São dez para as oito.* Era exato. O próprio senhor Ferrus quis repetir a experiência e repetiu-a com o mesmo sucesso. Fez-me girar várias vezes os ponteiros do seu relógio; apresentamo-lo a ela sem tê-lo olhado, e ela não se enganou.

Um dia, será vergonhoso lermos tudo o que acumularam de sofismas para provar que o homem não age sobre seu semelhante, ao passo que é reconhecido que duas moléculas têm essa propriedade.

"Explicai-nos como se opera a lucidez, e acreditaremos em sua possibilidade", dizem os antagonistas do magnetismo, como se eles próprios pudessem explicar todos os fenômenos da natureza. Que então eles nos digam como o ópio faz dormir, como movem seus braços. Infelizmente, como eles próprios admitem, sabem infinitamente poucas coisas, e contestam um fato novo porque esse fato não entra na sua mente. Eles nos gritam: "O olho foi feito para ver, o ouvido para ouvir". Nós o sabemos tanto quanto eles, mas sabemos também que tanto o ouvido quanto o olho são apenas instrumentos, e que *o princípio que vê e ouve* não é o próprio órgão. Que esse princípio não possa se transportar para qualquer outra parte do corpo é uma opinião desmentida pelos fatos produzidos por causas diferentes do magnetismo animal. A catalepsia e o êxtase, observados por tantos médicos hábeis, oferecem a prova mais completa e mais evidente da transposição dos sentidos. Negar todos esses testemunhos, é ser bem ousado, é fazer presumir que se possui um grande gênio, e, nesse caso, deve-se conceder o direito de pedir as provas.

Antes que as leis da gravidade tivessem sido descobertas por Newton, quando os cientistas escreviam sobre a configuração da Terra, alguns sustentavam que ela era perfeitamente redonda, outros, plana. Uma boa parte procurava provar que ela era imóvel e que não havia antípodas, porque, *se houvesse, eles deviam ter, necessariamente, a cabeça embaixo; o que era ridículo pensar.* Sabemos o que aconteceu com todas essas opiniões. É a mesma coisa no que se refere à visão sem o auxílio dos olhos. Devemos esperar que o mistério que acompanha esses fenômenos logo deixe de existir. Mas a lucidez sonambúlica é apenas um dos fatos do magnetismo; há milhares de outros que seus adversários esquecem; e, contudo, esses fatos são tão interessantes e talvez mais úteis para serem estudados. Seria necessário, aqui, um tratado para que fossem conhecidos, e devo manter-me nos limites de um artigo de jornal. Sou, portanto, forçado a me ater a um só: *o magnetismo age fortemente sobre todas as afecções nervosas*, e torna possível a cura de algumas enfermidades que toda a arte da medicina não conseguiria curar. Eis o que se deveria verificar primeiramente; mas parece que para os nossos adversários esse é o lado menos importante. Para mim, que sempre preferi a vida dos meus semelhantes às experiências de curiosidade inútil, é sob o ponto de vista de sua utilidade, sobretudo, que estudei e considerei o magnetismo e é como meio de tratamento, como agente terapêutico que sempre o empreguei. Se, por vezes, prestei-me a experiências que me solicitaram, sempre tive oportunidade de me arrepender: pois, nesses casos, os doentes sobre os quais eu agia estavam, depois das experiências, com uma saúde pior do que antes, e seu restabelecimento foi retardado. Será necessário, cedo ou tarde, examinar seriamente o magnetismo; mas é lamentável que aqueles que deveriam ser os primeiros a ser instruídos sobre os seus resultados sejam os últimos a conhecê-los. Verá a Inglaterra seus cientistas negligenciarem esse estudo? Nossos apelos serão desprezados? As pessoas continuarão a jogar sobre nós as suspeitas de charlatanice, de hipocrisia e classificarão por muito tempo ainda os fatos que produzimos nos anais das *fraudes voluntárias e premedita-*

das?... A oposição dos atuais cientistas poderia nos fazer acreditar nisso. Mas a verdade penetrará nas massas, aí chegará apesar de toda resistência: pois, ainda uma vez, o magnetismo é uma verdade física, não pode deixar de triunfar sobre todos os inimigos encarniçados contra ele. Haverá desordens, abusos; será preciso, então, procurar aquilo que tiverem recusado a aprender; será necessário conhecer bem um fato do qual podemos ser as vítimas. Mas será tarde demais: o magnetismo não é todas as outras ciências; traz com ele novas crenças morais, e tereis sido, por vossa obstinação ou vossa má vontade, a causa de males terríveis, que jamais poderão ser extirpados das nações. Sereis amaldiçoados, pois é do alto que a luz deve descer: *são os superiores que devem iluminar os inferiores*, para me servir de uma figura da antiga filosofia. Que lancem quanto quiserem escritos contra o magnetismo e contra seus resultados; estejais certos de que eles não impedirão, absolutamente, a produção da verdade. As obras dos Dubois (de Amiens), dos Bouillaud, dos Virey serão colocadas ao lado das obras de trinta outros antagonistas do magnetismo; e todas essas obras-primas irão encontrar os *sublimes* tratados que nos deixaram os *sublimes* gênios que quiseram provar aos seus contemporâneos que a Terra não girava e que o sangue não circulava.

Que me seja permitido, ao terminar esta carta, de expressar um desgosto, ou seja, o de ver tantos homens sábios entregarem-se às denegações, no lugar de aprofundarem uma ciência que oferece um campo tão vasto às suas observações. Que se dignem, então, a experimentar um poder que têm em si mesmos, e aceitarem a oferta que lhes faço de traçar suas regras. Então, sua discussão tornar-se-á útil e a humanidade irá agradecê-los-á por isso, pois terão servido a iluminar sua marcha.

Barão du Potet
Londres, 20 de dezembro de 1838.

* * *

Minha perseverança foi útil. Os jornais se calaram, pois são condenados a sempre oferecer o novo aos seus leitores. Quando não o possuem, é preciso que o fabriquem, e esse pasto sofisticado assemelha-se bastante aos alimentos preparados nos tempos de penúria, que são feitos apenas para encher os estômagos e não para alimentar os corpos. Minhas experiências, desnaturadas pelos jornalistas, haviam, durante algum tempo, divertido os leitores, sem esclarecer sua razão; isso devia ter um fim, e esse fim logo chegou.

Os relatos de algumas pessoas muito distintas, que haviam assistido às minhas experiências de Middlesex e de North-London Hospital, as boas recomendações do lorde Stanhope e, talvez, também a leitura de minha memória, haviam produzido uma verdadeira reação em meu favor. A imprensa estava tão ocupada comigo que, certamente a contragosto, me tornara uma verdadeira celebridade; e em Londres, quando se começa atrair as atenções, a multidão acorre, aumenta e logo é o furor.

De todos os lugares as pessoas acorriam à minha casa. Embaixadores, condes e marqueses, príncipes, duques, eu tinha a insígnia de honra de ver minha sala, todos os dias, cheia pelas celebridades dos três reinos; minha casa era o encontro da *fashion*. Não ter visto o que lá se passava, não poder repetir algumas cenas, era a última das negligências: não se podia mais fazer parte da moda.[6]

Os médicos ambicionavam, então, o favor de assistir às minhas sessões. A curiosidade os impelia à minha casa, pois eu anunciava um meio de curar as doenças pela produção de fenômenos estranhos. A corte ia assistir às minhas demonstrações; meus antagonistas, então, temendo que eu lhes roubasse sua rica presa, tornavam-se quase meus amigos, pois o grande pri-

---

6 Em 08 de janeiro de 1837, assistiam às minhas experiências as seguintes personalidades, cujos nomes cito abaixo:
Senhorita de Este, princesa de sangue real, Marquesa de Salisbury, Lorde Eliot, Lorde Cantelupe, Sir Henry Harding, Lorde Ingestrie e sua esposa, Senhor Dawson Damer e sua esposa, Senhor Seymour, Lorde Harry Vave, Lady Granville Somerset Lorde Canning, Bispo de Salisbury, Doutor Kent, Sir Walter James, Lorde Claude Hamilton, Conde de Aberdeen, Conde de Haddington, Barão Tnyl, Barão de Cetto, ministro da Baviera, Lorde Dacre, Lorde Dynevor, Conde de Tankerville, Coronel Armstrong, Senhor Luttrell, Lorde Durham, Lorde Monson, Bispo de Exeter, Lorde Castlereagh, M. P., Lorde Redesdale, Senhor Morier, Senhor Williams Holmes, Doutor Forbes, Lorde Foley, Marquesa de Clanricarde, Lorde Denngastrie, Doutor Scudamore, Lorde Maidelone, M. P., Senhor Fazakerly, M. P., Lorde Alounley, Lorde Leveson, M. P., Senhor Wall, M. P., Lorde Sandon, M. P., Doutor Cook.

vilégio de que eu gozava junto do mundo importante dava-me uma espécie de poder que me tornava temível aos seus olhos.

Boa gente, tranquilizai-vos: não estais vendo, então, que esse privilégio era apenas devido às distrações que eu oferecia aos ociosos? Pensais que eles se dariam ao trabalho de examinar e aprofundar uma ciência que demanda algum esforço da mente? OS HOMENS DE LAZER QUEREM SE DIVERTIR E NÃO SE ESCLARECER. Aquela rica aristocracia nada diminuirá do tributo que vos paga todos os dias; acostumada com vossos remédios, não temeis; nada termina tão dificilmente como os velhos hábitos. Vossas farmácias conservarão seu esplendor; neste país ainda será necessário um século para que vossos envenenamentos sejam constatados.

Sim, eu podia dizer às personalidades célebres que não pudestes deixar de vir à minha casa. Vossos médicos têm uma boa medicina para eles, pois ela os enriquece; porém essa medicina não é feita para os doentes. Vide, longe de diminuir seus males, ela os agrava, ao contrário. A mão de um amigo é preferível às complexas composições da medicina; não colocai sofisticação em uma lâmpada prestes a se apagar, pois não podereis reacendê-la; mas dai um pouco da vossa vida, e essa lâmpada humana iluminará ainda por um tempo.

Médicos, não tereis, então, nenhuma piedade da tolice humana? Então, é pouco importante aos vossos olhos que os males aumentem e se perpetuem, contanto que estejais à vontade nessa atmosfera de dores? Voltai, pois, aos sentimentos menos egoístas, e se não quereis ser os dispensadores da verdade que eu trago, cessai, pois, ao menos de ser seus opressores.

Eu sabia que as provas que incessantemente dava do magnetismo eram atenuadas pelas argumentações de meus adversários quando eu não mais estava lá para combatê-las; mas para readquirir a vantagem que assim me faziam perder e destruir seus argumentos, preparei-me para agir em novas condições, que vou revelar:

**Experiências feitas com homens gozando
de boa saúde e de incredulidade confessada**
Minhas experiências com doentes, embora desenvolvendo fenômenos físicos extremamente curiosos, não convenciam o

suficiente para ganhar a opinião pública e desfazer qualquer suspeita sobre a realidade dos fatos que eu produzia. Vários médicos pensavam e diziam que esses doentes podiam ser comprados a preço de ouro e prestar-se a representar um papel infame, mas que devia servir a me fazer adquirir reputação. Soube engolir as dores que me causavam essas suspeitas, esperando que tivessem um termo e que um dia me fariam justiça. Mas para antecipar esse momento, comecei a fazer experiências públicas com pessoas da sociedade, com homens conhecidos, sobre os quais não poderiam ser lançadas suspeitas de cumplicidade. Tinha um duplo objetivo ao agir assim: convencer de que o magnetismo é uma força física que age tanto sobre as pessoas com boa saúde quanto sobre as doentes e provar que a incredulidade ou a dúvida não impede absolutamente sua ação.

Minhas primeiras experiências foram feitas no North-London Hospital com alguns estudantes e desenvolveram efeitos sensíveis, mas pouco importantes, exceto, porém, em um jovem médico chamado Hunter, que sentiu efeitos extremamente curiosos. Não citarei pormenores dessas experiências, porque meu intuito é falar de fatos de uma notoriedade mais geral.

No momento em que minhas experiências começaram a fazer sensação, trouxeram à minha casa muitas personalidades célebres, sendo que algumas delas me provocaram e me desafiaram a magnetizá-las, dizendo-me: "Convencei-nos e todo o mundo acreditará".

Primeiramente foi lorde Dengastrie que, embora dotado de uma grande força física, teve que ceder a uma força que, com frequência, se exerce sobre a resistência que lhe é oposta. Magnetizado pela primeira vez de muito perto, sentiu pouca coisa. No dia seguinte, os fenômenos foram mais marcados; aproximadamente a vinte passos de distância, ele era obrigado a se inclinar a um sinal de minha mão e permanecer curvado tanto tempo quanto eu quisesse. Nessa posição, quando eu girava ao seu redor, a alguns passos de distância, ele seguia meus movimentos girando sobre si mesmo, mas não podendo se endireitar senão quando eu tivesse consentido. Também seus olhos se fechavam a uma grande distância de mim, quando dirigia meus dedos em sua direção. Uma extrema agitação também se manifestava quando eu dirigia as mãos para seus pés.

Um efeito mais surpreendente do magnetismo ocorreu com o coronel da guarda da rainha, Achberman. Magnetizado diante de grande número de pessoas da corte, logo experimentou sensações singulares. Sua face tornou-se vermelha e animada; seus olhos pareciam sair das órbitas; e logo, dando sinais da mais viva cólera, pulou de sua cadeira, parecendo procurar com os olhos no meio da multidão a pessoa que devia ser a vítima do seu furor. Seria impossível aqui descrever a cena. Todas as pessoas que foram testemunhas encheram-se de pavor; várias delas, até, aterrorizadas, deixaram a sala precipitadamente, tanto que o medo de um perigo tomara a plateia. Os olhares do magnetizado tinham, então, algo de tão terrível que ninguém ousou enfrentá-los. Com certeza, nenhum dos assistentes poderia ter acreditado naquele instante que sinais da minha mão acalmariam aquela tempestade moral como eles haviam-na originado. Sem dúvida, também, eles exageravam os perigos do magnetismo; e até os homens que, antes daquela experiência, riam de mim e dos procedimentos que eu empregava, não teriam gostado, naquele momento, que eu testasse neles sua eficácia.

E como as pessoas podem desejar que os fenômenos que nascem em semelhantes circunstâncias não tenham um aspecto terrível? Provocais, com vossos desdéns e vossas dúvidas injuriosas aquele que, certo da verdade, vos diz que a calma do espírito é necessária para que a ação seja regular e salutar. Questionais sua probidade e suas declarações, e fazeis nele nascer um estado passional e colérico. Ele deseja, pois, apenas uma coisa: *vencer* e provar-vos sua vitória anulando vossas forças.

Os que estavam presentes e que me viram magnetizar o coronel guardarão para sempre sua lembrança; lembrar-se-ão de que, se meu poder tivesse por um instante diminuído, se eu não tivesse sido iniciado profundamente em alguns dos segredos do magnetismo, poderia ter comprometido a vida ou, pelo menos, a saúde daquele que se submetera às minhas experiências, ao passo que, na ocasião, tudo ocorreu bem. A razão do magnetizado voltou gradualmente, e ao cabo de uma hora, não lhe restava mais do que um abalo do sistema nervoso, uma vaga inquietação que, entretanto, durou vários dias. Quando o senhor

Achberman foi me ver, estava bem longe de estar tranquilo em minha casa; notávamos em toda a sua pessoa uma perturbação singular e o temor de se submeter a uma nova tentativa dominava seu desejo de ser novamente magnetizado.[7] Era com grande repugnância que eu fazia esse tipo de experiências, pois o magnetismo, de acordo com minha convicção, só devia ser empregado em doentes, para reparar as desordens ocasionadas por suas doenças, e não em homens sadios. Mas como resistir às provocações que se repetem vinte vezes por dia? Como fazer entender a linguagem da verdade aos homens que rejeitavam qualquer explicação preliminar, aos curiosos que queriam, antes de tudo, ver os fatos se produzirem? Uma vez nessa via, tive que continuar a segui-la. Não era o meio de provar a ação curativa do magnetismo; mas dessa maneira eu ganhava adeptos à sua causa, e, ao mesmo tempo, destruía os argumentos dos antagonistas de tal ciência, pois, segundo eles, *o pretenso magnetismo age apenas em pessoas fracas e nervosas dispostas, por seu organismo, a impressões provenientes de causas imaginárias;* os homens fortes e robustos, consequentemente, nada deviam sentir.

Continuei, então, minhas experiências e logo novos fatos foram observados em homens que se submetiam aos meus testes. Um deles, lorde Jousselin, após alguns passes feitos diante dele, levantou-se e pediu-me que parasse minha ação, pois sufocamentos se manifestaram e o incômodo que sentia levava-o a temer uma suspensão da respiração. Entretanto, meu adversário tinha, no mínimo, seis pés de altura e parecia dotado de uma força física bem superior à minha. Lorde Cantelupe, em alguns minutos, ficou sonolento e declarou que se eu tivesse continuado a magnetizá-lo, teria adormecido completamente. Lorde Grey sentiu os mesmos efeitos.

Deixo de citar aqui muitas outras experiências realizadas com pessoas que declararam publicamente ter sentido efeitos. Como esses efeitos não eram muito aparentes para as pessoas que serviam de testemunhas, podia-se acreditar que a imaginação teve aí o seu papel. Mas fiz sentir, com muita violência, minha influência em um membro da Câmara dos Comuns, o

---

7 Soube, posteriormente, que ele próprio obtivera efeitos semelhantes em um dos seus amigos, diante de grande número de incrédulos.

senhor Milne que, rindo, me provocara, e que voltara duas vezes para se submeter ao magnetismo. Tive que interromper minha experiência depois de dois minutos, pois, a palidez de seu rosto e o estado de sua respiração não permitiam seu prosseguimento. Ele declarou que a voz lhe faltara quando quis falar para pedir-me para parar.

Outro membro do parlamento, o senhor M., foi com seu médico assistir às minhas experiências, e pediu-me para testar minha ação nele, em presença de seu médico. Concordei e, logo, ele manifestou sufocamento e uma necessidade irresistível de andar. A seguir, foi tomado por uma risada convulsiva e esse estado nervoso durou quase meia hora. Alguns dias depois, tive a oportunidade de magnetizá-lo novamente, e a sensibilidade ainda foi muito maior. A dez passos de distância, eu fechava-lhe os olhos sem que ele pudesse abri-los; quando eu continuava a dirigir as mãos em sua direção, a cabeça se inclinava contra sua vontade, e quando, com esforços de vontade conseguia erguê-la, rapidamente ela voltava a cair sobre o peito. O mesmo efeito magnético ocorreu quando o magnetizei de pé, estando eu a cinco ou seis passos dele, atrás de uma porta que impedia que eu fosse visto. Nessa posição, ele era arrastado, involuntariamente, em minha direção, e se aproximava do local onde eu estava.

Desenvolvi, ainda, fenômenos muito notáveis no jovem príncipe russo, Gagarin, que foi à minha casa com cinco amigos, entre os quais o seu médico. Três deles se submeteram às minhas experiências, e sentiram os menos contestáveis efeitos.

Certamente, serei criticado por não ter obtido êxito com todos os que magnetizei; certamente, confesso, muitas tentativas não obtiveram resultados. Mas quem não sabe que a melhor vacina não produz efeito em todas as pessoas que são inoculadas? Quem não sabe que a mesma quantidade de licor alcoólico, tomada na mesma dose por certa quantidade de homens, só produz embriaguez em alguns? Quem, pois, ignora, que até a mais forte dose de ópio nem sempre causa o sono? Seria possível dizer, por isso, que o vinho não embriaga, que o ópio não produz o sono ou, então, que o maná não é purgativo porque certos estômagos o digerem? Parece que na questão do magnetismo muitos homens tenham feito abnegação de sua razão, e que para eles seja uma opinião preconcebida rejeitar essa nova verdade sem querer examinar os fatos que lhe servem de apoio.

Essa digressão afastou-me um pouco do meu assunto; mas ela não é inútil, pois leva-me à conclusão de que o homem com boa saúde é tão sensível ao magnetismo como o homem doente: no primeiro, a saúde pode ser alterada, um instante, pela aplicação do novo agente, e no segundo, o equilíbrio pode ser restabelecido por uma sequência de operações mesmerianas, quando tiver sido perturbado por uma doença.

Devo acrescentar que, embora o magnetismo nem sempre desenvolva efeitos visíveis, sua ação não deixa de ocorrer em todos os magnetizados. Essa ação é então comparável àquela que resulta da ingestão de agentes químicos e físicos que citamos acima; apesar de não terem fenômenos aparentes, também ocasionaram incontestáveis modificações.

Ainda não citei testemunhas para provar os fatos que acabo de relatar. Eles tiveram tão grande publicidade, tantas pessoas eminentes viram-nos ocorrer, que nenhuma das minhas asserções poderia ser desmentida. Poderia acrescentar aqui uma lista de outras experiências, realizadas com grande sucesso em rapazes fortes e robustos, que não acreditavam no magnetismo; mas encerrarei com um último fato desse gênero, visto por mais de cem pessoas que poderiam atestá-lo.

Em maio de 1838, recebi uma carta da senhora Merianne Campbell, perguntando-me se eu consentiria em magnetizar algumas pessoas do seu rol de conhecimentos, em uma sessão que seria realizada em minha casa. Concordei com prazer. No dia combinado, cerca de quinze ou vinte pessoas foram ao encontro. O senhor Barke, um dos convidados, quis ser magnetizado. Garantiu-me que eu não produziria nenhum efeito sobre ele, porque não acreditava no magnetismo. Contudo, comecei, e após alguns minutos pude perceber que ele era muito sensível à minha ação. Deixei, imediatamente, de magnetizá-lo de perto; coloquei-o a aproximadamente doze passos de mim e, nessa distância, nós dois permanecemos de pé, encarando-nos. Logo sua atitude mudou completamente; sua cabeça tombou para trás, seus braços ficaram rígidos e convulsionados. Levantava--se sobre a ponta dos pés e nessa posição balançava-se como um homem em estado de embriaguez. Depois, forçado a avançar em minha direção, dava um passo para frente, e no mesmo instante, era obrigado a elevar-se novamente sobre a ponta dos pés para esquivar-se, com um esforço de resistência, da atração poderosa que agia sobre ele; porém, vãos esforços, ele apenas retardava, por um instante, o momento de sua chegada ao local que minha vontade lhe havia indicado. Finalmente, ele chegou e apenas com um sinal da minha mão, curvou-se para frente como um homem que faz uma profunda saudação. Então, estendi minha mão sobre o tapete, e seu corpo foi atraído para ela com tanta violência, que caiu como uma massa inerte. Levantaram-no e ele só tinha uma lembrança muito imperfeita de tudo o que acontecera.

Tais fatos extraordinários foram repetidos por pessoas que compareceram àquela reunião. Encontraram muitos incrédulos e, talvez, o próprio senhor Barke. A senhora Campbell solicitou-me, novamente, para magnetizar aquele que nos oferecera fatos tão curiosos. A quantidade de pessoas admitidas naquela sessão elevou-se, no mínimo, a sessenta e, entre elas, pessoas da mais alta distinção, como lorde Nugent, marquês de Sligot etc. Comecei a magnetizar o senhor Barke; ambos estávamos postados em linha reta e a doze passos, aproximadamente, de distância. Os efeitos foram quase os mesmos ocorridos na sessão precedente; apenas, talvez, foram um pouco mais difíceis de serem obtidos. Entretanto, ele avançou, seguindo o impulso de minha vontade, e foi passar entre duas poltronas que estavam à minha frente e perto de mim. Aproximando-se de mim, forcei-o, sem tocá-lo, a inclinar-se e logo, dando mais força à minha vontade, fi-lo cair no chão com tanta violência que suas roupas foram rasgadas na queda. Várias pessoas ficaram muito assustadas, temendo que ele estivesse muito machucado, mas, como da primeira vez, levantaram-no e quando lhe contaram o que lhe tinha acontecido, ele não quis acreditar.

Repito aqui que eu, absolutamente, não conhecia aquele rapaz, que nunca conversara com ele, e que dessa forma não podia ter agido sobre sua mente; aliás, ele declarava em alta voz que não acreditava no magnetismo.

Seria impossível descrever as sensações de todas as pessoas

que assistiram a essas duas sessões. Teria sido desejável que todos os incrédulos fossem testemunhas de efeitos tão convincentes, talvez, enfim, teriam eles se rendido à evidência. Mas estou enganado, os que não haviam conhecido pessoalmente o senhor Barke poderiam ter acreditado que era meu comparsa e que era um jogo combinado previamente. Infelizmente, eu os desculpo, pois eles não são mais condenáveis que os ilustríssimos membros da antiga Faculdade de Paris, que diziam a respeito da inoculação que os *inoculados eram tolos e imbecis e os inoculadores patifes e desonestos*.

Cada época tem seus homens retrógrados; toda nova descoberta ofende-os e fere sua visão; é preciso lamentá-los porque sua resistência à verdade impede-os de usufrui-la.

* * *

Para magnetizar meus doentes, alinhava-os em linha reta, em duas filas; por vezes sete ou oito eram assim colocados uns ao lado dos outros, e postando-me à frente, a alguns pés do primeiro doente, dirigia a mão à altura de sua cabeça e permanecia nessa posição até que eu visse que um deles sentira a ação magnética. Então, aproximando-me de cada um deles, eu o magnetizava sem que mudasse de lugar e eu recomeçava assim até que me certificasse de que todos estavam magnetizados suficientemente. Dezesseis enfermos exigiam de mim duas horas e meia. Essa magnetização tinha uma vantagem: mantinha os enfermos em um estado magnético mais suave do que aquele resultante de uma aplicação direta do magnetismo e foi esse método que empreguei com tanto sucesso em Montpellier. Acontecia-me, com frequência, para surpreender os que não conheciam o magnetismo, escolher os magnetizados mais sensíveis e colocá-los na mesma linha e de pé. Logo que eu quisesse, todos eram influenciados ao mesmo tempo; uns caiam em suas poltronas, outros permaneciam imóveis como se estivessem imobilizados pelo pavor, outros, enfim, entravam no mais profundo estado de sonambulismo. Os espectadores ficavam estupefatos por não descobrirem algo que pudesse explicar os efeitos terríveis e curiosos dos quais eram testemunhas.

Algumas vezes eu fazia manterem de pé certos doentes, e pedia a algumas pessoas para darem-lhes o braço. A seguir, mantendo-me a uma grande distância, dirigia minha ação sobre o doente que logo se tornava um incômodo para os que o seguravam, pois ele obedecia às leis da gravidade como um cadáver o teria feito, e a cada instante, ameaçava cair. Em certos casos, percebi que o magnetismo atingia também a pessoa posta em comunicação com o magnetizado e produzia umas espécies de choques elétricos. Em outras circunstâncias, magnetizei meus enfermos por meio de pessoas em boa forma, e estas ficavam, às vezes, tão impressionados quanto o doente.

Certo dia, o doutor Lardner, professor da Universidade de Londres, um dos homens mais ilustres da Inglaterra, pediu-me para fazer com ele essa experiência. Para tanto, ele se colocou entre mim e o paciente e logo o senhor Lardner inclinou-se como se fosse cair. Saiu rapidamente daquela direção e disse-nos que experimentara ao longo da coluna vertebral uma sensação semelhante àquela que lhe teria causado uma descarga elétrica. Durante essa experiência, manteve-se de costas para mim, a fim de que sua imaginação não pudesse ser influenciada; por sua vez, o doente sentira os efeitos que ordinariamente sentia.

Na mesma sessão, um cavalheiro que parecia ter almoçado bem, postou-se, sem cerimônias, na linha dos meus doentes, tomando o lugar de um pobre homem indisposto que eu retirara, julgando-o suficientemente magnetizado, e ali simplesmente continuou. Fingi não ter prestado atenção e dirigi sobre ele minha ação magnética. Logo ele foi tão afetado que, por um momento, tive medo que ocorresse algum acidente, mas, felizmente, nada aconteceu. No dia seguinte, esse mesmo cavalheiro (era um jovem oficial muito robusto) foi com vários colegas do mesmo regimento, aos quais haviam contado aquele fato e no qual não queriam crer. Comecei a magnetizá-lo quando ele ainda estava perto dos seus amigos, e foi tomado, quase subitamente, pelos mesmos acidentes da véspera. *Very curious!* – exclamavam, – *very curious!* Mas nem um deles compreendeu a importância de um fato tão extraordinário e nem procurou aprofundá-lo.

A maior parte dos enfermos que cai no sonambulismo oferece, como sabemos, como prova do seu novo estado, o caráter de insensibilidade. Eu o havia dito e repetido, e diante de mim deixei que fizessem experiências concludentes; isso não era suficiente, e todas as vezes que me distraía com uma conversa ou que estava afastado dos doentes de modo a não poder vê-los, era no sonâmbulo que espetavam mais alfinetes na carne e de quem mais cabelos arrancavam. Somente quando estavam acordados é que eu tomava conhecimento do fato, pois, então os magnetizados mostravam-me em seus membros as equimoses resultantes de beliscões prolongados ou ocasionadas por grandes alfinetes cujas picadas próximas umas das outras haviam tatuado a pele, mortificando-a. Algumas vezes, a desumanidade dos visitantes ia até a utilização de uma bengala, cuja ponta eles colocavam sobre um dos pés do sonâmbulo, apoiando-se, com todo o seu peso, sobre a outra extremidade, de modo a esmagar-lhes as carnes. Se eu me queixava dos tratamentos bárbaros dos quais se serviam para adquirir uma convicção, quase zombavam de mim, pois, como me diziam, eram *poor patients*.

Humanidade! Humanidade! Desapareceste da Terra como a virtude da qual eras a irmã!

Uma experiência que, com frequência, eu deixava fazer, pois não oferecia perigo, era a de colocar tabaco muito forte no nariz de uma pessoa adormecida, e esse pó esternutatório somente era sentido quando eu o quisesse; eu só precisava dirigir o dedo ou uma bengala em direção às fossas nasais para que o tabaco surtisse efeito; também fazia cessar essa sensação quando desejasse. – Era quase sempre ao sinal dos assistentes que eu agia, e quando tínhamos certeza de que o tabaco não tinha sido absolutamente sentido. Certo dia, colocaram pimenta extremamente forte no nariz de uma pessoa adormecida; ela não provocou qualquer sensação; mas uma certa quantidade fora levada ao peito pela respiração e, despertada, a doente foi tomada por sufocamentos e por um sentimento de queimação nas fossas nasais e essa dor persistiu por muito tempo. Desde então eu não mais permiti semelhantes experiências, eu temia que um homem *caridoso* algum dia utilizasse o veneno.

Eu podia fazer sentir os odores, colocando algumas gotas sobre a pele da sonâmbula. Quando esse odor era agradável, a magnetizada demonstrava seu prazer por um aspecto particular do seu rosto; podíamos também ver a contrariedade que lhe causava um odor desagradável como o do amoníaco. Quando me acontecia de fazer qualquer barulho, assobiar ou cantar, estando inclinado na direção do epigástrio, a enferma escutava-o e repetia o barulho que acabava de se produzir; se, ao contrário, o barulho estivesse dirigido para suas orelhas, não obtínhamos nenhum sinal de audição.

Entre as doentes que me ofereciam fatos realmente curiosos, devo mencionar Lucy Clarke, epilética, cujo sono era, com frequência, acompanhado de lucidez. Publiquei sua história na *Medical Gazette* de Londres, limitando-a apenas ao relato de fatos físicos e à sua cura, pois os fenômenos curiosos de visão à distância e de previsões poderiam ser rejeitados por não merecerem exame. No entanto, esses fatos eram da maior exatidão.

Certo dia, essa sonâmbula, caindo subitamente em um delírio profético, começou a falar da situação política da França e da Inglaterra, empregando termos tão selecionados e expressando-se com uma facilidade tão grande e com uma elocução tão pura, que todos os assistentes logo passaram da surpresa à dúvida, e da dúvida à indignação. Saíram da minha casa injuriando-me e gritando que tinham sido enganados. Sem dúvida, eu escondera meu jogo, pois aquela moça só se expressava em inglês, língua que eu absolutamente não compreendia, e aquela cena na qual eu representara o papel de mudo, só me foi explicada após seu término. Três pessoas bondosas reproduziram-na para mim em todos os seus detalhes e me fizeram lamentar de não ter podido compreender o que aquela moça dissera.

Assim, os fatos que deveriam ter esclarecido e convencido só serviram para afastar de mim as mentes mais dispostas a acrescentar fé aos fatos ordinários do magnetismo. Porém, algumas vezes, o sonambulismo lança uma luz tão pura e tão viva que a vista dos homens não pode se habituar a vê-la senão por partes; sem isso, corre-se o risco de que ela se lhes torne insuportável.

Eis outro fato também incrível publicado pelos jornais de Londres. Todo mundo acreditou nele porque foi produzido apenas pela natureza. Porém, logo que reconhecerem que aquilo que a natureza faz raramente, a arte consegue também produzir, os magnetizadores serão prontamente reabilitados pela opinião pública. Encontra-se esse fato no *Globe and Traveller* de 18 de agosto de 1837, narrado da seguinte maneira:

>SONÂMBULA INGLESA – Uma menina de sete anos, órfã de pais pobres, morando com um fazendeiro cujo gado ela guardava, dormia em um quarto que era separado apenas por um tabique daquele que ocupava um violinista ambulante. Era um músico muito hábil, que com frequência passava uma parte da noite a executar trechos seletos de uma rara beleza, mas a menina não encontrava nessa música senão um ruído desagradável. Depois de seis meses morando nessa casa, ela adoeceu e foi transportada para a casa de uma senhora caridosa que cuidou dela, e que, quando ela se restabeleceu de sua longa enfermidade, tomou-a ao seu serviço. Alguns anos depois de ter entrado na casa dessa senhora, ouvia-se, no meio da noite, uma música deliciosa no local. A curiosidade de toda a família foi extremamente excitada e as pessoas passavam horas inteiras tentando descobrir o músico invisível. Finalmente, perceberam que os sons partiam do quarto de dormir da empregada, mas encontraram-na profundamente adormecida. No entanto, saía de seus lábios um som totalmente parecido com as mais suaves notas de um pequeno violino. Após espiá-la, declararam que depois de duas horas que estava na cama, ela se agitava e murmurava entredentes; depois proferia sons como aqueles que se produz afinando um violino; enfim, após alguns prelúdios, ela começava os trechos mais difíceis e os executava com muita clareza e precisão, produzindo sons que se assemelhavam perfeitamente às mais finas modulações do violino. Algumas vezes, detinha-se no meio da execução, imitava o som de um instrumento que está sendo afinado, a seguir retomava da maneira mais correta o trecho de onde ela havia parado. Esses paroxismos voltavam em intervalos irregulares, variando de vinte e quatro horas a quinze ou até mesmo vinte dias; eram comumente seguidos de certo grau de febre acompanhada de dores em diversas partes do corpo. Ao término de um ou dois anos, essa música não se limitou à imitação do violino;

várias vezes transformou-se em sons semelhantes aos de um velho piano que a menina ouvia regularmente na casa onde então morava. Um ano mais tarde, começou a falar muito enquanto dormia; parecia que ela estava com outra menina mais moça que ela. Discorria, muitas vezes, com muita facilidade e exatidão sobre uma infinidade de assuntos políticos e religiosos, as notícias do dia, a parte histórica das Escrituras, os homens públicos e, sobretudo, sobre o caráter dos membros da família e de seus visitantes. Nessas conversas, demonstrava um prodigioso discernimento aliado a uma propensão ao sarcasmo e a uma surpreendente aptidão para imitar todos os tipos de personagens. Durante a duração dessa afecção extraordinária que parece ter continuado por dez ou onze anos, essa menina tinha, no estado de vigília, um ar acanhado e a mente singularmente obtusa, embora nada tenham poupado para instrui-la. Em relação à inteligência, ela era muito inferior aos outros empregados da mesma casa, e, principalmente, não possuía nenhum gosto pela música. Não tinha a mínima lembrança do que se passava durante seu sono; mas em suas divagações noturnas, ouviam-na, muitas vezes, queixar-se da sua enfermidade de falar dormindo. Dizia, também, que era muito bom que não fosse obrigada a dormir perto das outras empregadas, pois elas já a atormentavam bastante sem isso.

(ABERCROMBIE. *On the intellectual powers*)

* * *

A jovem Okey, de quem o doutor Elliotson podia tirar um partido bem grande, foi colocada em estado de sonambulismo por mim, quando eu magnetizava no hospital. Foram-me necessárias sete sessões para levá-la a esse estado. Seria necessário um volume inteiro para contar sua história, de tão numerosos e extraordinários que foram os fatos que ela apresentou.

Mary Ambrose, que magnetizei em minha casa, causava um grande espanto e, com frequência, estupor nas pessoas que a viam pela primeira vez submetida ao meu poder.

Tentarei aqui citar alguns dos fatos físicos que seu sono

magnético apresentava. Magnetizada pela primeira vez durante o mês de outubro de 1837, Mary Ambrose sentiu muitos poucos efeitos nos primeiros dias; somente mais tarde que o magnetismo provocou os fenômenos singulares que vou procurar descrever. 1º - Nos primeiros passes feitos diante dela: rigidez dos membros e movimentos convulsivos da cabeça; 2º - Imobilidade das pálpebras; os olhos permaneciam abertos e fixos e os maxilares fortemente cerrados; os masseteres apresentavam uma enorme protuberância, e sua rigidez poderia fazê-los passar por protuberâncias ósseas.

Esse estado singular era acompanhado da rigidez dos braços e, principalmente, das mãos e dedos, cuja tensão era extrema.

Tais fenômenos se modificavam em um instante, quando eu magnetizava a cabeça e, sobretudo, os maxilares, mas logo recuperavam sua aparência, caso eu cuidasse de outro doente.

Fatos extremamente curiosos ofereciam-se à observação quando, dirigindo de longe a força magnética, procurava atrair para mim a enferma e fazê-la andar. Um tremor da cabeça e movimentos irregulares das extremidades anunciavam que ela estava impressionada por minha ação, e que seu corpo ia obedecer a um poder que sua vontade não podia neutralizar. Com efeito, levantou-se aos poucos, permanecendo com o tronco curvado; movimentos oscilatórios da direita para a esquerda podiam fazer-nos temer, por um momento, que ela caísse; mas mantida e atraída por uma forte atração, avançava deslizando sobre o tapete e caminhava em minha direção. Quando eu deixava de atraí-la, permanecia imóvel; mas se eu mudasse de lugar, seu corpo inclinava-se para o lado em que dirigia meus passos. Um fato notável foi que, naquele momento, ela parecia fixada no chão, e tornava-se muito difícil tirá-la dessa posição.

Durante todo esse tempo, suas pálpebras não se abaixaram, seus olhos permaneceram imóveis; seus dedos rígidos, como se fossem os de uma estátua. Só se dobravam com o emprego de uma forte pressão, e voltavam imediatamente à posição em que o magnetismo lhes colocara.

Não era muito fácil fazer cessar esse singular estado. O magnetismo, dirigido para o plexo, aumentava aquela espécie de perturbação; os passes feitos à raiz do nariz, que ordinariamente fazem cessar o sonambulismo, não alcançavam seu objetivo; mas quando magnetizávamos as vértebras cervicais, soprando levemente a uma pequena distância, então os efeitos de rigidez e de tensão dos membros enfraqueciam-se gradativamente; a enferma levantava-se de sua cadeira, andava sem saber para onde ia, e logo se apoiava nas paredes. Nessa posição, se outros doentes estivessem adormecidos, ela tendia a se aproximar deles, e muitas vezes, para impedi-lo, eu era obrigado a empregar a violência ou a conduzi-la para o cômodo vizinho. Ali, começava a retomar seus sentidos; seus olhos tornavam-se sensíveis à luz, e ela esfregava-os por muito tempo, mas maquinalmente, pois as ideias e a palavra ainda não haviam completamente voltado. Bem longe de ser dolorosamente afetada por efeitos tão bizarros que produziam uma aparência de tortura, a enferma não acusava senão leves dores nos músculos do pescoço; e logo seu rosto, tendo perdido toda a rigidez, deixava transparecer um sentimento de alegria indefinível; seu olhar tinha algo de gracioso e doce que não possuía antes da magnetização.

A aplicação do magnetismo, repetida com frequência, fez desaparecer a terrível doença epilética da qual era portadora; um único acesso ocorreu durante os primeiros oito dias de tratamento.

A magreza dessa paciente desapareceu gradativamente; uma cor acinzentada, espalhada pela pele, também desapareceu e ela pôde retomar seu trabalho. A medicina comum não pudera atingir essa cruel enfermidade; muitos remédios haviam sido empregados sem nenhum sucesso; ao contrário, o agravamento fazia-se notar. O que fiz, então, para curá-la? Aqui o mistério não pode ser revelado completamente, pois o trabalho operado pela natureza me é desconhecido. O que se passou na circulação dos fluidos não foi percebido e não podia sê-lo. Esse sucesso indicou que era com o magnetismo que se devia combater essa doença, e não com remédios. Esse exemplo poderá servir, sem dúvida, a alguns doentes que perdem seu tempo e gastam o resto de suas forças à procura de uma cura que só pode ocorrer com o meio que empregamos.

* * *

A rainha tinha a bondade de se informar sobre meus sucessos. Suas damas de honra e lorde Stanhope encarregavam-se de mantê-la ao corrente. Se eu tivesse sido admitido em presença de tão augusta pessoa, ter-lhe-ia dito:

Mostrai-vos esclarecida e generosa, protegei o homem que traz ao vosso império uma grande verdade que, bem conhecida, pode elevar vosso povo acima dos outros povos do mundo; que por vossas ordens, seja consagrado um monumento ao ensino da nova ciência. E logo, poderosa rainha, os homens reconhecidos do que tiverdes feito para sua felicidade, erigir-vos-ão altares.

Apoiando meu discurso na produção imediata das maravilhas, cujos relatos ela ouvira, certamente tê-la-ia convencido da importância e da grandeza da verdade tão estupidamente rejeitada pelos homens da ciência.

Os acontecimentos ordenaram que não fosse assim. Um médico, o doutor Elliotson, realizando experiências que tiveram resultados negativos porque conhecia pouco o magnetismo, veio lançar algumas dúvidas na mente dos homens mais bem dispostos, e suspender por um tempo a realização de grandes projetos que já haviam concebido.

Eu tinha que responder pelas faltas de um magnetizador imprudente que, partindo imediatamente após tê-las cometido, parecia ter me deixado a responsabilidade pelos seus atos. – Imputaram-me injustamente seus insucessos. Confundindo o mestre e o aluno, este último, ao cair, devia derrubar o outro. Era assim que pensavam as pessoas nas oficinas onde se elaboravam as diatribes contra o magnetismo.

Naquela época, percebi claramente que minha vida devia se consumir para abrir o caminho da fortuna a alguns homens não aptos a merecê-la. Por um instante, fui tomado pelo desgosto, e encarando minha missão como terminada naquele país, decidi partir. Da mesma forma, fisicamente, minha vida não era suportável. Desde minha chegada, eu não tivera um minuto de descanso; o clima estava longe de me ser favorável, e finalmente, a recompensa para tantas dificuldades não era proporcional às despesas que fora obrigado a fazer na Inglaterra.

Passei cerca vinte meses naquele país. Os seis primeiros foram empregados, sem nenhum sucesso, em chamar os homens eruditos ao estudo do magnetismo. Então, mudei de sistema a seu respeito, desprezando sua aprovação. Então, mais de quatrocentos antagonistas meus acorreram para testemunharem os fatos que eu me oferecera para mostrar-lhes longe do público. Mas minhas atenções, até meus cuidados eram dirigidos preferencialmente aos homens que me confessavam francamente sua incredulidade e o desejo que sentiam de serem convencidos.

Dez mil pessoas, sem exagero, assistiram, em minha casa, às mais curiosas e mais instrutivas experiências. Todos os dias minha sala estava repleta dos mais ilustres personagens da Inglaterra. Embaixadores de todas as potências lá compareceram.

Se não convenci toda essa massa de visitantes, ao menos preparei os mais rebeldes para verem com menos prevenção os novos magnetizadores e para escutarem mais calmamente os relatos de suas curiosas pesquisas.

Eu fui ajudado por alguém na minha difícil missão? Sim, primeiramente por lorde Stanhope, que me deu muitos bons conselhos e que conseguiu que muitas pessoas distintas fossem à minha casa para se convencerem da existência do magnetismo; mas, sobretudo, por um médico modesto e esclarecido, doutor Edward Harrisson. Foi, verdadeiramente, o único homem de Londres que me prestou um leal e generoso auxílio. Que este amigo, cuja alma é tão elevada, receba minhas justas homenagens! Se a verdade sai triunfante, quero que saibam que ele foi um dos seus mais úteis instrumentos.

Eu devia deixar em Londres uma lembrança de minha passagem, e tentei fazer isso publicando uma obra sobre o magnetismo, perfeitamente traduzida. Mas se no futuro meu livro lembrar minha estada em Londres, ele deixará ignorado tudo o que me foi preciso de coragem e de resignação para suportar os insolentes propósitos das pessoas que eu fui instruir.

Antes de partir, não pude me recusar a fazer uma demonstração dos princípios e dos efeitos do magnetismo em uma honrada instituição de Londres.

Segue a carta que me foi escrita para solicitar-me essa sessão:

Senhor Barão,
Conhecendo vossas ideias liberais e vosso grande zelo pelo progresso da ciência, tomamos a liberdade de pedir fervorosamente vossa ajuda para a promoção de conhecimentos úteis, favorecendo-nos com uma leitura sobre o magnetismo animal. Se nos concederdes essa graça, concordando com nosso pedido, e se preferirdes expressar-vos em língua francesa, temos um senhor francês que poderá servir de intérprete, se assim o desejardes.
Vosso muito respeitoso servidor,

J. Burdidge
Islington e Pentonville, Philo-scientific Society
13 de outubro de 1838

Conduzi alguns pacientes sensíveis ao magnetismo, e diante de uma imensa plateia dei, pela última vez, provas evidentes da força magnética.

Depois de minha partida de Londres, soube que o magnetismo estava progredindo e sendo estudado em toda a Inglaterra. Por outro lado, a perseguição não tinha abrandado: o doutor Elliotson foi forçado a renunciar ao seu cargo de professor e de médico que ocupava no hospital da Universidade. Isso nos lembra, ainda, nossa antiga Faculdade, que expulsou os primeiros médicos que usaram a substância emética e, mais tarde, em 1784, os doutores Fournelle, Varnier, Deslon e alguns outros, devido às suas opiniões favoráveis ao magnetismo. Porém, os envilecimentos que são infligidos por ignorância nos elevam ao invés de nos rebaixarem. Galileu de joelhos, pedindo perdão por ter dito que a Terra girava, estava, com certeza, em uma posição bem mais alta que os seus juízes.

Hoje em dia, um jornal sobre o magnetismo é publicado em Edimburgo, na Escócia. A obra de Deleuze acaba de ser traduzida em língua inglesa. Tudo nos leva a temer que aquela nação nos ultrapassa no estudo do magnetismo e em sua aplicação no tratamento das enfermidades.

Devo mencionar aqui os trabalhos do senhor Colquhoun, advogado célebre, que publicou uma excelente obra, *Isis Unveiled*[8]. Segue uma carta que recebi desse homem digno de estima.

8 N. T. - Isis sem Véu.

Foi-me escrita em Londres, mas quando ela chegou eu já havia retornado a Paris. Transcrevo-a na íntegra, apesar das coisas lisonjeiras que contém a meu respeito, porque ela encerra informações úteis sobre o progresso do magnetismo na Inglaterra, por mim impulsionado.

Senhor Barão,
Eu poderia ter reconhecido mais cedo a honra que tivestes de me fazer, apresentando-me vossa muito interessante obra sobre o magnetismo animal, mas recebi-a apenas há dois dias, devido ao atraso do meu sobrinho, sir James Colquhoun, que mal acaba de chegar na Escócia.

Com meus agradecimentos, senhor barão, permiti que vos felicite por vossos sucessos ao fazer, enfim, com que os médicos e cientistas da Inglaterra conhecessem o magnetismo animal. Trabalhei durante vários anos, ensinando os princípios e indicando os fatos dessa ciência; mas embora eu possa me vangloriar de ter um pouco aberto o caminho, afastando determinados obstáculos de prevenção, bem como chamando a atenção dos meus compatriotas para o assunto, até então negligenciado em demasia, foi somente após vossa chegada a Londres que essa ciência fez progressos marcantes no espírito público dos ingleses. Faz muito tempo que conheço vosso mérito, e espero que após vossos primeiros sucessos, tereis a coragem, como tendes o talento, de fazer valer os direitos da verdade, apesar dos aborrecimentos causados pelos ignorantes e pelos maldosos. Lutamos pelo bem da humanidade, e nosso triunfo pode demorar, mas no final, ele será incontestável. Nosso eminente amigo, o conde de Stanhope, dá-me notícias, de tempos em tempos, de vossos procedimentos e do avanço de nossa ciência, e tenho certeza de que o mais perfeito sucesso logo vá coroar vossos bondosos esforços.

No que diz respeito a mim, há outras preocupações que me impedem de me dedicar à prática do magnetismo, mas isso pode ser confiado ao senhor barão Du Potet e àqueles que serão instruídos por tal mestre. – Soube, agora, que começaram a praticar o magnetismo em Edimburgo, na Escócia. Sei que vários dos melhores médicos dessa cidade não se opõem absolutamente a ele, e vossos talentos também ali são bem reconhecidos.

Ficaria muito contente, senhor barão, de ter a oportunidade de conhecer-vos pessoalmente, e também de ser testemunha ocular de algumas de vossas operações tão interessantes; mas negócios que não devo negligenciar impedem-me de me ausentar. Talvez chegue uma ocasião oportuna para tanto.

Tenho a honra de ser, senhor barão, vosso servidor reconhecido,

J. C. Colquhoun
Dumbarton, 20 de julho de 1838.

O magnetismo no Athénée Royal de Paris
(Março de 1839)
Introdução

Outrora, Homero ofereceu-se aos habitantes de Cumes para tornar sua cidade uma das mais famosas da Grécia, caso quisessem sustentá-lo a expensas do tesouro público. Tendo isso sido recusado pelo mau conselho de um dos senadores, eles tiveram o desprazer de se arrepender, pois, após sua morte, publicaram que ele era um dos seus compatriotas.

Mesmer, tal como Homero, foi pedir um asilo ao povo que julgava generoso, e ofereceu-lhe, em retribuição à sua hospitalidade, tornar-lhe possuidor de uma ciência que devia elevá-lo acima dos outros povos do mundo.

Seguindo o conselho dos cientistas, Mesmer foi considerado um visionário, e a grande verdade que trazia foi proscrita com ele.

Se, no lugar de ter encontrado um meio seguro de moralizar os povos e de diminuir a mortalidade, Mesmer apresentasse um procedimento para saquear uma cidade e degolar seus habitantes, sem que ele próprio corresse risco de vida, teria recebido uma recompensa nacional, e seu nome seria, ainda hoje, gloriosamente citado.

* * *

Chamam-nos de impostores, charlatães, pérfidos, porque queremos curar, porque pretendemos saber curar.

Retornando a Paris, após vários anos de ausência, como eu estava impaciente para saber em que ponto se encontrava a opinião pública a respeito do magnetismo! Com que vivacidade eu me informava sobre o que fora feito de importante após minha partida! Esperava encontrar a luta terminada, e os magnetizadores trabalhando para ampliar nossa crença comum. Pensava que a Academia de Medicina, havia aberto, finalmente, sua porta à verdade mesmeriana, e que os inimigos que eu combatera iam estender-me a mão. Eu já procurava em minha mente os meios para provar-lhes que eu jamais os odiara e que todos os meus ataques apenas tinham o objetivo de forçá-los, em seu próprio interesse, a escutar-nos e a aproveitar, como nós, os benefícios de nossa ciência. Certamente – eu me dizia – o governo criou ou vai criar uma cadeira de magnetismo na Faculdade de Medicina; um dos prêmios Montyon[1] terá sido outorgado a algum magnetizador para encorajar essa descoberta tão útil; as afecções nervosas têm agora um remédio garantido e vou ficar muito contente em saber que meus esforços passados contribuíram um pouco para diminuir os sofrimentos que elas ocasionam. A França, finalmente, equiparou-se à Alemanha; possui hospitais que empregam o magnetismo em conjunto com a medicina comum.

Não tardei a ser cruelmente desiludido. A Academia havia, é verdade, aberto uma vez sua porta, mas era para despedir, vergonhosamente, um médico magnetizador[2] que se introduzira polidamente naquele santuário e que só era culpado de excesso de zelo; seu crime, enfim, era de ter acreditado, por um momento, que lá era o asilo da verdade.

Mas mal aquela porta se fechara que outro médico, vindo de muito longe, lá foi bater[3]. Desta vez, abriram apenas o guichê, por medo de surpresa:

---
1 N.T. - Os prêmios Montyon foram criados por Jean-Baptiste-Auget de Montyon. São eles: prêmio de virtude, prêmio pela obra literária mais útil aos costumes e prêmio científico. Os dois primeiros são concedidos pela Academia Francesa e o terceiro pela Academia de Ciências.
2 O senhor Berna.
3 O senhor Pigeaire.

– Que quereis?
– Mostrar-vos um fato que pode aumentar a soma de vossos conhecimentos.
– Segui vosso caminho. Já somos suficientemente esclarecidos.
– Mas é uma verdade que vos trago!
– Uma verdade! Não damos nenhuma importância a isso.
– Mas um de vós prometeu uma recompensa proporcional à dificuldade que superamos. Vinde julgar nossa obra.

A esta última frase, o guichê fechou-se.

Alguns dias depois, a porta abriu-se novamente. Um homem[4] entrou timidamente; ele possuía o direito de presença; era um irmão; ia conversar sobre os trabalhos da Academia, quando um dos ilustres membros dessa corporação, avistando um grosso rolo de papéis sob o braço do nosso recém-chegado, disse, farejando os folhetos:
– Oh! Oh! Temos novidades. Muito bem, pois conhecemos vosso mérito. Vejamos, vejamos, do que se trata?
– Magnetismo animal, fatos que provam sua existência; sonambulismo, visão à distância, previsão.
– Ah, é isto? Mas todas as cabeças do Midi tiveram uma insolação?

Tanto fizeram, que persuadiram nosso homem de que não seria sensato ter razão contra toda a Academia. O conselho, sem dúvida, foi aceito, pois o homem e o rolo retornaram, um sustentando o outro. A tranquilidade vale mais do que a verdade. Ah, senhor Kunholtz! Que oportunidade perdestes! Ser escravo dos sentimentos de outrem quando se está persuadido de sua falsidade é ser demasiadamente membro da Academia[5].

A cadeira de magnetismo, com cuja existência sonhei, eu não a via mais senão no próximo século, pois os inimigos da verdade que defendemos estão aos pés do poder; sem dúvida, eles o enganam; não é preciso que apenas uma única vítima lhes escape ou que uma única dor seja aliviada.

* * *

---
4 O senhor Kunholtz.
5 Muitos desses senhores possuem preciosas memórias sobre o magnetismo, mas elas só devem ser publicadas após sua morte. Isso que é coragem!

Curai os doentes ou retirai-vos para deixar os que querem e sabem curar fazê-lo.

Médicos de desgraça e de ignorância, que nada sabeis fazer pelo doente, a não ser dizer-lhe: Teu mal é incurável, resigne-te e sofre, sofre e resigne-te!

Oh! Em verdade vos digo, apressai-vos em aproveitar, pois os tempos vão se tornar duros para vós. Vejo um enxame de maldições se acumulando; logo uma mãe vos pedirá sua filha, um pai seu filho, uma mulher seu marido, pois curamos, diante dos olhos de todos, as doenças análogas às que não soubestes curar, e todos saberão que recusastes empregar um tratamento cuja eficácia, intimamente, reconheceis.

Não tendo a Academia avançado um passo após minha partida, eu esperava que, ao menos, o magnetismo tivesse progredido na opinião pública e que um grande número de convicções tivesse ido engrossar a massa já existente. Eu não me enganava. Já não era mais o fraco crepúsculo que precede o nascer do sol; a verdade aparecia no horizonte; já se podia distingui-la. Os senhores Double, Bouillaud, Dubois (de Amiens) e trinta e seis outros doutos homens haviam tentado, por um momento, com seus sofismas e suas grosseiras injúrias, mascarar a luz que ela projetava, mas esse esforço acadêmico apenas impedira-os de ver seu progresso.

O sonambulismo ia de vento em popa nas ruas de Paris. As pessoas eram obrigadas a se inscreverem antecipadamente com as sonâmbulas. Os magnetizadores também haviam se multiplicado; uns exploravam magneticamente seus doentes, sem provocarem a mínima discussão com quem quer que seja a respeito de sua prática magnética; outros praticavam, verdadeiramente, a filantropia e a propaganda no interesse dos seres sofredores.

Mas não se falava absolutamente de sociedade magnética; não havia qualquer jornal consagrado à defesa dessa ciência, embora inúmeros leitores estivessem garantidos para aquele que quisesse tentar essa empresa; após minha partida, ninguém tentara fazer experiências públicas; apenas o senhor Pigeaire fizera com que muitos homens de mérito constatassem o curioso fenômeno da visão sem a ajuda dos olhos[6].

O vazio que existia cedo deveria se preencher; bastava fazer um apelo ao público sobre todas essas coisas para ter garantia de que ele daria uma ajuda. Cabia a mim sua divulgação para que as pessoas tomassem conhecimento de nossos projetos. Desta vez, eu não devia ir recrutar protetores para a verdade que ensino entre os homens que a detestavam; havia muito tempo que essa loucura deixara de existir em mim. Outros magnetizadores igualmente a tiveram, mas também estavam radicalmente curados. Era, doravante, ao povo que deveríamos nos dirigir; convencê-lo primeiramente e, depois, iniciá-lo na arte de curar sem drogas a maior parte das doenças que afligem os homens. Mas essa tarefa é difícil; para realizá-la é necessária muita perseverança. No entanto, não é preciso grande número de trabalhadores; é preciso, apenas, que aqueles que forem empregados conheçam perfeitamente o terreno. Nós o conhecemos bem, pois percorremo-lo vinte vezes. Entretanto, antes de conduzir os outros ao assédio da praça que queremos fazer capitular, devemos nos certificar de que o caminho é praticável e tomar nossas posições.

* * *

Tudo se resume em saber se a medicina deve ser exercida no interesse dos médicos e dos remédios, ou no interesse dos enfermos... Nós cremos que é no interesse dos enfermos; e quem quiser pensar o contrário é livre.

A acolhida afável que eu acabara de receber de alguns membros do Athénée Royal encorajou-me a solicitar aos homens dignos que dirigiam aquela instituição científica o favor de realizar leituras sobre o magnetismo em seu belo e amplo local. A autorização que eu havia pedido foi-me dada sem nenhuma dificuldade; em consequência, o dia da abertura do meu

---

6 É preciso lermos na obra* que o senhor Pigeaire acaba de publicar as revelações que tal médico faz sobre suas relações com a Academia Real de Medicina a respeito de sua jovem filha, para sermos elucidados sobre a conduta de nossos antagonistas e lamentá-los pela sua cegueira.
*Puissance de l'électricité animale, ou du Magnétisme vital etc. [Poder da eletricidade animal ou do Magnetismo Vital etc. Dentu, Palais-Royal, Baillière, place de l'École de Médecine.

curso foi marcado para 05 de março.

Ocupando uma tribuna na qual tantas vozes eloquentes se fizeram ouvir, minha fraqueza como homem de ciência intimidava-me muito. No entanto, eu me tranquilizava ao pensar que certamente seriam indulgentes para comigo, já que eu não me fazia passar por orador, mas apenas por magnetizador. Devo dizer que meu discurso foi ouvido com uma atenção indulgente. Apenas alguns fragmentos serão citados aqui, pois devo informar coisas mais essenciais, experiências que seguiram à exposição dos princípios e dos procedimentos que hoje formam a ciência magnética.

Eu dizia:

> Senhores, é sempre com insegurança, com uma espécie de timidez, que abordo diante de novos homens a questão do magnetismo. Entretanto, certo de sua existência, como o sou da minha própria vida, temo defender sua tese com demasiado ardor. É porque aqui não mais se trata unicamente, senhores, de fatos físicos da natureza daqueles que serviram para formar vossa instrução; não se trata de uma descoberta própria apenas para aumentar o catálogo das que ocorrem todos os dias. Se os fenômenos cujo quadro mais tarde vos ofereceremos forem verdadeiros, se não formos impostores, nossa ciência é destinada a modificar a atual ordem social, destruindo um grande número de preconceitos recebidos pelos homens como verdades.
>
> Tenho, portanto, necessidade, senhores, de toda a vossa indulgência, mas, sobretudo, não sedes demasiado apressados em vosso julgamento. Preciso que sempre vos lembreis de que é apenas dos fatos magnéticos que quero convencer-vos, e não fazer-vos partilhar minha maneira de ver sobre as conclusões que minha mente pôde tirar desses fatos. Se por vezes vossa razão se revolta contra as asserções de fenômenos novos, ainda incompreensíveis, inexprimíveis, não os rejeiteis apenas por isso; pensai que estamos cercados de maravilhas e que elas não mais nos surpreendem porque temos o hábito de considerá-las.
>
> Senhores, a natureza de vossa instituição permitiu a todos os inovadores de subir a esta tribuna para defender ou

anunciar o que eles julgavam ser verdade. Sempre os escutastes, algumas vezes, os aplaudistes e, mostrando-vos tolerantes e esclarecidos, fostes úteis ao progresso intelectual. Hoje, muitos homens de destaque nas ciências e nas letras não deixam absolutamente esquecer que vos devem uma parte de sua celebridade.

Quanto a mim, senhores, procurando em toda parte por homens imparciais e sensatos, eu devia naturalmente vir bater à vossa porta, e pedir para colocar diante dos vossos olhos as peças de um grande processo; vós me acolhestes e vos agradeço, pois espero ganhar-vos à nossa justa causa, e tornar-vos, também, predicadores de uma descoberta fecunda em resultados felizes.

Tendo sido, toda a minha vida, alvo do falso saber, é, entretanto, sem ódio e sem rancor que citarei diante de vós meus inimigos desleais, mas também sem nada ocultar de sua conduta e de seus argumentos; tampouco vos deixarei ignorar as vantagens do magnetismo, nem os abusos que podem resultar dessa força mal empregada. Enfim, depois de retirar as escórias do cadinho, mostrar-vos-ei o ouro puro que nele se encontra.

A tarefa que me impus é grande e difícil, e devo, desde agora, testemunhar-vos o desgosto que sinto com o fato de que um homem mais avançado do que eu na ciência não seja encarregado da missão que tentarei cumprir.

Parece que há verdades que devem permanecer, por muito tempo, ignoradas pelas nações, porque sendo seu estudo difícil e seu conhecimento demorado para adquirir, poucos homens estão dispostos a sacrificar voluntariamente uma parte de sua vida às pesquisas com duração indeterminada.

Mas quando o gênio de um homem ou o acaso fizer encontrar um método simples e fácil para se chegar ao conhecimento da verdade pressentida, imediatamente vemos acabar a indiferença; a multidão lança-se à nova via, porque, doravante, é preciso pouco trabalho e o que parecia dever ser o patrimônio de alguns se torna a partilha de todos.

Tal digressão aplica-se *ao magnetismo animal*, descoberta antiga, conhecida apenas por alguns homens em meados de cada século, mas rejeitada pela maioria dos

cientistas como uma mera quimera.
Assim, foi preciso muito tempo e todo o gênio de Mesmer antes que a verdade que procuro fazer prevalecer obtivesse o caráter de evidência que hoje começam a reconhecer-lhe.
Pois uma ciência não é realmente uma ciência senão quando os fatos que lhe servem de base tiverem sido submetidos ao julgamento dos cientistas, e quando tiverem sido submetidos à prova do tempo. Com efeito, quantas doutrinas criadas pela imaginação de alguns homens não ofuscaram, por um instante, as nações e reinaram sobre as mentes! As pessoas tinham se deixado convencer por raciocínios, estudaram mal os fatos sobre os quais eles se baseavam; um dia esse escoramento de opiniões desabou, pois lhe faltava uma base sólida, e o homem que julgavam ser um homem de gênio era apenas um homem culto.
Por outro lado, quantas verdades não foram rejeitadas em sua origem, não pela ignorância, mas pelos homens mais esclarecidos?
É preciso, pois, que nos acautelemos, mesmo contra a opinião dos cientistas, e só adotarmos o julgamento que a autoridade de seus nomes parece nos impor após maduras reflexões, pois para um Newton podemos encontrar vários Descartes, e milhares de sofistas existem, com frequência, onde não encontrarmos um espírito sólido.
Quanto a mim, senhores, cedo rejeitei a opinião das pessoas que passavam por sábias; não quis senão confiar no testemunho dos meus sentidos, sobretudo naquilo que eles pudessem adquirir, e tive a oportunidade de me felicitar de minha determinação, pois uma grande verdade, rejeitada pelos mais ilustres cientistas, tornou-se para mim uma incontestável realidade e deu-me a medida da confiança que se deve ter no julgamento de outrem.
Mas, senhores, como é possível que membros de todas as academias tenham se enganado sobre os fatos físicos? Seria porque, devido à observação de determinados fenômenos da natureza, os cientistas tivessem sentidos menos perfeitos que o resto dos homens, ou se recusassem, algumas vezes, a utilizá-los? Sua razão, parecendo-lhes superior e infalível, faz com que julguem em vez de examina-

rem: é o que fizeram a respeito do magnetismo. Como os fatos mostrados não lhes pareciam prováveis, examinaram-nos com superficialidade e falta de atenção.

Não quero aqui lembrar, senhores, todas as verdades que os cientistas condenaram dessa forma e que sobrevivem aos seus julgamentos: a lista seria muito grande e diminuiria o respeito que é mantido e que devemos verdadeiramente aos homens que consagram suas vigílias às pesquisas úteis, pois, se por vezes eles se dispersam, estão apenas pagando o tributo da imperfeição da nossa natureza. Quis, somente, nesta exposição, convencer-vos de que a opinião dos cientistas, por mais unânime que seja, não pode impedir uma verdade de se produzir; pode retardá-la por um tempo, pode servir para oprimir os homens que a possuem, por vezes ela os avilta; mas essa verdade, se realmente existe uma, acaba por derrubar todos os obstáculos e assumir a posição que lhe é devida entre os outros conhecimentos humanos.

Em meu curso, não pretendo remontar à origem da descoberta do magnetismo; essa data permanecerá ignorada para sempre; é em vão que se espera encontrá-la na história dos povos. O nome do homem feliz a quem ela pela primeira vez se revelou será sempre desconhecido; mas tudo prova que o magnetismo era conhecido nos mais remotos tempos. A Grécia e a Líbia possuíam essa verdade, pois em toda parte nesses célebres países, monumentos ainda estão de pé para atestar que homens possuíam seu conhecimento e faziam uso dele, seja para agir sobre a mente dos povos e torná-los fáceis para governar, seja para ir ao seu socorro quando estavam doentes, seja, enfim, porque queriam, antecipadamente, fazer com que homens seletos conhecessem o futuro destino que lhes estava reservado.

Mas ao estudar os historiadores dessas épocas florescentes, percebemos prontamente que essa ciência oculta fora tomada dos egípcios que a possuíam bem antes dos povos da Grécia.

Isis, Serápis, vossos segredos foram revelados hoje em dia; em vãos os escondestes sob as alegorias ou véus impenetráveis. Chegou o tempo de tomarmos posse de vossos mistérios, e logo aquilo que fez vossa glória e vossas riquezas não estará mais enterrado em vossas tumbas. Conquista prodigiosa e pacífica da ciência, devida aos trabalhos dos Mesmer e dos Puységur, fostes feita em uma época em que a tolerância e a liberdade começavam a reinar entre nós; pois mais cedo teríeis feito muitas vítimas.

Mas o próprio Egito era tributário da Índia, onde as mesmas ideias, os mesmos mistérios e as mesmas crenças atestam que a mesma verdade era conhecida muito tempo antes de ter penetrado no Egito, e sua marca lá era tão forte que vinte séculos não puderam apagar.

Senhores, nós nos vangloriamos do progresso de nossas ideias, julgamo-nos no cume da escala dos conhecimentos humanos, mas nos esquecemos de que outros povos foram tão evoluídos quanto nós, que tiveram outras crenças e outros costumes e que hoje, no entanto, ninguém ousaria garantir que ele foram menos felizes do que nós.

Esquecemos o passado por só vermos o presente; tratamos de bárbaras as nações que foram grandes e opulentas, sem considerar que somos apenas os plagiários dessas nações, sem considerar que lhes devemos quase que totalmente nossas artes e nossas ciências. Novas descobertas nos surpreendem sobre nosso próprio mérito; os antigos só estimavam as que favoreciam o desenvolvimento moral e físico do homem, e aquilo que o conservava com saúde. Eram para eles os principais bens da vida, sendo que consideravam o resto como algo de pouco valor.

Hoje em dia, senhores, vossas ideias detiveram-se em todos esses pontos; minhas asserções não teriam nenhuma influência sobre vossas mentes. Assim, não é pelo raciocínio que tentarei convencer-vos, mas por fatos dos quais vós mesmos tirarão as conclusões.

Senhores, enquanto as Faculdades atuais rechaçam o magnetismo, ele se transmite por uma espécie de iniciação. O povo, que só deveria ter conhecido essa verdade depois que os cientistas tivessem traçado suas regras; o povo começa a produzir os fenômenos do sonambulismo lúcido. Fatos que deveriam ser encerrados nos templos e examinados pelos homens de inteligência mais elevada, esses fatos distraem, divertem e servem de joguete a pessoas que não podem conhecer todo o seu alcance. Esse ato tão simples de sua parte teria sido considerado, outrora, como o maior sacrilégio e punido com o pior suplício, pois essa magia não era exercida fora dos templos e diante dos olhos dos profanos. Porém, hoje, não há mais mistérios nas ciências, tudo se revela aos olhos de todos. Os cientistas se desconsideram, pois, quando demoram a examinar novos fenômenos, porque seu julgamento, que sempre deveria anteceder ao do público, não será mais do que uma redundância quando todas as consequências da nova verdade tiverem sido deduzidas ou sentidas.

Senhores, com frequência criticaram-nos pela lentidão dos progressos de nossa descoberta, sem considerarem que vários homens generosos haviam consumido sua vida combatendo e derrubando os obstáculos que pessoas poderosas, pela funesta influência que exercem, se deleitavam em fazer renascer. Mas se tivesse sido adotada a marcha que sigo há algum tempo; se, deixando de apelar aos médicos para entregar-lhes um depósito precioso, os propagadores do magnetismo tivessem tornado público o conhecimento dessa verdade e chamado a totalidade dos cidadãos para o seu ensino, hoje não haveria mais dúvida sobre sua sinceridade e os homens de todas as épocas que nos acusaram receberiam o descrédito que os espera.

Senhores, se eu não tivesse reconhecido no magnetismo senão um fato curioso, sem utilidade, teria deixado há muito tempo de me ocupar com ele, e minha atividade seria exercida em outros pontos da ciência. Porém, como minha intenção é de nada dissimular, quero fazer-vos conhecer totalmente a verdade, e tudo o que ela pode fazer para a felicidade dos homens. Senhores, as consequências dos fatos novos já foram vistas pelos homens avançados. Fourrier os havia adotado; os discípulos de Saint-Simon não puderam descartá-los; Azaïs, hoje, apoderou-se deles e os emprega para explicar os mistérios da vida; o barão Massias, como todos os filósofos alemães, lançou-se rumo ao futuro, prometendo que o homem seria mais feliz, pois, tendo descoberto o meio de penetrar em si mesmo, ele se conheceria mais. Mas, senhores, todas essas considerações adquirirão mais força em vossas mentes quando eu tiver colocado diante de vossos olhos apenas um dos memoráveis fatos magnéticos. Será somente então que minha palavra vos parecerá sincera, e que compartilhando as dificuldades que tive de experimentar ao combater, durante toda a minha vida, a má-fé escondida sob a aparência enganosa da dúvida, estareis dispostos a, por vossa vez, defender a nobre causa da verdade.

Depois de ter, em todas as minhas lições, traçado a história do magnetismo e fazer com que os fatos sobre os quais essa ciência se funda fossem conhecidos, restava-me uma tarefa mais difícil, a de produzir, diante dos olhos de todos os que queriam ver, os fenômenos cujo quadro eu traçara. Em um hospital, eu não teria ficado embaraçado, pois os fatos chegariam prontamente para justificar minhas asserções; mas no Athénée eu não tinha enfermos. Introduzir, naquele local, pessoas que eu conhecia, era seguir o caminho comum, mas eu não o queria; tudo me aconselhava a conseguir com os únicos elementos que me eram oferecidos, ou seja, *magnetizar aqueles que, dentre meus ouvintes, se apresentassem para serem submetidos às minhas experiências*. Decisão tomada, caminhei bravamente para essa via de investigação duvidosa.

O Athénée anunciou, com o meu consentimento, que em tal dia eu faria experiências magnéticas. A sala estava cheia, daquela vez, pois todos queriam ver atuando um magnetizador bem seguro de si mesmo para esperar produzir no meio da multidão fatos que demandavam silêncio e recolhimento para se manifestarem. Acorreram, até, muitos magnetizadores, e eu me encontrava em presença de pessoas cujas opiniões eram bem diversas, mas não percebi malevolência em parte alguma. Não posso dizer o quanto essa disposição, que eu encontrava pela primeira vez em minha vida, alegrou meu coração, pois ela me indicava a medida dos progressos do magnetismo.

Todos estavam atentos, e eu magnetizava sucessivamente várias pessoas, sem produzir nelas nada além de fracos efeitos que estavam longe, devo confessar, de poder formar uma convicção. Apenas uma senhora caiu em um semissono magnético, e um jovem colegial sentiu um início de atração quando, colocando-me a alguns pés dele, procurei atraí-lo em minha direção. Todos os curiosos ficaram desencantados; haviam-lhes falado de milagres e só viam efeitos insignificantes. Esperavam ver cair sucessivamente, como capuchinhos de baralho, todos os indivíduos que ousassem se colocar sobre a fatal banqueta, e eu produzia apenas leves tremores. Para os filósofos, já era muito, pois, sem instrumento, agitar uma máquina humana colocada a alguns passos de mim, e isso apenas fazendo sinais; havia apenas nesse pequeno fato, os germes de uma grande revolução nas ciências físicas. Porém, naquele dia, poucos homens puseram-se a refletir sobre o que haviam visto. Todos se foram sem testemunhar seu descontentamento. Alguns viam em mim apenas um entusiasta, um homem crédulo; vários pensaram, talvez, que eu era um maníaco; mas o que, sobretudo, me afligiu, foi saber que os magnetizadores haviam sido os menos indulgentes: alguns condenavam rudemente minha conduta, pois aos seus olhos eu comprometia o magnetismo e eu era indesculpável. Não se recordavam, portanto, que desde meus jovens anos eu ousara me apresentar ao Hôtel-Dieu de Paris, em meio a um formigueiro de incrédulos e que obtivera êxito; teriam, pois, esquecido a história de toda a minha vida? Mas eis como são feitos os homens: indulgentes com si próprios, são inexoráveis com outrem. Por que, então, nem um desses magnetizadores tomou meu lugar naquele dia? Mas não, precisam de um público para eles, magnetizados deles e um local especial. Não é assim que se estabelece uma verdade, mas sim sabendo sacrificar-lhe tudo, até sua reputação.

 Entretanto, eu os perdoo, pois se sofri muito é somente porque sabia que várias pessoas da plateia tinham um vivo interesse em mim e estavam profundamente aflitas com meu insucesso. Na segunda sessão, obtive efeitos pronunciados em vários dos meus ouvintes que se apresentaram novamente para serem magnetizados; eu só devia continuar minhas experiências, pois, doravante, seu sucesso estava garantido.

 Na descrição que tentarei fazer, vós não devereis ver senão um esboço do que se passou no Athénée. Quarenta sessões de duas horas e meia cada uma devem ter fornecido inumeráveis fatos, pois cento e trinta pessoas, talvez, foram magnetizadas e, coisa surpreendente, mais de dois terços forneceram-nos a observação de fenômenos extremamente notáveis. De três a quatro mil curiosos assistiram a essas sessões. Os Croï, os Montmorency, os Mortemart e os Montesquion lá foram vistos várias vezes; magistrados, militares, deputados e escritores reputados, com frequência me felicitaram por meu grande sucesso, e devo aqui agradecê-los por sua aprovação. Logo, talvez, eu lhes pedirei ajuda, pois não é suficiente ter a garantia da existência de uma grande verdade, é preciso ainda fazer de modo com que ela seja útil à humanidade.

Não foi lavrada nenhuma ata das experiências, não foi pedido nenhum atestado, porque ali, como em Montpellier e em Londres, é preciso que os fatos sejam tão numerosos, tão evidentes e, enfim, tão autênticos que, para pô-los em dúvida será preciso ser não somente cego, mas acadêmico.

Um membro do Athénée, o senhor ***, que não acreditava no magnetismo, deixou-se magnetizar. Na primeira vez, não sentiu nada de muito sensível; na segunda sessão, teve uma piscação frequente das pálpebras e, na terceira operação, seus olhos se fecharam contra sua vontade. Obtive, então, o mesmo fenômeno a vários passos de distância. Sobreveio uma inflamação das pálpebras, que ele atribuiu à magnetização, e não mais permitiu ser magnetizado.

Uma jovem camareira, levada à sessão por uma família distinta, foi adormecida em alguns instantes, mas tampouco continuamos as experiências com ela.

A senhora *** que fora ao Athénée com várias pessoas conhecidas, e, notadamente, o senhor Herbert, redator-chefe do jornal *Écho Français,* deixou-se magnetizar e logo espasmos apareceram e a dificuldade de respirar tornou-se extrema. Fiz cessar esse estado de angústia e ocorreu um início de sonambulismo.

Repeti duas vezes essa experiência com o mesmo sucesso. Não era necessário tocar nessa senhora; os efeitos ocorriam a vários pés de distância. Eu conhecia essa pessoa? De forma alguma. Assim os curiosos que vieram com ela proclamaram em alta voz sua crença, e não pediram mais experiências; o objetivo fora atingido e eles estavam convencidos.

Rapazes da Escola de Medicina levaram uma pessoa que foi submetida ao magnetismo: logo ela adormeceu. Beliscaram-na, espetaram alfinetes em seus braços e ela nada sentiu. Acordada, não teve nenhuma consciência do que se passara e manteve uma longa conversa.

Um dos alunos submeteu-se, a seguir, à magnetização. Não dormiu, mas sentiu sufocamentos e asfixia. Foi bastante para convencer a todos os quinze alunos daquela mesma sociedade.

Uma distinta senhora russa, que naquele dia assistia à sessão, sentia sensivelmente os efeitos do magnetismo, embora estivesse bastante longe dos magnetizados. Percebendo isso e sem mudar de lugar, adormeci-a profundamente em sua cadeira, e no estado de sono magnético, fiz com que andasse até o estrado. Lá, querendo fazê-la falar, não consegui; seus maxilares estavam tão fortemente cerrados que teria sido, creio eu, mas fácil quebrá-los do que abri-los. Despertei-a, ela estava muito surpresa, não sabendo como conseguira chegar até mim. Não quis se deixar magnetizar, apesar do pedido que várias vezes lhe fiz.

A ação magnética mais incompreensível, talvez, foi a que exerci no senhor P., homem alto e robusto, gozando de boa saúde, e que já tinha sido magnetizado sem sucesso aparente por outro magnetizador. Para agir sobre ele, foi preciso fazê-lo concordar em permanecer de pé e, nessa posição, comigo a cerca de vinte pés de distância, não tardou a sentir os efeitos do magnetismo. Esses começavam, como em muito magnetizados, por uma vaga inquietação, uma respiração mais acentuada e a imobilidade dos traços. Logo essa situação comum era ultrapassada; víamos, então, um terrível estrabismo, uma extrema agitação convulsiva nos músculos das pernas e, erguendo-se aos poucos nas pontas dos pés, ficava nessa posição, embora oscilando, até que minha decisão de atraí-lo em minha direção tenha durado de quatro a cinco minutos. Então, a cena ainda mudava: os movimentos das pernas tornavam-se mais rápidos, fazendo tremer o assoalho. Quem estivesse sentado perto do senhor P. sentia uma oscilação repetida que poderia quase indicar o pulso da agitação interior do magnetizado. Como a saturação continuava a aumentar esse estado, os efeitos, então, chegavam ao seu apogeu e o senhor P. avançava um passo em minha direção. Quase no mesmo instante, um esforço mais violento ainda ocorreu. Feito esse esforço, ao arrastar o pé sobre o assoalho, provocou um som singular, como

o de uma corda de baixo. Nesse momento, ele não se conhecia mais, transpunha com rapidez a distância que nos separava e se, então, alguém lhe barrasse a passagem, agitava-se de modo convulsivo, arrastando as pessoas que procuravam detê-lo. Muitas vezes, por prudência, evitava deixá-lo percorrer todo o caminho, sobretudo quando minha energia havia sido grande. Ele ficava, então, ofegante, sua respiração muito precipitada, seu pulso batia com violência, e seu corpo, por fim, semelhante a um corpo elástico que um choque considerável veio abalar, só cessava de oscilar gradativamente e de uma maneira insensível. Coisa bem singular, apenas restava ao magnetizado uma lembrança confusa do que se passara. Eu exercia minha ação magnética através de uma parede que separa o salão do Athénée de uma salinha, e os efeitos eram absolutamente os mesmos; notava-se que seu olhar procurava penetrar através da parede e ele não errava a direção. Quando o senhor P. estava sentado enquanto eu o magnetizava, os fenômenos eram diferentes; seus olhos se fechavam, precedidos em seu fechamento pelo estrabismo; depois a cabeça tombava, a respiração tornava-se rara e profunda e, nesse momento, se alguém erguesse seus braços e pernas, essas partes caíam como se pertencessem a um cadáver. Após haver cessado esse estado, o magnetizado sentia alguma dor? Não, nenhuma. Essa viva fermentação do sangue e essa agitação tão excessiva do sistema nervoso haviam causado algumas alterações mórbidas? Também não. Ele sentia dores musculares, e seu apetite e seu sono normal haviam sido perturbados? Não, cem vezes não.
– Mas como, então, explicar esse mistério? Os licores alcóolicos, os gases excitantes enervam e cedo consomem a vida; uma irritação do sistema nervoso, causada pela ira ou pela alegria pode causar doenças ou até mesmo matar. Nesse caso, a vida não foi perturbada por nenhum desses agentes; assim, o magnetizado sente mais atividade do que tinha antes da magnetização; suas funções executam-se melhor do que no seu estado normal; sente mais alegria, mais felicidade enfim, pois à vida que possuía acrescentou-se outra. Se alguém sofreu, foi o magnetizador; se alguém deve se queixar, é este último, pois é seu organismo que foi pressionado para dele fazer sair o agente desses fenômenos.
    Como pode, então, o magnetizador resistir? Como! Vou

Barão Du Potet de Sennevoy

tentar fazer-vos compreender. Já vistes um homem rachar ou serrar madeira? Certamente, vós próprios percorrestes penosos caminhos. De onde adquiristes, de onde eles adquiriram as forças que eram necessárias para persistir e suprir tantas perdas e fadigas? De um reservatório que não desconheceis. A cada momento, entretanto, girais sua torneira, sem vos inquietardes e sem procurardes onde está a fonte. Não vedes, todos os dias, pessoas morrerem na força da idade? A luta é terrível, então; às vezes levam de vinte a trinta dias para encerrar sua carreira; é o caso cuja agonia acompanhada de convulsões incessantes parece exigir forças sobre-humanas para se prolongar assim; algumas vezes é um organismo frágil, uma mulher fraca que vos oferece esse espetáculo de uma vida que parece não poder se esgotar. Não são a alimentação e os cordiais, pois com frequência ou quase sempre os doentes não puderam nada ingerir, e tudo isso não vos surpreende. Dizei-me, pois, de onde os alienados extraem as forças que precisam para resistirem às crises que duram meses inteiros e durante as quais suportam o frio, a fome, a sede, sem deixar, um só instante, de executar movimentos violentos? Não podeis resolver esse problema, porque só vedes polias, cordas e alavancas em um organismo humano. Para vós, o homem representa apenas uma máquina física, não vos aprofundais nos mistérios da vida. Tentai, pois, enfim, conhecer-vos, e não mais vos deixai morrer antes do prazo fixado pela natureza: deixareis de curvar-vos sob a lei cega da fatalidade.

Dois homens corajosos empreenderam uma longa e difícil viagem; eles esperavam cansaços e privações, resignaram-se e organizaram-se para tal. De força física quase igual, suportaram, igualmente, os primeiros cansaços; mas chegando apenas aos dois terços do caminho, seu esgotamento e o calor insuportável do clima vieram tirar dos dois a esperança que tinham de chegar ao fim de sua empresa. Suas últimas provisões já haviam terminado havia mais de um dia, pois encontraram obstáculos imprevistos. Deitados sob um sol ardente, esperavam a morte, que era muito mais terrível porque estavam longe de sua pátria e dos entes que lhes eram caros. Neles, a esperança se apagara e uma morte rápida lhes parecia um benefício.

Entretanto, um deles saiu de repente dessa espécie de torpor e não quis mais morrer. Levantou-se cambaleando e procurou comunicar ao seu infeliz amigo a resolução que acabara de tomar; procurou até levá-lo para lugares mais propícios. O mais insensato parecia ser aquele que queria fugir, pois não havia um cavalo para ajudá-lo a transpor aquele espaço. Mas o homem corajoso lançou ao seu companheiro um último olhar, e mais se arrastando do que andando, procurando-o ainda de longe, afastou-se cada vez mais. Logo sentiu forças das quais não suspeitava e apressou o passo como se estivesse em sua primeira jornada. Devido à alegria que sentiu, esqueceu-se de tudo o que tinha sofrido, até mesmo os infortúnios do seu companheiro, e já não andava, corria. E apenas ao chegar, louco e delirante, ao lugar longínquo onde era esperado, que a lembrança de seus sofrimentos e da agonia do seu amigo surgiu em sua mente. Como ir socorrê-lo? Seriam necessários dois dias ao melhor caminhante para atravessar o espaço que ele levara dez horas para percorrer.

Aqueles dois homens possuíam as mesmas forças, mas apenas um soube fazê-las surgir e empregá-las. Quantos fatos eu poderia citar com base nessa asserção! Sim, há no homem forças incalculáveis e desconhecidas; é a imaginação, dirão os antagonistas do magnetismo. Ah! senhores, por favor, dizei-nos, pois, definitivamente, que é apenas a imaginação.

A magnetização, longe de enfraquecer o magnetizado ou o magnetizador, é, ao contrário, salutar para ambos; nos dois, ela renova o princípio das forças nervosas, forças que se estagnam ordinariamente naqueles que não sabem utilizá-la. Assim, vemos que quase todos os magnetizadores viveram muito tempo e isentos de enfermidades, e o que perderam pela magnetização voltou-lhes mais puro e mais animador. Tendo o magnetizado recebido, por seu lado, um acréscimo de forças vitais, seu organismo pôde obter, também, seu desenvolvimento completo. Se pude oferecer tão numerosas provas de uma grande força magnética, é porque forcei meu organismo a me entregar, sem restrições, a chave desse tesouro e porque, por vezes, eu era generoso. Mas não é melhor ainda aproveitá-lo dessa maneira do que envelhecer e morrer como um avaro, que viveu só para si?

Um jovem polonês, atraído às sessões por curiosidade, pediu-me para magnetizá-lo. Foi muito sensível e fizemos a seguinte experiência: instalou-se na posição de ser magnetizado e demos-lhe um livro contendo poesias. Pedimos-lhe que lesse em voz alta e durante esse tempo, magnetizei-o. De início, ele sentiu pouca coisa, mas percebemos que sua voz se tornava cada vez menos elevada e, finalmente, a mão que segurava o livro inclinou-se e ele acabou dormindo. A experiência havia sido longa e devia ser assim: a leitura mantinha-o fortemente desperto, e os esforços que fazia para bem fazer sentir a cadência dos versos e, sobretudo, para ler as letras muito pequenas, tornavam o sucesso bem duvidoso, ainda mais por que ele não era sonâmbulo e porque, antes dessa experiência, ocorreram simples efeitos físicos sem sono.

Uma mulher de alta estatura, que a pessoa da qual acabo de falar acompanhava algumas vezes, foi acometida de acidentes nervosos como nunca havíamos visto. Torcia-se na cadeira, arqueando sua cabeça para trás e soltando gritos inarticulados; se me aproximasse quando estava nesse estado, atraía seu corpo inteiro para a direção que eu queria indicar-lhe. Certo dia, colocando-a sobre um banco, seu corpo tornou-se semelhante a uma agulha imantada. Inclinava-se e seguia o círculo que eu traçava girando lentamente ao seu redor; a seguir, avisando-me para me curvar, inclinou-se de tal forma para trás, que parecia estar na posição horizontal. Eu mesmo impedi-a de ir às sessões, porque era acometida por sufocamentos cada vez que lá comparecia, quando, principalmente, várias pessoas eram magnetizadas antes dela. Seu estado nervoso só desaparecia ao fim de um tempo muito longo.

Semelhantes efeitos de ação sobre pessoas que se encontravam entre os espectadores, sem desejarem nem temerem ser magnetizadas, ocorreram muitas vezes. Mas se no Athénée pude constatar esse fenômeno estranho, não me surpreendia, tendo em vista que, em Montpellier o sonambulismo com frequência se desenvolvia em pessoas que formavam o círculo ao redor dos meus doentes, e que só tinham ido como curiosos ou para acompanhar as pessoas enfermas de sua família.

Que não digam que é imaginação, imitação etc., pois seria um erro. Que se lembrem de que as pessoas adormecidas com o sono natural são sensíveis ao magnetismo durante seu sono e que basta isso para que sejam magnetizadas mesmo no apartamento em que se encontram. Sim, o magnetismo, como os odores, satura o ar com seu princípio, e pode assim se transmitir a uma distância bastante grande. Eu estou certo de que ele forma em torno das pessoas que estão sendo magnetizadas uma verdadeira atmosfera nervosa. Os sonâmbulos percebem perfeitamente esse fluido, mas mesmo que não se adquira dessa maneira a certeza, inumeráveis fatos provam sua existência.

Não é aqui que devo tirar partido desses fatos para explicar epidemias morais e epidemias mais perigosas ainda, as que trazem a morte consigo.

Os examinadores superficiais só viram nos fatos que produzi uma ação morta, como a ação elétrica ou galvânica; mas seu erro é grande, e não é necessário desenganá-los por um determinado tempo: basta que eles saibam que é a própria vida que serve de alavanca ou que é atingida pelo magnetismo.

A senhora Desh, jovem mulher de constituição nervosa, igualmente se submeteu ao magnetismo, e efeitos não menos curiosos que aqueles que acabamos de descrever manifestaram-se nela.

Após alguns minutos, sua cabeça inclinou-se sobre o peito. Víamos, então, movimentos bruscos dos braços e a agitação convulsiva do corpo inteiro. Postei-me, então, a uma grande distância dessa senhora: passava-se algo curioso em toda a sua pessoa; seus olhos, a princípio, me procuravam, depois, foram os dedos da mão; apenas a mão que estava do meu lado agitava-se de modo extraordinário; o braço participava dos mesmos movimentos, depois todo o corpo parecia mover-se em minha direção. Quando a deixava alguns minutos nesse estado, a respiração tornava-se muito ativa; essa perturbação singular poderia ter feito crer que essa senhora sofria, entretanto, tal não ocorria, pois, interrogando-a quase imediatamente após a cessação do magnetismo, só se queixou de um pouco de cansaço nos membros que haviam sido violentamente agitados, sendo que esse mesmo cansaço durava apenas um instante. Essa senhora gozava de boa saúde quando se submeteu ao magnetismo e longe de tal estado ter sido prejudicado pelos efeitos que sentiu, ela tornou-se, ao contrário, mais forte e mais corada.

A condessa de G. também foi magnetizada, apresentando efeitos extremamente curiosos: todos os seus acessos de sonambulismo foram acompanhados de uma espécie de êxtase que minha vontade absolutamente não tentara produzir. Alguns minutos após o início da magnetização, víamos seus olhos se fecharem, mas logo se abriam e permaneciam fixos, como na atitude de uma pessoa que ora. Eu podia falar com ela nesse estado sem que suas pálpebras e seus olhos cessassem de ser imóveis. Não ouvia e não via ninguém; seu rosto impassível oferecia uma expressão de beleza que em vão se buscaria em outro rosto de mulher. Seria impossível descrever essa situação, que possuía algo de mágico.

Interroguei aquela senhora que falou de sua doença, indicando o que seria preciso para curá-la e a época de sua cura, se seguisse o que prescrevia. Infelizmente para ela e para o magnetismo, aquela distinta pessoa foi obrigada a viajar e a perdemos, como ocorrera com muitos outros magnetizados, no momento em que os fenômenos tornavam-se de grande interesse[7].

A senhora L., portuguesa, havia sido magnetizada por um magnetizador de grande renome, mas ele não pudera adormecê-la. Ela continuara incrédula, embora vendo experiências curiosas feitas com pessoas que ela conhecia.

Submeteu-se, rindo, a novas experiências e, antes de três minutos, estava profundamente adormecida. Interrogada, res-

---

[7] Foi a essa senhora que um magnetizador ofereceu generosamente seus serviços, dizendo-lhe que *eu não procurava curá-la e que ele faria por ela bem mais que eu e, enfim, que a trataria mais assiduamente, longe de um público por vezes malévolo*. Além disso, – acrescentou –, a única coisa importante que o senhor Du Potet possui é o seu nome etc.
Sim, é verdade, a única coisa importante que possuo é o meu nome, mas ele é resultado de vinte e cinco anos de trabalho e de perseverança.
Essa senhora não quis aproveitar uma oferta tão obsequiosa, sobretudo porque ela vinha de um homem que, todos os dias, cumprimentava-me.

O Magnetismo em Oposição à Medicina

pondeu que em oito magnetizações estaria lúcida. Cada sessão nos aproximava do fim, e desde a terceira ela pôde receitar para si mesma três grãos de calomelano e água de ruibarbo. Desperta, não quis aceitar sua receita, e ninguém pôde convencê-la de que ela se prescrevera essa medicação. Várias sessões ainda se passaram e, sempre em seu sono, ela voltava ao calomelano; mas um dia em que se sentia mais incomodada, ingeriu-o: resultou um grande bem para sua saúde, como havia anunciado. Tive, mais uma vez, de perder a esperança de continuar com essa doente o desenvolvimento do sono lúcido. O campo, que atraía todo mundo naquela época, teve mais atrativos para ela do que lhe oferecia o magnetismo, pois ainda não acreditava nele, mas sua doença, certamente, fará com que volte para mim.

Uma jovem e bonita pessoa, a senhora P., foi submetida ao magnetismo. Logo caiu em um estado singular: não era nem sono nem vigília; seus olhos fechavam-se contra sua vontade, e logo os músculos do seu rosto apresentavam algumas contrações; a cabeça permanecia reta e quase imóvel, embora, quando eu mudava de lugar para ir à direita ou à esquerda, ela se virava em minha direção como se quisesse me procurar com os olhos. Quando seu sono durava uma dezena de minutos, seus olhos abriam-se por um efeito convulsivo, e o globo ocular projetado para frente formava uma leve saliência nos olhos e fazia com que parecessem maiores. O olhar estava voltado para o céu: nesta posição, podíamos ver que havia um pouco de estrabismo, mas essa situação indefinível, que durava alguns minutos, encantava todos os espectadores, apresentando uma figura angélica que o mais hábil pincel talvez nunca pudesse ter representado.

Quando eu a colocava, bem acordada, diante de um espelho e que me postando a alguns passos de distância, eu dirigia os olhos ou as mãos em direção ao espelho, via-se uma agitação mais forte da cabeça, seguida, quase que imediatamente, de movimentos para trás e, perdendo o poder de se manter em pé, ela teria caído infalivelmente para trás se não a tivessem segurado. Fazia, então, alguns movimentos convulsivos que o magnetismo, dirigido de outra forma, faria passar em alguns minutos.

Uma porteira, levada pela senhora Niepce que morava

na casa daquela mulher, foi magnetizada e adormecida muito prontamente. Estava enferma e indicou, desde a primeira vez, um tratamento para as dores que sentia no coração. Passou tão bem com seu remédio que isso a encorajou a voltar ao Athénée. Seu sono cada vez tornava-se mais lúcido, quando um homem mal-intencionado asseverou-lhe que se ela se deixasse magnetizar novamente, *mirraria e morreria antes de um ano*. Esse conto ridículo assustou essa mulher e, principalmente, seu marido. Não pudemos vencer imediatamente a repugnância deles, mas finalmente ela cedeu e foi novamente adormecida. Interrogada sobre muitas coisas, respondeu de maneira bastante lúcida, e à seguinte questão: "O que é o magnetismo?", ela disse: *É a ciência que vem encontrar a mulher.* Sua lucidez iria ter seu complemento após alguns dias. Um espectador ousou picá-la para saber se era insensível, o que realmente era. Porém, quando acordou, contaram-lhe que alguém a havia picado, e, essa imprudência, encontrando um caráter fraco, fez com que não viesse mais. Em uma visita que ela e o marido fizeram, em minha casa, adormeci-a, e nesse estado, pude fazer-lhe ver dois doentes que lhe eram desconhecidos. Ela identificou muito bem a enfermidade deles e indicou remédios que pareciam convenientes. Eu já a levara a fazer algo semelhante em uma sessão pública no Athénée: uma senhora que eu não conhecia quis de todo jeito interrogá-la sobre sua saúde e logo a sonâmbula reconheceu seu mal e indicou-lhe um tratamento, acrescentando: *não vos esqueçais, sobretudo, de fazer com frequência lavagens calmantes.*

Essa consulta, diante de duzentas pessoas, tinha algo de novo e de inesperado; foi um precedente que não será perdido, pois se o sonambulismo indicava remédios, não se servir dele seria mais do que tolice, seria estupidez.

Um jovem espanhol, o senhor M., foi magnetizado uma primeira vez sem sentir muito efeito. Na segunda, estava visivelmente influenciado, mas a partir da terceira sessão apresentou os mais notáveis fenômenos. Após tê-lo magnetizado a cerca de vinte pés de mim, com nós dois de pé, fazia simples movimentos de mão, e o atraía em minha direção com tanta violência que se poderia crer, por um momento, que quebraria a cabeça ao cair. Como não queria obedecer ao poder que o arrastava para mim, sua posição, então, era a das mais trágicas; seus olhos projetados um pouco para fora das órbitas e sua face animada pelo sentimento de cólera, davam a todo o seu ser um caráter tão estranho, tão singular que a surpresa dos que viam esse fato pela primeira vez não podia ser dissimulada. Quando chegava perto de mim, sempre não querendo e resistindo fisicamente, estava em um estado nervoso dos mais pronunciados, com um tremor violento de todo o corpo, o suor sobre o rosto e os membros gelados. Logo se recuperava e não lhe restava senão uma vaga lembranças da luta. Apenas recordava-se bem que desde o início da ação ele se decidira a resistir, mas que logo, invadido pela força magnética e reduzido ao papel de máquina, ele parecia não mais pensar.

Magnetizei esse rapaz dez ou doze vezes, todas as vezes com o mesmo êxito, sem que a plateia, sempre muito numerosa, tenha deixado um só instante de ficar emocionada, assim como eu, pelo aparecimento de fenômenos tão estranhos.

O senhor G., alto e robusto, sentia igualmente efeitos singulares, mas menos pronunciados do que os que acabamos de descrever. Se fosse magnetizado de pé, sua cabeça logo se inclinava ligeiramente, seu rosto assumia uma expressão que não era absolutamente a de um homem acordado, seus olhos permaneciam abertos todo o tempo da magnetização sem que houvesse uma piscadela das pálpebras. Nesse estado, quando eu magnetizava uma de suas mãos, víamos que ela obedecia lentamente a uma espécie nova de atração. Ele só ouvia uma espécie de zumbido e parecia ser, enfim, um dos autômatos de cera expostos nos bulevares. Alguns passes feitos obliquamente sobre a testa e a face destruíam essa espécie de encanto, e ele parecia surpreso que eu pudesse ter produzido nele alguma coisa, pois era mais forte do que eu, e estava sempre decidido a não se deixar influenciar pelo efeito de um poder que não podia compreender.

Um enfermo, levado por um dos eminentes professores do Athénée, senhor Alma Grand, foi magnetizado duas vezes sem que os efeitos fossem muito aparentes. Na terceira vez, apresentou fatos novos muito curiosos. Após piscar ligeiramente, abundantes lágrimas, cuja fonte não se esgotava, corriam sobre seu rosto. O nariz também deixava escapar uma grande quantidade de serosidades e a boca, enfim, não querendo permanecer imóvel no meio daquela irrigação geral, pois a pele estava coberta de suor, lançava, pela comissura dos lábios, muita saliva. Logo a camisa e o colete estavam inundados, sem que o paciente tivesse feito o menor movimento. Entretanto, ele sentia e tinha consciência do que passava com ele, mas sua vontade estava paralisada. Os mesmos efeitos ocorreram todas as vezes que o magnetizei e todas as vezes, também, acusava um sentimento de melhoria e atribuía-o às corrente magnéticas que garantia sentir no ventre e nos membros quando era magnetizado.

Um jovem estudante, domiciliado no Athénée, era tão sensível ao magnetismo que, várias vezes estando diante das pessoas que eu magnetizava, cedia ao sono sem poder resistir. Fui avisado e magnetizei-o. Obtive com ele efeitos singulares; se o magnetizava de pé, não tinha o poder de fazê-lo avançar, mas sim de fazê-lo ajoelhar-se e, nessa posição que ele mantinha pelo tempo que eu desejasse, só precisava dirigir minhas mãos em direção ao assoalho para atrair sua cabeça, e curvá-lo inteiramente. Quando, nessa situação, eu o despertava, ficava sempre muito surpreso de se encontrar assim e não podia explicar como ali fora levado.

Se eu adormecia outra pessoa, ele também voltava a dormir sem que eu desejasse produzir esse efeito, e acordava naturalmente no momento do despertar daquela pessoa.

Garantiu-me que quando não ia à sessão e que estava em casa, sentia perfeitamente os momentos em que eu o magnetizava.

Um dos fatos mais notáveis deve ter seu lugar aqui. Algumas vezes na minha sessão, magnetizava uma dezena de pessoas, de caráteres e temperamentos diversos. Quando essa magnetização já durava uma meia hora, não era raro de ver sua influência longe dos magnetizados. Certo dia, uma senhora, a baronesa de Crespy-le-Prince, que frequentemente assistia a essas experiências, mais para acompanhar as senhoras que lhe pediam esse favor do que para examinar pessoalmente os efeitos do magnetismo, pois não acreditava nele, sentiu por três vezes seus efeitos violentos sem que eu tenha procurado magnetizá-la. Eis como: havia, entre as pessoas que eu magnetizava habitualmente, uma moça que apresentava efeitos bizarros: estremecimentos dos músculos do rosto, sobressaltos partindo do tronco e fixidez do olhar que tinha alguma coisa de catalepsia. Também sentia minha aproximação ou meu afastamento e ficava mais ou menos agitada com isso.

Todas as pessoas que eu magnetizava antes dela não afetavam absolutamente a senhora de Crespy, mas quando chegava àquela que acabo de mostrar o estado, a senhora de Crespy sentia-se tomada por sufocamentos e, logo, não podendo mais dominar os efeitos que sentia, éramos obrigados a conduzi-la ao cômodo vizinho. Não era simpatia ou antipatia: ela não conhecia a pessoa que causava os acidentes. Quando os efeitos cessavam na primeira magnetizada, também desapareciam na segunda. Uma única experiência não teria bastado para confirmar aquele fato estranho: verificamo-lo várias vezes. O barão de Crespy, meu amigo, homem muito versado em artes e literatura, convenceu sua mulher a consentir com novas experiências que, com efeito, aconteceram. Coisa estranha! Quando aquela crise dupla passava e eu magnetizava outras pessoas, a senhora de Crespy nada sentia.

Sabemos que duas cordas de violino vibram, quando montadas no mesmo tom em instrumentos diferentes, embora uma só tenha sido colocada em movimento. A impressão sentida pela senhora de Crespy não possuía algo análogo a esse fenômeno? – Não pretendo absolutamente explicar aqui os fatos magnéticos, deixo aos outros essa tarefa difícil.

Uma senhora inglesa, desde a primeira sessão em que assistia as experiências do Athénée, sentiu-se visivelmente atraída em minha direção, e era tomada por espasmos, se eu não fosse buscá-la em seu lugar para magnetizá-la diretamente. O que há de singular é que só podia adormecê-la totalmente se magnetizasse uma pessoa ao seu lado. Tentei em vão, várias vezes, outro procedimento.

Um dos membros do Athénée, homem eminente nas ciências físicas, o senhor Rousseau, ia com frequência às sessões magnéticas acompanhado de uma mulher de aproximadamente cinquenta anos, que ficava atormentada enquanto eu magnetizava. Quando consentiu em deixar testar com ela o magnetismo, sentiu quase que imediatamente uma agitação singular. Embora seus olhos estivessem fechados, percebia a direção dos meus dedos para o seu cérebro e manifestava, por movimentos das mãos e as contrações dos músculos do rosto, as sensações desagradáveis que a magnetização a fazia sentir.

Uma jovem senhora, levada ao Athénée por um dos professores, o senhor Lambert, consentiu em permitir que eu a magnetizasse. Após apenas quatro minutos do início da minha operação ela já caíra em uma espécie de sono magnético, acompanhado de um tremor no corpo inteiro e de uma respiração frequente. Fiz cessar esse estado em alguns minutos para evitar um ataque de nervos que tudo anunciava. Ela voltou uma segunda vez para ser novamente magnetizada, e logo vimos os sintomas do sono se manifestarem; porém, a agitação singular que já havíamos observado chegou de uma forma mais desenvolvida, e não pude impedir uma espécie de sufocamento, choros e alguns gritos. Apressamo-nos em acalmá-la e, alguns momentos depois, só lhe restava um leve cansaço nos membros e nenhuma lembrança do que se passara.

Um rapaz que acabava de ser instruído por mim a respeito dos procedimentos magnéticos, levou-me, ao Athénée, um dos seus amigos de sensibilidade tão grande que foi com temor que eu o magnetizei. A mais fraca ação do magnetismo atingia-o a mais de vinte e cinco pés de distância. Minha mão apontada para uma das partes do seu corpo aí determinava convulsões de grande intensidade. Quando insistia um instante na região do estômago, um movimento de torção do tronco inteiro ocorria, e se persistisse alguns minutos apenas, esses movimentos assemelhavam-se aos de um réptil. A respiração, então, mais que se duplicava, seu rosto tornava-se vermelho e inflamado, seus olhos brilhantes e, no entanto, não acusava qualquer sofrimento. Em

O Magnetismo em Oposição à Medicina 201

uma das sessões dei-lhe uma bengala e um chapéu magnetizados; quis andar com esses objetos, mas como se desenvolvia a ação magnética, os efeitos assemelharam-se aos da embriaguez; era-lhe impossível dar dois passos em linha reta. Esse estado curioso cessava imediatamente quando lhe eram tirados os objetos magnetizados. Quando o atraía para mim, ordenando-lhe de resistir, agitava-se alguns minutos sobre a cadeira, e lançava-se, então, com grande violência em minha direção. Muitos esforços eram necessários para impedi-lo de ir e creio que teria maltratado os que lhe barravam a passagem, se eu próprio não tivesse posto fim à luta, aproximando-me dele.
 Todos os magnetizados sentiam, nos cinco primeiros minutos, o início de minha ação sobre eles. Comumente, em torno dos dez minutos, os efeitos magnéticos haviam adquirido todo o seu desenvolvimento, e eu raramente os deixava durar mais do dobro desse tempo. No caso de o sono se manifestar, prolongava um pouco mais. Quando me aconteceu de interrogar as pessoas adormecidas sobre o tempo que queriam permanecer dormindo, respondiam: *Sempre*.
 Limito aqui essa exposição de fatos que poderia estender ao infinito, pois, várias vezes, aconteceu que uma só sessão tivesse demandado para fazer seu relato mais desenvolvimento do que dou para todas, de tanto que havia a observar e a descrever.
 Qual havia sido meu intuito ao realizar essas experiências? *Provar por meio de numerosos exemplos a existência positiva e irrecusável* de uma força chamada correta ou erroneamente de *magnetismo animal*. Não me pediram para justificar sua propriedade curativa, tendo em vista que me propuseram que magnetizasse apenas um doente. Então, como acabo de dizer, o que se queria constatar era somente a ação moral e física de um ser sobre outro e o jogo anormal que disso resulta. Produzi mais do que se poderia ousar esperar; com cem exemplos fatiguei os olhos dos assistentes com os maravilhosos fenômenos do magnetismo, e devo dizer de passagem que era necessário agir assim para que não mais restassem dúvidas sobre essa singular propriedade do homem. Quando vários dos meus ouvintes habituais ficaram saciados, pediram-me que lhes mostrasse o

sonambulismo lúcido, dizendo-me que estavam convencidos a respeito do magnetismo, porém que lhes restava a incredulidade acerca dos fenômenos da visão. *Mostrai-nos a lucidez!*, - repetiam-me eles. Sim, bem que gostaria, mas reconhecei agora a dificuldade que tenho para satisfazer-vos. Vede, todas as pessoas do mundo que tive a felicidade de aqui tornar sonâmbulas se foram quando lhes disseram, ao acordarem, que haviam falado durante o sono e anunciado o dia em que poderiam revelar o que para nós é desconhecido. Tratai de fazê-las voltar, acorrentai-as se agora puderdes. Procurai ganhá-las por meio de amabilidades, falai-lhes de vosso amor pela ciência ou, antes, do nobre desejo que tendes de satisfazer vossa curiosidade: só obtereis vagas promessas e a porta de vossa instituição uma vez aberta não mais se abrirá novamente para essas pessoas, pois elas temerão, bem erradamente, sem dúvida, entregar os mistérios de sua vida. Não digais que vós, em estado de sonambulismo, consentiríeis com as experiências, pois não sabeis nada sobre elas; a vida do sono magnético é uma nova existência tão diferente da vida ordinária que os gostos, as inclinações, até as afeições são alterados; e se sois sinceros, confessareis até que não vos deixareis atormentar e investigar como fizeram com certos magnetizados, sobretudo se tivésseis ouvido sobre vós a crítica que pessoas mal-educadas e ignorantes se permitiam por vezes fazer a respeito de pessoas respeitáveis que, no início, se prestaram de bom grado às experiências. Esses motivos e ainda outros não me permitiram insistir com os magnetizados para obter experiências mais prolongadas, pois eu não devia fazer isso; sei tudo o que pode sair de uma cabeça humana e a responsabilidade por certos atos não teria absolutamente recaído sobre meus contraditores, pois somente eu seria responsável.

Meu intuito era atrair ao estudo do magnetismo e não assustar os homens timoratos. Tudo o que tivesse ultrapassado certos limites da inteligência teria, imediatamente, provocado a luta entre os espectadores, e isso era o que eu mais temia. Realmente, como não temer as pessoas que, alarmando-se à visão de um ataque de nervos, se elevavam com indignação contra o magnetizador, causa voluntária desse acidente instrutivo? Como não recear pretensos cientistas que, indo pela primeira vez assistir às minhas demonstrações no Athénée, colocavam tudo sob suspeita? Não aconteceu que um dia, após ter, durante duas horas e meia, produzido fenômenos admiráveis com mais de oito pessoas, um médico aproximou-se de mim para lançar--me ao rosto a palavra *cumplicidade*? Sem dúvida, devo-lhe agradecimentos, pois, se a ele, médico, faltava senso para reconhecer fatos fisiológicos de extrema evidência, como esses mesmos fatos teriam convencido imediatamente homens alheios a todos os conhecimentos físicos? Eu estava, pois, permanentemente, em presença de escolhos; soube evitá-los não cedendo demasiadamente à exigência dos homens convencidos dos fenômenos magnéticos, mas que queriam ver mais do que eu produzia, e ousando, entretanto, desprezar bastante o julgamento dos tolos para me colocar acima de sua censura, expondo às claras e diante de um público sempre novo os fenômenos do magnetismo animal. O método que segui era o único racional, o único bom; logo todos se darão conta disso, pois só ele pode habituar as mentes às possibilidades da existência dos fatos sobrenaturais do sonambulismo.

Tendes um pouco de paciência – eu diria hoje àqueles que são avançados – esperai algum tempo; não vedes já que as prevenções se enfraquecem e que as pessoas começam a crer na existência de certos fenômenos? Os magnetizadores provarão aqueles que são ainda contestados, e logo, eu mesmo virei aqui, diante de vós, para produzir a série de milagres que não pudestes ainda presenciar.

Paris, 11 de outubro de 1839

O magnetismo em Metz
(20 de outubro de 1839)

O magnetismo é a charrua que cultivará as inteligências.

Logo que encerrei minhas experiências no Athénée, parti para Metz, de onde um dos meus alunos, o senhor Azeronde, escrevera-me uma carta muito urgente, a fim de me convencer a ir àquela cidade continuar o tratamento de doentes que ele soubera tornar sensíveis ao magnetismo e que sua repentina partida ia privar de cuidados. Soube, por esse amigo, que o magnetismo obtivera alguma aceitação, mesmo entre os médicos, e que agora bastariam alguns novos esforços para que, doravante, nossa ciência tivesse em Metz defensores devotados. Esse argumento determinou-me a fazer a viagem.

Mal lá havia chegado, soube que depois da partida do senhor Azeronde, as primeiras mentes que haviam se mostrado inflamadas de um belo zelo, haviam voltado à estaca zero, e que a opinião do povo, habilmente trabalhada pelos médicos incrédulos, também deixara de ser favorável ao progresso de nossas ideias. Então, era preciso recomeçar o trabalho dos primeiros apóstolos e pregar novamente nossa doutrina: foi o que me prometi fazer sem descanso.

Fatos muito curiosos já haviam sido produzidos na cidade. Um médico, o senhor Defer, registrara alguns em uma brochura publicada recentemente. Esses fenômenos são tão notáveis e, além disso, tão bem atestados que não posso deixar de transcrevê-los aqui. Os senhores da Academia de Medicina, que foram tão injustos e até tão desleais com o senhor Pigeaire, saberão que a visão sem o auxílio dos olhos, que não quiseram reconhecer totalmente, é constatada, que está destinada a se reproduzir e, consequentemente, a cobri-los de vergonha, pois eles não somente foram juízes parciais, como também caluniadores.

A brochura da qual extraio a passagem abaixo tem como título: *Expériences sur le magnétisme par J. R. E. Defer* [Experiências sobre o magnetismo, por J. R. E. Defer], doutor em medicina. Está em sua segunda edição, e pode ser encontrada na livraria P. Arquel, praça Napoléon, nº 6, em Metz.

A pessoa com a qual fizemos as seguintes experiências nunca ouvira falar do magnetismo; nós próprios não a conhecíamos. Apenas o acaso conduziu-nos à casa onde se encontrava, ignorando que seria magnetizada. Qual foi nossa surpresa e a dos assistentes quando, após oito minutos, obtivemos um início de sonolência, que foi aumentando até o mais profundo sono! Então, os olhos estavam totalmente cobertos pelas pálpebras; se tentássemos levantá-las, só conseguíamos com certa dificuldade e o globo ocular estava convulso. Sobrevieram, também, movimentos convulsivos nos membros. Dessa vez, a sensibilidade geral estava intacta. Perguntamos-lhe sobre seu estado, obtendo como resposta que ela sentia uma violenta dor de cabeça, enjoos e vontade de vomitar. Acordamo-la.

Com tais resultados, não podíamos permanecer ali. Alguns dias depois, a mesma pessoa quis se prestar a uma segunda experiência. Obtivemos, em alguns minutos, os fenômenos da sessão anterior, ou seja, a sonolência, a oclusão dos olhos, a convulsão do globo ocular e os movimentos convulsivos, mas também a insensibilidade e a perda de audição em relação às pessoas que não estavam em contato com ela.

Essa segunda experiência, um pouco mais concludente que a precedente, levou-nos a ir além: ela foi magnetizada novamente. O fenômeno da insensibilidade repetiu-se: podíamos picá-la, enfiar-lhe uma pena nas narinas, beliscá-la fortemente sem que ela parecesse sofrer. Não ouvia absolutamente as pessoas que lhe dirigiam a palavra sem estarem em contato com ela. A esse respeito, fizemos uma longa série de experiências que não deixaram qualquer dúvida sobre esse fenômeno digno de nota. As contrações musculares ocorreram como de costume, mas foram bem mais violentas que anteriormente. Quanto à visão sem auxílio dos olhos, não pudemos constatá-la positivamente, pois ela deu-nos, a esse respeito, respostas muito precisas, mas ao lado de respostas erradas.

Na quarta sessão, teve movimentos convulsivos muito violentos em todos os membros, que pareciam diminuir de intensidade por meio de alguns passes na frente do epigástrio. Essa observação levou-nos a questioná-la sobre o assunto, ao que respondeu que esses passes lhe proporcionavam um grande alívio. Repetimos as experiências sobre a insensibilidade, que novamente foi constatada. Mas dessa vez, a visão sem o auxílio dos olhos estava mais desenvolvida. Ela pôde dizer quantas pessoas havia atrás dela e ao seu lado. Apresentamos-lhe, sucessivamente, de um dos lados da cabeça, uma tabaqueira, um livro, gravuras, uma aliança, um relógio e um vaso. Não se enganou uma vez, nem sobre o nome dos objetos nem sobre suas cores. Entretanto, como as pessoas, desejosas de prolongar o prazer que sentiam, continuavam a dirigir-lhe perguntas, ela acabou por se impacientar e por não mais responder de uma maneira tão satisfatória.

Nessas quatro sessões, vimos pouco a pouco se desenvolverem fenômenos do sonambulismo, a passagem do estado de vigília ao de sono e a do sono ao sonambulismo magnético. Assim, na primeira sessão, só havíamos obtido um sono profundo e contrações involuntárias; na segunda, a insensibilidade e a perda de audição em relação às pessoas que não estavam em contato com essa magnetizada. A esse respeito, diremos que para se entrar em contato, toca-se, por um instante, as mãos juntas da pessoa ativa e da pessoa passiva, ou então, formando uma corrente. Na terceira sessão, a visão sem o auxílio dos olhos começou a ocorrer, e na quarta, estava mais desenvolvida. Todas as vezes, ela começou a rir e a chorar quase ao mesmo tempo na ação de despertar; mas o que principalmente nos impressionou, foi o contraste que havia entre o estado de vigília e o de sono na expressão de sua fisionomia, no seu porte e na sua conversa.

Na quinta experiência, adormeceu com grande facilidade e apresentou todos os fenômenos observados ao longo das primeiras sessões. Um dos assistentes colocou duas velas acesas sob seus olhos para certificar-se de que eles estavam perfeitamente fechados: as pálpebras não fizeram o menor movimento. Outra pessoa quis abrir as pálpebras, mas conseguiu com dificuldade: elas permaneciam como que aglutinadas e o globo do olho estava convulso. Colocamos, à sua frente, vários objetos e bem acima do eixo visual; identificou-os sem se enganar. A seguir, seus olhos foram cobertos com uma venda dobrada várias vezes, e apresentamos-lhe diversos objetos que nomeou sem hesitar. Alguém, que não estava convencido, quis saber se não era possível enxergar com essa venda. Após ter tentado, reconheceu que não podia ver nada e que não distinguia nenhum objeto. A seguir, colocaram-lhe essa mesma venda, de modo a deixar entrar claridade nos lados do nariz; ele enxergou apenas sob um ângulo muito agudo, mas não diante dele, como a pessoa magnetizada. Como tinha contrações muito violentas em todos os membros e, sobretudo, nos músculos da face, acordamo-la.

Os fenômenos da sessão seguinte foram bem mais curiosos ainda. Colocamos uma folha de algodão sobre seus olhos e, por cima, uma venda com várias dobras. Fizemo-la de mudar de lugar várias vezes, dispondo obstáculos no caminho. Evitou-os sempre como poderia fazê-lo em estado de vigília. Enquanto estava sentada em um canapé, mudamos de lugar a poltrona em que se sentara anteriormente, e isso sem que pudesse ouvir alguma coisa. Convidada a ir se sentar na poltrona, para lá foi sem hesitar e sem procurar ir para onde a mesma estava antes. Em seguida, fizemo-la jogar dominós e baralho, sempre com a venda nos olhos: prestou-se a isso de má vontade; mas tanto nos dominós quanto nas cartas, não se enganou e percebia muito bem quando era enganada. De repente, teve convulsões muito fortes, que só conseguimos acalmar com muita dificuldade. Esse estado foi acompanhado de uma grande prostração durante a qual nós a acordamos. Desperta, queixou-se de forte dor de cabeça, de uma sensação de cansaço e de dilaceração em todos os membros.

Na sétima experiência, foi adormecida em alguns minutos. Colocaram em seu rosto uma meia máscara, e os fenômenos da visão manifestaram-se como de costume. Fizeram-lhe, a seguir, perguntas muitos simples às quais não quis responder; seu amor-próprio parecia ferido com a grande simplicidade das perguntas. Quando lhe perguntavam o nome de um objeto colocado à sua frente ou ao lado de sua cabeça, ela respondia sempre: *Vós o sabeis tão bem quanto eu, assim não tenho necessidade de vos dizer.* Depois, foi colocada em um canto da sala onde reinava uma obscuridade quase completa, e apresentaram-lhe grande quantidade de gravuras, sobre as quais citou pormenores que estavam corretos. Reconheceu várias pessoas que estavam diante dela; tampouco se enganou sobre a quantidade de pessoas presentes, embora várias tivessem se retirado para tornar a experiência mais concludente.

Na oitava sessão, reconheceu várias letras colocadas diante de sua testa, mas colocaram uma venda em seus olhos, com todas as precauções, como garantia de que ela não pudesse vê-las, reconheceu novamente outras letras que lhe apresentaram. Fizeram-na ir de um quarto ao outro, atravessar um corredor e um pátio: fez todo esse trajeto sem sequer tocar na parede. Como estava na rua, quis ir-se embora; fizeram-na notar que havia esquecido o xale e voltou para pegá-lo com a mesma facilidade. Um instante depois, estouraram em seus ouvidos várias cápsulas e não foi observado nenhum movimento seu. Fizeram-na andar novamente, sempre com a venda nos olhos; várias vezes foi-lhe dito para ir sentar-se em lugares diferentes, para reencontrar sua poltrona. Ela executou todas as ordens tão bem quanto na véspera, evitando até os pequenos obstáculos. Depois, foram feitas grandes quantidades de experiências sobre a paralisia da audição, a clarividência e a insensibilidade, e os resultados foram satisfatórios.

Na sessão seguinte, colocaram, como habitualmente, a venda em seus olhos, e sempre com as mesmas precauções, depois a fizeram jogar dominós. Um dos seus dominós sempre fora virado, quer dizer, o lado onde estavam marcados os pontos estava voltado para a toalha da mesa; era preciso jogar o quatro ou o zero. Ela pegou sua pedra sem desvirá-la e colocou-a corretamente, o quatro contra o quatro. Foram repetidas as experiências sobre a paralisia auditiva, por meio do fuzil, e permaneceu imóvel. Fizeram-na jogar baralho. A pessoa que jogava com ela colocou sobre a cobertura da mesa o valete de copas e ela pegou-o com o rei; como sua jogada foi contestada, respondeu com segurança: *Jogastes o valete, eu o rei, a mão é minha.* Em vão várias pessoas com as quais não estava em contato, gritaram-lhe aos ouvidos e fizeram ao seu lado todo o barulho possível; ela permaneceu muda. Foi-lhe colocado sob o nariz um frasco de Água de Colônia e um de amoníaco, mas permaneceu insensível; perguntaram-lhe se sentia algum odor, ao que respondeu que estavam zombando dela, que só havia água nos frascos. Alguém que queria jogar com ela, propôs-lhe uma só partida de dominó e jogar a dinheiro. Consentiu e jogou com tanta facilidade quanto na véspera; não errando uma só vez. Notamos que quando era obrigada a procurar nos dominós restantes, o que comumente chamamos de comprar, pegava sempre a pedra de que precisava e colocava-a corretamente, sem virá-la. Também pôde costurar no escuro.

Acabamos de ver, nas cinco últimas experiências, exemplos notáveis de visão sem o auxílio dos olhos, de paralisia auditiva e de olfato. Teremos ainda oportunidade de constatar esses fenômenos nas próximas experiências. Para ter total convicção sobre a realidade da visão sem o auxílio dos olhos, algumas pessoas imaginaram utilizar uma venda feita com diaquilão[1], a fim de impedir a penetração de qualquer raio luminoso nos olhos. Foram feitas duas vendas de pele, que foram coladas sobre a venda de diaquilão. Todos as testaram: foi constatado que não somente não se podia ver nenhum objeto, como também que não se podia perceber a presença ou a ausência de luz.

Fizemos uma décima experiência. Ela foi magnetizada em poucos minutos. Foi colocado um ferro imantado em várias partes do seu corpo e logo começou a fazer movimentos convulsivos. A seguir, foi-lhe colocada uma placa de vidro no epigástrio e, por meio de alguns passes feitos diante dessa placa, teve convulsões muito violentas. Como havíamos notado, nas sessões anteriores, que passes diante do epigástrio e ao longo dos membros acalmavam-na imediatamente, tentamos e obtivemos o mesmo resultado. A seguir, entrou em estado de prostração; todos os músculos estavam muito relaxados. Deixamo-la descansar um pouco antes de continuar as experiências. Servimo-nos, então, de uma placa de metal e em vão fizemos passes, nada se manifestou. Repetimos a experiência com a placa de vidro, e logo as convulsões reapareceram. Colocamos sob seu nariz um frasco de amoníaco e perguntamos-lhe se sentia algum odor; ela respondeu que zombávamos dela, que só havia água no frasco. Alguém lhe perguntou se gostava de música, ao que respondeu que gostava muito e teria muito prazer se alguém lhe tocasse um instrumento. Um dos assistentes dedilhou, então, um violão,

---
[1] N. T. – Emplastro feito com várias substâncias: terebintina, cera etc.

mas como ela parecia não ouvir nada, perguntaram-lhe o que achava da música que estava sendo tocada: respondeu que não estavam tocando nada, que zombavam dela. Alguém que estava em contato com ela tocou, a seguir, o mesmo instrumento, e logo ela acompanhou--o com sua voz. Repetimos a mesma experiência e de repente ela parou dizendo: *Pois bem! Não estão mais tocando.* Realmente, a pessoa que tocava não estava mais em contato com ela. Foi fácil percebermos que gostava de música e assim aproveitamo-nos desse meio para colocar-lhe, sem que percebesse, a venda da qual falamos. Fizemo-la ver uma lanterna mágica; percebeu perfeitamente todas as imagens e sobre cada uma forneceu pormenores minuciosos. Várias pessoas jogaram com ela dominós e cartas: ela não poderia ter-se saído melhor. A respiração foi muito prejudicada e as pulsações variaram de 104 a 110.

A sessão seguinte não foi menos curiosa. Repetimos todas as experiências precedentes com pleno sucesso. A placa de vidro causou convulsões e a metálica não produziu nenhum efeito. Uma ponteira metálica, colocada no epigástrio, causou movimentos convulsivos, ao passo que uma ponteira de vidro não causou efeito, como a placa metálica. A mão colocada na mesma região fez reaparecerem os movimentos convulsivos tão fortes, que mal podíamos segurar a pessoa magnetizada, pois sua força havia aumentado consideravelmente. Alguns passes diante do epigástrio fizeram cessar imediatamente aquele estado de agitação que foi substituído por grande abatimento. Durante essas experiências, o pulso subiu a centro e vinte e quatro pulsações por minuto, e a respiração tornou-se tão difícil que pensaríamos em um sufocamento iminente, se tal estado não tivesse se apresentado nas sessões anteriores.

Como havíamos notado que nela a música produzia bons efeitos, pedimos a alguém presente para tocar violão. Perguntamos a ela se gostava da música tocada, respondeu que não ouvia nada, que não nenhum instrumento estava sendo tocado. Pedimos-lhe que escutasse bem, mas nada ouviu. No entanto, alguém tocava o violão, mas sem ter sido colocado previamente em contato com ela. Estabelecido esse contato, acompanhou o instrumento com louca alegria. Aproveitamos, então, para colocar-lhe a venda de diaquilão, depois fizemo-la jogar novamente dominós e baralho e ela saiu-se como de costume. Enquanto a acordávamos, sentiu ainda violentas convulsões; disse que sentia fortes tremores na região do coração, e formigamentos nos membros.

Na décima-segunda sessão, foi mergulhada no sono magnético em menos de três minutos. Colocamos-lhe a mesma venda nos olhos e a visão continuava a ocorrer; apresentamos-lhe, sucessivamente, vários objetos que ela nomeou rapidamente. As experiências das placas e das ponteiras foram repetidas com os mesmos resultados. Demos-lhe várias descargas elétricas tão fortes quanto possível e ela permaneceu insensível; uma única vez percebeu faíscas e disse que queríamos queimá-la. Formamos a corrente para nos certificarmos se as descargas eram bem fortes; a pessoa magnetizada foi a única a permanecer insensível, pois os outros não puderam se impedir de romper a corrente. Uma pessoa em contato com ela deixou a sala, desejando-lhe boa tarde; mas voltou pela janela sem o menor ruído e a magnetizada disse que acabara de ver entrar aquela pessoa, e indicou o lugar em que ela estava.

As experiências por meio da máquina elétrica e da garrafa de Leyde foram repetidas na décima-terceira sessão com o mesmo sucesso. Colocamos-lhe a venda nos olhos, depois apagamos as luzes sem que ela percebesse. Viu uma rosa de Provins[2] no meio de várias outras rosas; identificou, igualmente, várias pedras de dominó e vários outros objetos na escuridão. Naquele dia, estava extraordinariamente alegre, contou várias historietas com uma ingenuidade sem igual. Alguém, que estava em contato com ela, começou a tocar vio-

---
2 N. T. – Também conhecida como rosa-rubra.

O Magnetismo em Oposição à Medicina 213

lão, e logo abandonou sua narração para acompanhar o instrumento. Alguém cantou uma nova canção que certamente lhe era desconhecida; cantou como conhecesse a romança e a ária; terminou, muitas vezes, um verso iniciado. Enquanto cantava, fizeram aos seus ouvidos todos os ruídos possíveis, produziram os sons mais discordantes e ela continuou a cantar. Uma pessoa colocou-lhe, sem dizer a ninguém, uma pistola atrás da cabeça; de repente, pareceu inquieta, depois começou a chorar, dizendo que queriam matá-la com uma pistola. Na última sessão, fizeram-na jogar cartas, sempre com a venda nos olhos; enquanto se ocupava em fazer seu jogo, apagaram todas as luzes que iluminava a sala, e ela continuou a jogar sem atrapalhar-se. Terminada a partida, levantou-se, afastou as cadeiras que se encontravam em seu caminho e foi sentar-se longe. Trouxeram novamente as velas para verificarem se havia jogado bem, e ficaram surpresos de não encontrá-la no seu lugar; ela não se enganara. Então, alguém perguntou-lhe porque havia deixado assim o jogo: respondeu que estava cansada. Um dos assistentes tentou várias vezes enganá-la mudando as cartas: foi sempre inutilmente. A seguir colocaram à sua frente uma transparência, na qual estavam escritas as palavras: *Fogos píricos*, que ela leu muito bem. Tal transparência foi substituída por várias outras representando diversos assuntos que não apenas detalhou bem, mas dos quais fez apreciação das mais delicadas nuances. Constantemente disse o número das pedras dos dominós que cada um pegava entre suas mãos, e não se enganou sobre o valor de cada dominó no escuro; assim, apresentávamos-lhe um sem tê-lo visto; ela dizia que era o duplo-quatro; trouxeram a luz para verificar se não se enganara: era, realmente, o duplo-quatro. Levantamos-lhe a pálpebra e vimos, como em várias sessões anteriores, o globo ocular virado convulsivamente para cima. Um dos assistentes lançou várias vezes um grito de terror aos seus ouvidos, e ela não fez nenhum movimento. Um instante depois, como alguém aproximava dela uma haste metálica, começou a fazer movimentos convulsivos e, com ou sem venda nos olhos, os movimentos se repetiram nas partes para onde a haste metálica era dirigida. Dirigimos a mão para o epigástrio; à sua aproximação, a sonâmbula agitou todos os membros. A aproximação da mão de uma das partes do corpo era sempre acompanhada de convulsões. Suspendemos essas experiências para verificar se os movimentos convulsivos não ocorriam sem a aproximação das mãos e nada se manifestou. Enfim, quisemos saber se era sensível aos sofrimentos alheios. Para tanto, demos piparotes em alguém que tocava uma de suas mãos e que se encontrava em contato com ela, e logo se manifestaram contrações nessa mão. Essa experiência foi repetida várias vezes com os mesmos resultados.

As últimas experiências nos fizeram ver a clarividência no mais alto grau, a insensibilidade aos choques elétricos, a aceleração da respiração e da circulação e a faculdade contrátil que se manifestava quando aproximávamos dos dedos uma haste metálica ou uma placa de vidro. Uma haste de vidro e uma placa metálica não produziam, ao contrário, nenhum efeito. A sonâmbula pareceu-nos, a seguir, sensível às dores das pessoas em contato com ela. Quando despertava, sempre pareceu ignorar as circunstâncias do seu sonho; a esse respeito, não pudemos ter outra garantia, a não ser sua declaração e as das pessoas que convivem com ela todos os dias.

A pessoa com a qual experimentamos sempre esteve acompanhada de sua irmã e alguns outros parentes. Cada sessão durou das oito horas da noite à uma hora da manhã; prosseguimos nossas pesquisas e multiplicamos nossas observações, redobrando os cuidados, a atenção e a desconfiança. As distintas pessoas que assistiram às nossas experiências, a seguir também operaram a fim de melhor observar; fomos todos forçados a nos render à evidência.

Entre essas pessoas, citaremos os senhores:
Bedfort, diretor das oficinas dos projéteis de guerra;.
Collard, lugar-tenente de artilharia;
Cuny, chefe de instituição;
Culmann, chefe de esquadrão de artilharia, professor de química da escola de aplicação, membro da Academia Real de Metz;
De Larue, guarda-geral das águas e florestas;
Desfaudais, aluno da escola de aplicação.
Didion, capitão de artilharia, professor da escola de aplicação, vice-presidente da Academia Real de Metz.
Barão de Guillemin;
Jacob, major de engenharia;
Jacob, capitão de artilharia;
Lemonnier;
Livet, capitão de engenharia;
Hermitte, antigo professor de física e de química do Colégio Real de Metz;
Madaule, idem;
Maline, advogado;
Melchior, aluno da escola de aplicação.
De Nicéville;
De Résimont, general a serviço da Rússia;
De Résimont, doutor em medicina;
Rodolphe, capitão de artilharia, membro da Academia Real de Metz;
Thirion, notário.
Trancard, capitão de engenharia.
Tais pessoas assinaram conosco a minuta da presente memória, arquivada nos arquivos da Academia Real de Metz.

Fatos tão extraordinários e tão positivos apenas convenceram os que deles foram testemunhas. O relato desses fenômenos encontrava incrédulos tão obstinados que, desejando reproduzir esses mesmos fatos diante deles, os magnetizadores não conseguiram. Assim, os homens que duvidavam apressaram-se, desde minha chegada, em me ordenar a provar-lhes a existência da visão sem o auxílio dos olhos, ignorando se eu adotava esse fenômeno e, até mesmo, o que eu queria estabelecer. A publi-

cidade ia levar ao alcance de todos a minha recusa ou minha aceitação do desafio que me propunham. Não respondi a essa provocação que me pareceu singular, pois não viajando com uma carga de sonâmbulos, eu devia ter tempo para tentar encontrar uma na região, já que os médicos queriam a toda força, não saber se o magnetismo cura, o que é, entretanto, bastante interessante para eles, mas apenas ter certeza de um fato que, mil vezes justificado e considerado, não pode fazer a arte de curar avançar um passo. Não me ocupava, portanto, dessa oposição que criava obstáculos aos meus primeiros passos. Pronunciei o discurso sobre o magnetismo que havia anunciado, e trezentas pessoas, reunidas no salão do Palácio Municipal de Metz, puderam conhecer minhas ideias sobre o magnetismo e o objetivo que eu procurava alcançar. Abri imediatamente uma lista de inscrição para as pessoas que gostariam de se instruir sobre o magnetismo, e vi acorrer à minha casa, pessoas ilustres, cujos nomes seguem abaixo:
Senhores:

> Woirhaye, advogado; De Gressot, capitão de artilharia; Brunei, idem; De Baye, oficial de artilharia; De Mont--Ronds, oficial de artilharia; Bouchotte, antigo coronel de artilharia, antigo deputado; De Courcells, proprietário; Emmanuel Duhart; Malherbe, ex-oficial da marinha; Scoutteten, cirurgião-chefe do hospital militar; Devercly, capitão de artilharia; Weylandt, médico; Fresnau, cirurgião militar; Aubert; Barão de Guillemin, proprietário; Émile Bouchotte, antigo prefeito de Metz; Bertaux, vive de rendas; Lanty, verificador de domínios; Grellois, assistente de major; Degros, capitão de engenharia; Souillard; Lafitte, ex-ministro protestante; Goffre, assistente de major; Ragon, aluno da escola de aplicação; Legros, idem; Portier; Terquem, farmacêutico, Farre; Jacquin; Goulier, aluno da escola de aplicação; Bertaux, capitão de artilharia; Malherbe (Charles), capitão de artilharia; De Riocour, sublugar-tenente da escola de aplicação; De Résimont, D. M.; Noiret, lugar-tenente de infantaria; Pineau, oficial de artilharia; Desain, professor de física; Colle, capitão de artilharia, membro da Academia de Metz; Bompart,

antigo prefeito e ex-deputado de Metz; Lucet; Boquien; Hoffe; Lissenenson; Deville; De Brevan; Renaud; Edouard Michel; Usquin; Renard; Richard Nicolas, notário; Milleroux; Maillot, professor da escola militar; De Prailly, capitão do corpo real do estado-maior; Champignelle Voirhaye; Jacquin Fils, capitão do estado-maior; Gossins, advogado; Meline, inspetor da Academia; Malin, capitão comandante; Zorn, negociante; De Fénélon, aluno da escola de aplicação; De Pont-Briant, engenheiro da cidade; Rodolphe, capitão de artilharia; Roblaye, capitão auxiliar de campo; Delagatinais, capitão; Malherbe, lugar-tenente de artilharia;

Aberto meu curso, expus, primeiramente, os princípios do magnetismo, e dando a conhecer os trabalhos dos homens de mérito que me precederam na carreira, anunciei que produziria diante dos olhos dos meus alunos uma parte dos fenômenos que analiticamente expusera.

Aqui, devo ceder a palavra a um dos meus ouvintes, o senhor Grellois, que, por amor da verdade, submeteu-se às minhas experiências, e quis relatar, no *Indépendant de la Moselle*, o que ele sentira e vira manifestar-se em outras pessoas. É o seu relato que vós ireis ler, e minhas reflexões ou meus complementos seguirão após o seu último artigo.

Magnetismo animal

Primeiro artigo
Metz, 1º de novembro

Hoje, quando um dos mais eloquentes apóstolos de Mesmer espalha sobre Metz os germes de sua ciência, reina uma quase vertigem magnética; todas as bocas pronunciam a palavra sonâmbulo; em todos os ouvidos ressoam a palavra magnetismo. Ainda alguns dias de êxtase e poderemos, sem dúvida, dividir nossa cidade em dois campos: de um lado os magnetizadores, de outro os sonâmbulos.

Acreditamos, pois, que fizemos uma obra piedosa ao entregar ao domínio público os resultados práticos das lições do professor. Quais serão esses resultados? Estarão escoltados de fatos adequados para açambarcar todas as convicções? Ignoro-o, mas o desejo. Veremos e julgaremos.

Mas para ler com proveito um relato de experiências magnéticas, pensamos ser necessário possuir algumas noções gerais sobre o magnetismo.

Chamo, pois, todos que se interessam por esse assunto! Que me sigam e conduzi-los-ei às portas desse santuário no qual eu mesmo ainda não penetrei.

Abordo o assunto; eis-me aqui.

Definir o magnetismo não é uma coisa fácil; faltam-nos os elementos de uma boa definição. Digamos apenas que essa palavra expressa "uma influência recíproca que por vezes se opera entre dois indivíduos, em virtude de certos contatos, com a ajuda da vontade e da sensibilidade física".

Eis uma definição que poderia, também, ter necessidade de ser definida, mas transmito-a como a concebo e por aquilo que vale, não dando a ela senão uma mínima importância. Mesmer, médico alemão, que estava em Paris em 1778, foi o primeiro dos modernos a reconhecer os fenômenos magnéticos, donde vem o nome *mesmerismo* sob o qual há algum tempo foram designados; as pessoas concordavam, então, em considerá-lo *o inventor* do magnetismo animal. Mas os espíritos investigadores não estavam à vontade em uma esfera que não lhes dava muito a circular senão através de meio século, e como toda a sua boa-vontade não pôde fazê-los remontar até o dilúvio, foram obrigados a se deter no filho de Jacó, e, consequentemente, explicam pelo magnetismo vários milagres de José. – Bem prudente quem ousar fazer um desmentido!

Pedi outros exemplos ao doutor Foissac; ele vos ensinará que Moisés era um grande magnetizador, já que fez, pela imposição de suas mãos, Josué ganhar a batalha contra os amalecitas. É verdade que, quando suas mãos cansadas esmoreciam, a chance do combate se invertia, e a vitória só foi obtida porque Arão e Hur seguraram cada uma de suas mãos, até que a ação fosse decidida. – Rápido, para a primeira guerra, um batalhão de magnetizadores!

Ele vos dirá, ainda, que Jesus Cristo foi o primeiro magnetizador de sua época, já que expulsava demônios e curava os doentes pela imposição das mãos. Dizem que os apóstolos, instruídos por seu divino Mestre, adquiriram, na mesma ciência, um talento notabilíssimo.

Perto deles, seus precursores, os profetas, eram apenas magnetizadores de ordem inferior.

Mas é, sobretudo, a Antiguidade profana que nos oferece uma mina fecunda para ser explorada. O que era, pois, o demônio de Sócrates? Esse sábio, que permaneceu um dia em êxtase, segundo Xenofonte e Platão, não estava em uma crise de sonambulismo? Sócrates, aliás, reconhecia-se como um gênio de pressentimento.

Toda a história da adivinhação não está impregnada com a chancela magnética? As sibilas, as pítias, os hierofantes, os adivinhos, os augúrios, os segredos das cavernas de Trofônio, de Esculápio, de Anfilóquio etc. Citemos, ainda, os tremedores[1] de Cevenas e os convulsionários de Saint-Médard.

Que as pessoas percorram os livros de Paracelso, Van Helmont, Robert Fludd e ainda de outros, e poderão convencer-se de que Mesmer não possui nenhum direito ao título de inventor da teoria magnética.

Entretanto, Mesmer estudou, compreendeu e reuniu os trabalhos dos seus precursores; fez ao mesmo tempo um estudo aprofundado do sistema nervoso e das inúmeras modificações que sua ação pode receber.

Com a ajuda desses diversos elementos, ele imaginou que o universo encontra-se envolto por um fluido de excessiva sutileza, que impregna todos os corpos; circula através do sistema nervoso, penetra em cada molécula e determina, em todo esse sistema, efeitos variados que se manifestam sob a influência de certas condições. O fluido é acumulado na cuba magnética, nos instrumentos de música, no piano, no harmônio e nos órgãos do magnetizador; transmite-se pela comunicação estabelecida entre os indivíduos magnetizados.

Eis o aparelho de Mesmer, descrito pelo senhor Calmeil: os indivíduos que serão magnetizados são reunidos em uma sala onde reina um silêncio religioso, ao redor de uma cuba de madeira, cuja tampa dá passagem a hastes de ferro recurvadas, que tiveram o cuidado de colocar em contato com certo número de enfermos. Todos se comunicam entre si com a ajuda das mãos e de uma corda que, depois de cingir todos os corpos, forma a corrente. Cantos, sons do piano, do harmônio ressoam no cômodo; o mestre, armado de uma vara de ferro, dirige sua ponta de um lado ao outro. Com frequência, impõe suas mãos sobre os hipocôndrios, o baixo-ventre, ou então, passa seus dedos pelo pescoço, pela nuca, fixando o olhar no doente.

Certo número de pessoas, sentadas ao redor da cuba, nada

---

1 N. T. – Fanáticos jansenistas do século XVIII, em quem a exaltação religiosa causava convulsões

O Magnetismo em Oposição à Medicina

sentem de particular; outras se entregam a espreguiçamentos, bocejos, acusam mal-estar, dores vagas, sensação de calor; outras caem em uma espécie de torpor, têm convulsões histéricas extraordinárias pela duração e pela violência dos acessos. Essas convulsões quase nunca atingem os homens; uma vez que atingem uma mulher, a maioria das outras é afetada em pouco tempo. Em torno da cuba, reina a calma, o tédio, o abatimento, a agitação, elãs simpáticos inexprimíveis; os enfermos, como se estivessem dominados pelo poder e pela vontade do magnetizador, obedecem à sua voz, aos seus gestos, ao seu olhar, ao menor dos seus sinais: uma ou duas horas bastam para a obtenção de todos esses efeitos.

Desde seu surgimento, o magnetismo teve o encanto das mais belas descobertas; foi uma verdadeira pedra no caminho contra a qual vieram se agitar as pequenas paixões dos grandes da ciência.

Crentes estúpidos, de um lado, sob as palavras do mestre, se lançaram impetuosamente na fé magnética; desafiaram os traços temíveis do sarcasmo que os combatia; vários teriam desafiado o martírio, tanto que sua fé era profunda. De outro lado, pirrônicos[2] reforçados, armados somente de um ceticismo sistemático, negaram, obstinadamente negaram, mas sem procurarem ver nem se convencer; o que sua razão não concebia, seu espírito não podia admitir.

Tais são as duas classes de pessoas que quase derrubaram o edifício magnético antes que suas próprias fundações fossem lançadas. Acreditar em tudo ou tudo negar nas ciências são dois extremos igualmente prejudiciais ao seu progresso.

Mas não é tudo: eis que Mesmer atirara a luva a uma ilustre corporação; empregava o agente que descobrira contra uma série de doenças e reclamou a sanção da Academia das Ciências. Uma comissão foi nomeada e seu relatório lançou contra o pobre magnetismo um anátema avassalador. Apenas um dos seus membros, o senhor de Jussieu, declarou, em um escrito particular, que esse meio podia ser útil, e que os efeitos produzidos pelo magnetismo podiam ser reais.

Seria o fim do berço de nossa ciência, se algumas vozes iso-

---
2 N.T. – Céticos.

ladas, de tempos em tempos, não se erguessem em seu favor. Os ferventes adeptos, sobretudo os que viram, que viram com seus próprios olhos, continuaram suas experimentações em silêncio, e apenas se ocuparam da atenção do mundo científico em 1821, época em que uma nova comissão saiu do seio da Academia de Medicina para submeter a um rigoroso exame os trabalhos de vários magnetizadores, entre outros, o senhor Du Potet, que experimentava no Hôtel-Dieu e em Bicêtre, diante dos olhos dos senhores Récamier e Husson.

Aqui a questão não mais se colocou nos mesmos termos que em 1784. Não se tratava mais de cubas, varinhas, gritos, música, inúmeras reuniões de magnetizadores e de magnetizados, correntes, convulsões etc. Um fenômeno novo, o sonambulismo, observado desde aquela época, devia chamar a atenção da comissão. Mas o relatório escrito cinquenta e três anos antes condicionou as declarações deste. Os membros da comissão não agiram de má-fé, mas chegaram com ideias preconcebidas, examinaram mal ou não examinaram, e o magnetismo, escorado por seus sonâmbulos, teve uma nova derrota.

Desde então, a Academia de Medicina ocupou-se várias vezes dessa questão. Várias comissões, designadas por ela, e compostas de homens sábios e conscienciosos, procuraram penetrar os segredos do fenômeno, mas em nenhum relatório foram favoráveis ao magnetismo. Erro de julgamento, foi assim que polidamente o consideraram aqueles que não ousaram aviltar abertamente seus adeptos com o título de ilusionistas ou charlatães.

Por outro lado, as experiências continuaram a se multiplicar e a França cobriu-se, de certa forma, de uma rede magnética. Em toda parte, exceto nas sociedades científicas, os prodígios magnéticos atingiram todos os olhos.

Algumas vozes até mesmo consideraram-nos um milagre!

Eis o estado da questão; eis o ponto de vista em que devemos nos colocar para julgar as experiências práticas. Estamos, então, leitores, vós e eu, colocados como juízes no meio desse antagonismo científico, dessa luta encarniçada que só acabará com a extinção de um dos partidos adversos. Não temos qualquer opinião preconcebida, votaremos, pois, com inteira liberdade de consciência; e logo, graças ao senhor Du Potet, poderemos cingir com uma coroa triunfal a fronte dos magnetizadores! Assim o espero e acredito!

Segundo artigo
Metz, 4 de novembro

No momento em que assumimos a ciência e em que desejamos estudá-la, uma estranha questão se levanta em primeiro lugar: – O magnetismo existe? Responderemos emitindo apenas nossa opinião.

Se quisermos considerar o magnetismo como a expressão de um estado insólito do sistema nervoso, que pode se manifestar por determinados fenômenos, cujos análogos se encontram em alguns estados doentios, tais como a histeria, a catalepsia, não podemos nos recusar a admiti-lo. Se quisermos que ele tenha como efeitos a exageração das sensações internas, das faculdades perceptivas e reflexivas, uma ação especial sobre os órgãos dos sentidos, somos ainda forçados a reconhecer que ele existe como um fato na ordem natural.

Mas se quisermos transformar os magnetizadores em novos taumaturgos, em profetas, em adivinhos; se julgarmos poder transpor os órgãos de um sonâmbulo, fazer *ver* pela nuca ou pelo ventre, experimentar com os dedos etc., reconhecemos nossa extrema incredulidade; mas a reconhecemos de bom grado, principalmente porque os escritos de vários magnetizadores hábeis e conscienciosos não mencionam esses prodígios surpreendentes. – Encerrando-se nos limites da razão, o magnetismo ainda encontra bastante força para surpreender e fazer crer na existência de um agente, cuja essência ainda não é conhecida.

Entretanto, que nos mostrem os fatos e nos renderemos à evidência. Os adversários do magnetismo atribuíram seus fenômenos a diversas causas que só tenderiam a derrubá-lo.

Assim, uns atribuíram-no à *imitação*. Essa hipótese poderia ter algum valor se as pessoas só entrassem em estado de sonambulismo depois de terem já sido testemunhas de experiências magnéticas, e se os sonâmbulos não reproduzissem, então, senão os atos que tivessem observado. Mas está longe de ser assim: são magnetizados indivíduos que jamais suspeitaram da existência dessa ciência; e quando operamos em indivíduos que foram testemunhas antes de serem atores, as ações são, por vezes, completamente diferentes, pois existe entre os sonâmbulos a mesma diversidade de efeitos que entre o caráter e a fisionomia dos homens. Magnetizamos com sucesso escravos negros, camponeses que não sabem ler nem escrever, crianças de pouca idade: de onde eles extrairiam os germes da imitação?

Os que atribuíram o magnetismo à *imaginação* não foram mais felizes. – Os magnetizadores exercem sua ação sobre indivíduos dos quais estão separados por uma porta, uma parede, e quando estes nem mesmo suspeitam de sua presença: que papel poderia então representar a imaginação? E como essa causa explicaria, ainda, o magnetismo entre os idiotas, os alienados, as crianças? A imaginação é, indubitavelmente, mais rica, mais brilhante entre os meridionais do que entre os russos, os suecos e, entretanto, em Roma ou em São Domingos, os efeitos magnéticos não são mais espetaculares do que em São Petersburgo ou em Estocolmo.

Ao contrário, foi reconhecido que pessoas com imaginação viva são menos aptas que as outras ao êxtase magnético.

Outros explicaram os fenômenos pela ação do *calor animal* do magnetizador sobre o magnetizado. Mas essa explicação cai por si só quando os *passes* são feitos sem contato imediato, o que é o mais comum.

Adotaremos a ideia de *simpatia* entre os dois seres que estão em contato? – Mas esse sentimento não pode existir entre dois indivíduos que não se conhecem; essa ação espontânea, que nos aproxima de uma pessoa em detrimento da outra, é um fato raro e não podemos admitir que uma ligação simpática una, à primeira vista, o magnetizador com todos os indivíduos que se submetem à sua ação. Além disso, o que diremos quando o magnetismo é aplicado a objetos inanimados?

Na realidade, julgamos, todavia, que uma impressão de desgosto, de horror, uma repulsa qualquer entre dois indivíduos seria um obstáculo talvez invencível à manifestação dos fenômenos.

Enfim, o que não disseram da *artimanha*, da *cumplicida-*

de? Se alguns patifes, por vezes, usurparam o título de magnetizadores, não podemos contestar um número imenso de experiências que oferecem toda a autenticidade desejável.

Os magnetizadores se veem, pois, forçados a admitir a existência de um fluido particular, que estabelece a comunicação entre o operador e o operado; fluido ao qual será decidido se será imposta a denominação de magnético, de fluido nervoso ou de princípio vital, que talvez seja a alma de Stahl[3], o arqueu[4] de Van-Helmont etc. – Pouco importa, não sendo as palavras senão a expressão material das ideias, elas sempre representarão, de uma maneira confusa, uma ideia que não está nitidamente gravada na mente.

Sem pesquisarmos a natureza dessa causa, julgamo-la, no entanto, idêntica àquela dessas grandes aberrações nervosas que produzem efeitos tão notáveis e se espalham, algumas vezes, sobre toda uma população de uma maneira, de certo modo, epidêmica. (Medo de demônios, tremedores, convulsionários etc.).

As condições necessárias para a obtenção dos fenômenos magnéticos são bem simples; não é necessário, como tanto se repetiu, que o indivíduo magnetizado seja crente, que uma ligação simpática o una ao seu magnetizador, que ele concentre toda a sua mente na operação a que vai se submeter; todos os dias incrédulos são magnetizados, pessoas se põem em contato sem previamente se conhecerem, e os que endurecem sua vontade contra o magnetizador não são os mais lentos a sentirem seus efeitos.

Contudo, nem todos estão aptos a se comunicarem ou a receberem o fluido; nos indivíduos fracos, nervosos, sensíveis, irritáveis, portadores de afecções crônicas; nas crianças, nos velhos, nos hipocondríacos, nos melancólicos, nas moças histéricas, ele penetra comumente com facilidade; os indivíduos pletóricos, acolchoados de gordura são, ao contrário, rebeldes à sua influência. É falso dizer que as mulheres são melhores

---
3 N.T. – De acordo com a teoria médica, chamada animismo, do médico alemão Georg a alma tinha uma influência direta sobre a saúde. Uma única e mesma alma é ao mesmo tempo o princípio da vida e do pensamento.
4 N.T. - Segundo Paracelso e seu discípulo J. B.Van-Helmont, o arqueu é o princípio vital que rege e mantém o desenvolvimento e a continuidade dos seres vivos.

sonâmbulas do que os homens. – Um indivíduo dotado de energia moral, de grande força de vontade, será, com tudo igual, aliás, um magnetizador mais poderoso do que aquele que se encontra em condições opostas. Os homens são, por essa razão, mais aptos do que as mulheres para exercer o magnetismo. Entretanto, uma mulher pode agir sobre outra de idade ou de condição inferior à sua; uma mãe sobre sua filha, por exemplo. Isso me conduz a observar que um magnetizador deve evitar operar sobre pessoas a respeito das quais possa sentir vergonha ou constrangimento.

Embora o magnetismo possa ser realizado no meio de uma grande reunião, é, no entanto, mais vantajoso agir na solidão, ou, ao menos, no meio de um círculo menor, que permita ao magnetizador concentrar toda a sua atenção no paciente.

Para operar o magnetismo, é preciso "uma vontade ativa direcionada para o bem, uma crença firme em sua força, uma total confiança ao empregá-lo".

Os tempos tempestuosos são contrários à magnetização, pois a humidade atmosférica impede-o quase totalmente. Esse fato não estabelece uma analogia impressionante entre os fluidos magnéticos e os elétricos?

Quando o magnetizador emite uma grande quantidade de fluido, com frequência torna-se impossível para ele continuar suas experiências; sua máquina é descarregada. Ele sente uma verdadeira fadiga, que só se dissipa quando uma quantidade suficiente de fluido se reconstituiu em seu ser. É o estado do torpedo e de outros peixes elétricos.

O indivíduo magnetizado encontra-se cercado por uma atmosfera magnética, que pode se comunicar aos indivíduos ao seu redor; assim vemos muitas vezes pessoas irritáveis entrar em sonambulismo sem que nenhuma ação direta tenha sido exercida sobre elas. Esse fenômeno nos parece uma ampliação da atmosfera de sensibilidade com a qual alguns fisiologistas, entre outros, Autenrieth, supõem que os nervos estão envolvidos, e oferece uma segunda e impressionante analogia entre o magnetismo e o estado dos peixes elétricos.

Vários modos de magnetização são usuais: um enfermo pode ser magnetizado em seu leito, em uma poltrona, em uma cadeira ou até de pé. O magnetizador comumente se posta diante dele, às vezes, ao seu lado. Dirige-lhe um olhar penetrante e procura operar uma espécie de fascinação. Às vezes, o magnetizador junta seus joelhos e seus pés aos do operado, aperta-lhe as mãos ou a cabeça, procurando estabelecer entre eles um nível de temperatura. Então, passa ligeiramente suas mãos da cabeça à extremidade dos dedos, sobre o epigástrio, o ventre, dos joelhos à extremidade dos artelhos, e recomeça todas essas manobras por um tempo mais ou menos longo. Alguns magnetizadores contentam-se com um simples toque, outros se abstêm de qualquer contato e passam uma ou as duas mãos a uma pequena distância da testa, dos braços, do peito, do ventre e dos membros inferiores; quando um início de ação se manifesta, o que eles reconhecem por certos movimentos espasmódicos das pálpebras, das órbitas, da face ou dos membros, eles se afastam mais, de modo que, logo, estão separados do paciente por toda a extensão do cômodo. – Esse método é o do senhor Du Potet. No meio dessa mímica, o magnetizador ordena mentalmente, com toda a energia de sua vontade, ao magnetizado de adormecer, se seu objetivo for o de obter o sonambulismo.

O tempo necessário para chegar ao resultado desejado varia entre alguns segundos e várias horas; mas cinco ou dez minutos bastam, ordinariamente, para provocar o sono. Em geral, quanto mais um indivíduo sujeita-se às sessões magnéticas; mais sua suscetibilidade se pronuncia e mais os fenômenos tornam-se notáveis. Dir-se-ia que os sentidos internos têm necessidade de receber a educação necessária para a percepção das sensações novas que neles se desenvolvem.

Porém, não foi em todos os indivíduos que procuramos o sonambulismo e também não poderíamos obtê-lo em todos; frequentemente, só resulta da ação magnética um movimento convulsivo dos músculos das extremidades, do dorso e do peito; um tremor análogo ao que causado pelo frio e uma sensação comparável à que causa a ereção das papilas nervosas da pele, vulgarmente chamada de *pele de galinha*. Tudo isso é acompanhado de ansiedade dos órgãos da respiração; a voz torna-se trêmula, entrecortada, enquanto que a sensibilidade e as funções do cérebro não sentem a mais leve perturbação. O paciente conversa com inteira liberdade da mente com todos os que o cercam, muitas vezes se enrijece contra o tremor que o agita, mas a vontade não tem mais domínio. Quando os passes do magnetizador ocorrem ao nível das mãos e dos pés, ele tem a sensação de um fluido muito sutil caindo em abundância sobre essas partes, para delas escoar até o centro dos ossos vizinhos. Eis os mais elementares fenômenos magnéticos, mas os únicos que, por vezes, precisamos obter. Acreditamos neles porque nós próprios os sentimos. Mas, infelizmente, tudo o que vamos acrescentar só se fundamentará no testemunho de outrem.

Quando o indivíduo magnetizado deve entrar em estado de sonambulismo, suas pálpebras se agitam, inicialmente, com um ligeiro movimento convulsivo; o globo ocular, que vemos enviesado, mostra a pupila imóvel, e, muitas vezes, ele mesmo está convulsionado. Logo os movimentos das pálpebras tornam-se mais pronunciados, e elas abrem-se e fecham-se alternadamente, depois, enfim, fecham-se pela última vez. Esses fenômenos são acompanhados de um formigamento bastante vivos em direção a essas partes. Ao mesmo tempo surgem espreguiçamentos e, com frequência, um arrepio febril.

Nesse estado, o sonambulismo é declarado. É então que se manifestam os mais curiosos e os mais incompreensíveis fenômenos do magnetismo. Os sentidos externos perdem a faculdade de ver; as mais fortes detonações não chegam aos nervos auditivos; o tato é atingido por tal insensibilidade que as mais agudas dores permanecem despercebidas. Os senhores Récamier e Husson beliscaram sonâmbulos até provocarem equimoses; aplicaram moxas em diversos pontos do corpo e queimaram cilindros de agárico[5] nas fossas nasais, sem determinar qualquer percepção de dor. O senhor Oudet pôde extrair um dente molar de uma senhora extremamente impressionável, sem que ela percebesse e o senhor Cloquet aproveitou o sono magnético para fazer uma das mais dolorosas operações da cirurgia, a amputação do seio, e a única sensação acusada pela doente foi uma coceira, enquanto passavam sobre a ferida a esponja destinada a absterger o sangue que dela escorria. Mas, em com-

---
5 N. T. – Cogumelos que nascem nos troncos de árvores velhas.

pensação, se os órgãos externos perdem a sensibilidade quando de sua manifestação, as sensações internas adquiriram um desenvolvimento inaudito. O enfermo pode sondar os recônditos do seu organismo, e através de suas vísceras, reconhece seus males e indica o remédio. Sua memória desenvolveu-se de repente a ponto de fazê-lo lembrar-se de todos os acontecimentos de sua extrema juventude, os mais insignificantes atos de sua vida; mas seu espírito não mergulha somente no passado, pois os mistérios do futuro parecem-lhe não menos distintos. Prediz com uma certeza matemática os acontecimentos que devem afligi-lo ou acumulá-lo de alegria. Vê sem o auxílio dos olhos, pois distingue objetos colocados em sua nuca ou em seu epigástrio; enfim, ouve sem o auxílio dos ouvidos, uma vez que responde ao seu magnetizador que lhe fala mentalmente.

Para o sonâmbulo, o mundo inteiro não é nada; seu próprio universo é o homem com quem está em contato: eles têm uma única inteligência e uma única vontade sob duas formas corporais. Com a ajuda do sonâmbulo, não há mais segredo na alma, mais fibra enferma no corpo que este não possa descobrir.

Toda essa memória, essa ciência, essa previsão podem ser derrubadas por uma ordem mental do magnetizador. Com um gesto, o autômato volta a pertencer à classe dos homens, seu pensamento voltou a ser seu.

Quantos efeitos poderiam ter produzido o magnetismo sobre o sublime idiota de Bensançon[6], que predizia que em 16 de outubro de 1793, às quatro horas da manhã, uma cabeça real[7] rolaria no cadafalso!

Estender-me-ei por mais tempo sobre as maravilhas do sonambulismo? Mas já disse sobre ele o bastante para fazer sentir o quanto esse estado é estranho às leis conhecidas da natureza. Além disso, mesmo que todos amplifiquem e parafraseiem meu texto, não inventarão nada que não se tenha escrito e ficará, talvez, longe ainda dos exageros de certos entusiastas.

O magnetismo se transmite aos seres inanimados. Quem
<hr>
6 N. T. – Personagem de Charles Nodier, Jean-François Tuvet, apelidado de JeanFrançois-les-Bas-Bleus, devido às meias azuis que usava, falava de maneira ininteligível, misturava as palavras e passava por louco. No entanto era excelente em álgebra e em geometria, e predizia coisas dramáticas que iriam acontecer. Na obra, predisse a morte de Maria Antonieta.
7 N. T. – Trata-se de Maria Antonieta.

não conhece as proezas do olmo de Busancy, que um gesto do marquês de Puységur magnetizava? Mas o fato de os agentes físicos ou químicos não terem nenhuma influência sobre o magnetismo, eis o que é maravilhoso! Um ferro em brasa mergulhado na água não perdeu sua virtude magnética. Um cilindro de mármore foi mergulhado no ácido nítrico até a dissolução da metade do seu volume e, colocado entre as mãos do sonâmbulo, manifestou fenômenos evidentes.

Com o magnetismo, finalmente encontramos a panaceia universal: nenhum enfermo, nenhum mutilado! Mas, deixando de lado qualquer exagero, seria dar-lhe uma grande importância se pudermos aplicar-lhe o que Urbain Coste disse sobre a medicina: "Seu poder estende-se entre a irritação e a desorganização".

Mas já demoramos demasiadamente servindo de eco a fatos que demandam a sanção da experiência, e em que só devemos acreditar segundo nossa própria autoridade. – Chego aos fatos práticos.

Terceiro artigo

Dividiremos as experiências que queremos descrever em duas séries: a primeira compreenderá as que têm o objetivo de determinar os fenômenos magnéticos, independentemente de qualquer ação curativa, e que constituem, de alguma forma, a fisiologia magnética; a segunda abrangerá os procedimentos magnéticos dirigidos contra certas afecções com o intuito de curá-las. Estas experiências constituirão o complemento das primeiras e serão verdadeiras tentativas de terapêutica magnética.

As experiências da primeira série serão as únicas das quais nos ocuparemos hoje.

1ª. François, empregado do Hôtel du Nord, foi magnetizado no dia 28 de outubro; dormiu após cinco minutos de passes, mas seu sono não apresentou nenhum fenômeno especial, deslizou sobre a cadeira e, quando interrogado, respondeu com voz pesada e fraca: "Mas, deixai-me dormir". Foi acordado um quarto de hora mais tarde.

No dia 29, submetido novamente ao magnetismo, dormiu com a mesma facilidade e seu sono não estava mais lúcido; sua resposta às perguntas foi a mesma. – Embora tenha sido magnetizado perto da lareira, queixou-se de muito frio, e só conseguiu reaquecer-se duas horas depois. As pupilas meio contraídas estavam imóveis; o pulso atingia 115 pulsações. Acusou um mal estar muito grande e disse que não mais se deixaria magnetizar. – Podíamos esperar fazer dele um sonâmbulo.

2ª. O senhor de R., aluno da escola de aplicação, foi magnetizado sem nossa presença, nos dias 29 e 30, em sessão pública. Tinha, aproximadamente, vinte e dois anos, era moreno, de temperamento nervoso. – Dormiu após dez minutos de passes. O senhor Du Potet perguntou-lhe várias vezes se dormia e não obteve nenhuma resposta. Mas outro fenômeno chamou nossa atenção: todas as vezes que o magnetizador dirigia seus passes para a mão esquerda, ela se agitava com um leve tremor convulsivo, ao mesmo tempo em que observávamos sobressaltos nos músculos dos braços. Quando o operador se afastava, mas sempre fazendo passes ao nível das mãos, o mesmo braço, semifletido e em estado de rigidez completa, fazia esforços para seguir o magnetizador; esses efeitos moveram a mão em uma extensão de três a quatro polegadas. Após um quarto de hora de passes, o movimento estendeu-se à perna do mesmo lado; após vinte minutos, o lado direito participou dos mesmos fenômenos. De tempos em tempos, a pálpebra se entreabria, e verificamos que o globo ocular estava voltado para cima e para trás. – O senhor de R. foi acordado depois de um sono de vinte e cinco minutos.

Saído da crise magnética, falou com voz entrecortada, vacilante. Sentiu frio e teve a sensação de uma pessoa que sai da água. Durante seu sono, a voz que lhe falava não chegou ao seu ouvido, mas ele ouviu um barulho bem forte, confuso e semelhante ao de muitos pés andando sobre o assoalho. Sentia distintamente um fluido circular de cima a baixo do seu corpo e ao longo dos seus membros.

As experiências continuaram nos dias seguintes, com resultados análogos; o sonambulismo não pôde ser obtido.

Em 02 de novembro, o senhor de R. foi magnetizado de pé, encostado na lareira. O senhor Du Potet postou-se à sua frente, a uma distância de dez a doze pés. Após cinco minutos de passes, os membros inferiores se agitaram com um tremor convulsivo; os braços logo seguiram esse movimento, e enérgicas contrações da face mostraram que toda a máquina participava desses surpreendentes efeitos. Entretanto, a inteligência nada sofreu; o magnetizado compreendeu suficientemente seu estado para dizer aos assistentes que sentia uma tendência enorme para andar para frente. – O magnetizador disse-nos, com efeito, que o objetivo dos seus passes era de atraí-lo para si. – O senhor de R. empregou toda a sua energia para resistir a essa ação, à qual teria invencivelmente cedido se não tivesse aumentado consideravelmente sua força de resistência, escorando-se de certa forma contra a lareira, de modo que seus pés encontravam-se em um plano anterior ao do resto do corpo. – Ficou quase um quarto de hora nesse estado.

Voltando ao estado normal, disse-nos que, por um instante, sentira suas ideias se obnubilarem e esteve a ponto de dormir; que durante a ação parecia-lhe que uma corrente de fluido percorria todo seu corpo e que sem o apoio que lhe fornecia a lareira, não teria podido resistir à ação que o magnetizador exercia sobre ele. – Permaneceu-lhe no braço uma dor contundente e as pernas ainda sentiram cansaço por alguns instantes.

3ª O senhor D., capitão de engenharia, foi magnetizado várias vezes. Na segunda experiência, adormeceu levemente, mas não apresentou qualquer sinal de lucidez sonambúlica. No dia 01 de novembro, seus olhos se convulsionaram, teve a sensação que teias de aranha se espalhavam pelo rosto. Porém, tendo a ação do magnetizador diminuído de intensidade, esses efeitos desapareceram quase que instantaneamente. Os distúrbios nos órgãos locomotores foram exatamente análogos aos observados em presença de numerosas testemunhas.

Eu mesmo submetido, várias vezes, às experiências, vou procurar traduzir, de modo mais sensível e mais verdadeiro, os fenômenos interessantes que em mim se desenvolveram.

Estava de pé, a uma curta distância da lareira. O magnetizador afastou-se de mim cerca de dez pés. Passados três ou quatro minutos de passes realizados a essa distância, meus membros inferiores tornaram-se a sede de um formigamento leve, de início, mas que logo se tornou muito vivo, e se comunicou às extremidades superiores com a rapidez do pensamento. Ao mesmo tempo, uma sensação de constrição manifestou-se ao redor dos joelhos; pareceu-me que as rótulas[8] eram submetidas à ação lenta e gradual de um torno: era ali o ponto de partida dos fenômenos. Os músculos da coxa entraram em contração espasmódica que se dirigiu de maneira apreciável de sua inserção inferior ao resto de sua extensão; movimentos similares, de cima para baixo, apareceram na perna; logo os músculos do pé participaram desse estado de contração, os artelhos apresentavam uma flexão forçada, cujo primeiro efeito foi o de diminuir a base de sustentação. Esse estado do sistema muscular acarretou, como consequência, um tremor que, primeiramente fraco, adquiriu progressivamente uma intensidade notável; senti, às vezes, uma extrema tendência de ir para frente; outras vezes, foi uma verdadeira repulsão que me solicitou, mas sempre uma grande dificuldade de conservar a postura ereta. Mas logo as convulsões não mais se sediavam exclusivamente nos membros inferiores; esse estado quase tetânico espalhou-se aos músculos dos ombros, dos braços e das mãos; meus braços se torceram, meus dedos se crisparam involuntariamente. Pareceu-me que os músculos deltoides iam ao encontro um do outro, tanto que sentia diminuir a amplitude do meu peito. Foi porque, nesse momento, os músculos que servem à respiração participaram da crise geral; também o ar saía ruidosamente do meu peito, por meio de violentas expirações. A fala era difícil, entrecortada, ofegante, e a sensação de constrição que tinha na garganta, explicou-me suficientemente esse efeito. Finalmente, a face não permaneceu alheia àquela comoção geral; meus lábios repuxaram-se em vários sentidos e as contrações dos músculos masseteres traduziram-se bastante pelo ranger dos dentes; eu feriria infalivelmente a língua, se não tivesse tido a precaução de recolhê-la. Durante tudo isso, correntes de fluido pareceram sulcar meu ser em diferentes direções e em intervalos irregulares. – Esses efeitos aumentaram ou diminuíram à medida que o magnetizador aumentava ou diminuía sua ação. Na última experiência, o cansaço que eu sentia tornou-se tamanho que o

---

8 N.T. – Patelas.

senhor Du Potet teve que parar sua influência após um quarto de hora de magnetização.

Em meio a tão grande desordem, o cérebro conservou a integridade de suas funções e permitiu-me analisar os fenômenos dos quais sou paciente e testemunha. A sensação desenvolvida nessas circunstâncias é agradável ou penosa? Na verdade, não sei o que responder. É uma sensação insólita, que não oferece termo de comparação. É um misto confuso de frio, de arrepios de febre, de cansaço, de água jogada sobre a pele, de pilha galvânica, mas é tudo isso mais outra coisa. – Esse *arcano* constitui, precisamente, a essência do magnetismo.

Embora essas experiências ainda não tenham apresentado fatos satisfatórios de sonambulismo, apresentam, contudo, alto grau de interesse, já que demonstram a influência da força de vontade de um homem sobre outro homem. São interessantes, sobretudo, porque hoje, no mundo, só se considera o magnetismo como o ato gerador do sonambulismo, e elas levarão, sem dúvida, a pesquisas sobre esse gênero de fenômenos, o que poderá fazer nascerem os mais belos resultados práticos.

Quarto artigo
Metz, 15 de novembro

É um estranho e doloroso espetáculo um hospital de incuráveis! É preciso, uma vez na vida, transpormos o limiar desses refúgios da dor, para sentirmos quais terríveis emoções nos agitam com a visão dessa coleção de infortúnios humanos que não têm mais do que uma esperança... a morte. Dificilmente a mente imaginaria a variedade das formas que revestem esses precursores do túmulo. Aqui é um cego guiado por um surdo-mudo, ao qual ele presta o auxílio da palavra; ali, um paralítico que se consome em esforços para tirar de um acesso de epilepsia seu vizinho, seu amigo. Acolá, vemos, em diversos grupos, pessoas cujas enfermidades são evidentes, outras que escondem, sob as aparências da saúde, as mais horríveis doenças. Em geral, observamos a aproximação dos indivíduos que se complementam; a cada passo encontraremos dois seres que não formam senão um organismo completo.

Pois bem! Devemos nos atemorizar ao pensarmos que em nossa cidade uma quantidade considerável desses infortunados vegeta dispersa no meio da população? Todos os médicos conhecem alguns, pois não há nenhum deles que não tenha esgotado os recursos do ofício; mas todos continuam desconhecidos da multidão.

Para que todas essas dores viessem à tona, se concentrassem em torno de um centro comum e desenvolvessem, juntas, o longo capítulo de seus males, era preciso a influência de uma faculdade que prometesse, a todas as pessoas, auxílio e cura, que pudesse lançar um remédio salutar onde a medicina só podia dar estéreis consolações; essa faculdade foi desenvolvida, e o magnetismo mostrou seu poder!

Todos os dias, às duas horas, o Hôtel du Nord é um pequeno hospital Bicêtre: vinte infelizes lá expõem suas aflições; todos chegam sob a influência do desespero, e nenhum deles de lá sai sem levar uma sensível melhoria do bem-estar, com uma esperança de progresso.

Não podendo descrever todos os doentes tratados e aliviados durante quinze dias pelos procedimentos magnéticos, diante de muitas pessoas que puderam ver e julgar a verdade dessa asserção, citarei ao acaso alguns fatos típicos, dos quais poderemos aproximar todos os outros.

1º. Pierre..., cinquenta anos, fora acometido por apoplexia havia quatro anos. Teve uma paralisia incompleta dos membros do lado direito; a perna movia-se com dificuldade e o doente era obrigado a apoiar o braço em uma tipoia; os membros do lado esquerdo estavam muito menos enfraquecidos. Eis o estado da fala: após uma sequência de esforços, nos quais entravam a língua, os lábios e a parte posterior da boca, ele pronunciava de uma maneira ora obscura ora ruidosa, as palavras *Pierre* e *sim*, que repetia várias vezes de uma forma quase convulsiva, e que acompanhava da emissão entrecortada de sons inarticulados que se pareciam muito com os latidos de um cão. Sua alegria não cessava de se manifestar, mas era à custa da inteligência, cuja diminuição sem dúvida não lhe deixava ter consciência do seu estado.

Submeteu-se a várias magnetizações, e dormiu com bastante facilidade; mas seu sonambulismo se traía apenas pela expressão de sua frase habitual. – Havíamos sido advertidos pelo senhor Du Potet que sua afecção oferecia poucos recursos ao magnetismo. – Após seis sessões, seu passo estava mais seguro, suas pernas readquiriram certo vigor. Mas para confirmar esse resultado, seria necessário um longo tratamento e faltou tempo.

2º. Evrard, quarenta anos de idade, foi acometido de uma afecção rara e curiosa; após uma apoplexia, ele conservou a integridade de sua inteligência, mas perdeu completamente a faculdade de articular os *substantivos*. Começava muito bem uma frase, mas desde que se apresentava um substantivo, procurava, mas não encontrava. Não se lembrava mais nem do seu nome nem do da cidade de Metz, onde habita. – Seu andar era vacilante, mexia com esforço a perna direita. – Foi magnetizado com Pierre; os resultados curativos foram análogos; a postura e o andar tornaram-se mais seguros e mais fáceis.

3º. Legris, de Nauroy, tinha vinte anos. Apresentava um interessante tipo de escrofulose e portava, na época em que se confiou ao magnetismo, cinco tumores glandulares na superfície do seu corpo. – Dormiu com facilidade, mas não entrou em estado de sonambulismo; a cada operação, acusou uma picada muito sensível em suas glândulas, e essa sensação continuou, porém mais leve, no intervalo das sessões. Após a quarta, a glândula do pescoço diminuiu de volume de modo apreciável; na sétima, ele anunciou que a do peito desaparecera totalmente, o que verificamos ser verdade. Sentiu uma melhora pronunciada, julgou-se mais forte e mais alerta. – Continua seu tratamento.

4º. Jeanne Bellot, dezoito anos de idade, (Rua do Petit-Paris, 15), foi acometida de surdez parcial, e só ouvia quando se falava alto, próximo ao seu ouvido. Sentia, além disso, uma excessiva dificuldade na articulação das palavras e poderia ser considerada muda, tendo em vista que os sons emitidos por sua boca eram muito fracos e confusos. Esse triste estado era consequência de convulsões após o seu nascimento. – Sob a influência do magnetismo, caiu facilmente em uma sonolência que frequentemente apenas precede o sono, mas sem nenhum traço de sonambulismo. Na segunda sessão, sua mãe nos disse que a noite inteira ela gemeu, queixando-se de fortes dores de ouvido, o que jamais havia sentido. A própria moça fez-nos um sinal confirmando o que a mãe dissera. As dores continuaram após todas as sessões seguintes. No dia seguinte à quarta sessão, sua mãe disse-nos, maravilhada, que durante a noite sua filha levantou-se, dizendo com força: "Não irei mais, é um mentiroso; havia me dito que me curaria e não me curou". – Nos dias seguintes, sua mãe contou-nos que, em sua casa, com seus amigos, a filha conversava com uma facilidade que, até então, lhe era desconhecida e que apenas a emoção lhe impedia de mostrar--nos toda a sua habilidade. Algumas pessoas que conheciam a família acrescentaram seu testemunho ao da senhora Bellot. A jovem, por sua vez, parecia alegre e cheia de confiança, apesar das dores e do *fervilhamento* em seus ouvidos. Ficamos, além disso, muito felizes por termos obtido algumas palavras de resposta a algumas perguntas que lhe fizemos. A audição também parecia menos difícil. – Seu tratamento continua com prognósticos favoráveis.

5º. N., de quarenta e três anos de idade, acometido de asma violenta. Cada operação determinava acessos; cada sessão durava cerca de um quarto de hora. Poucos minutos após o início dos passes, ouvíamos, no peito, um estertor que, inicialmente fraco, logo se tornava bastante forte para ser ouvido de todas as partes do apartamento; ao final, era um verdadeiro gorgolejo, e violentos ataque de tosse foram obrigados a desembaraçar os brônquios do obstáculo que se opunha à respiração. Após esse acesso, ele se acalmava. Interrogado todos os dias sobre seu estado, respondia que estava melhor. – A natureza de suas ocupações só lhe permitiu comparecer a cinco sessões.

6º. Catherine Lhuillier, com aproximadamente sessenta anos, ex-enfermeira, paralítica, havia anos, dos membros do lado esquerdo. – Só podia andar apoiando-se em muletas, eis o que garantiu. Entretanto, um dos mais recomendáveis médicos que a conhecia de longa data, afirmou que a vira andar em um apartamento sem auxílio externo. Constatamos que os movimentos do braço afetado eram extremamente limitados, e que apenas era suscetível de um afastamento de seis polegadas do corpo; ela não podia colocá-lo no bolso de seu avental senão com o auxílio da outra mão; enfim, os dedos apresentavam uma flexão forçada, que forma com o eixo da mão aberta um ângulo de alguns graus menos aberto do que o ângulo reto. – Após a terceira sessão, seu andar ficara mais fácil, e dispensou com mais facilidade suas bengalas. Constatamos que erguia o braço no nível da axila, e que seus dedos esticavam-se quase que inteiramente sobre a mão. Sem dúvida alguma essa mulher oferece poucos recursos para a cura, mas o quase sucesso obtido já é bem digno de atenção. – Submeteu-se a aproximadamente doze seções e continua seu tratamento.

7º. Senhora Nicolas, cinquenta anos, mora na Rua das Thermes. – Acometida de apoplexia por nove anos. – Existia uma contratura considerável dos dedos da mão esquerda, que estava virada para trás, sobre o antebraço. – Na segunda experiência, movimentos confusos ocorreram nos dedos enfermos; em consequência da ação magnética, pôde, com a outra mão, abri-los mais do que fazia anteriormente. – Entretanto, como há anquiloses, é considerada incurável.

8º. Marianne Vandemont, oitenta anos. – Desde a infância, seu braço direito era bem menos forte e menos volumoso que o esquerdo; seus movimentos eram confusos e difíceis. – Submetida ao magnetismo, adormeceu com facilidade, mas sem aparência de sonambulismo; durante a ação, dizia sentir *alguma coisa* percorrendo seu braço. Depois de quatro ou cinco sessões, sentiu nele mais força e executou movimentos mais extensos.

9º. Senhor Hesse, fundidor, por muito tempo sentia, na perna esquerda, dores tão agudas que lhe era impossível permanecer na cama; elas não lhe permitiam gozar de um minuto de repouso. Embora nele o magnetismo não detectasse nenhum fenômeno aparente, bastaram quatro ou cinco sessões para desenraizar, quase completamente, essas horríveis dores. Delas, atualmente, sente apenas alguns vestígios que em nada interrompem seu descanso.

10º Icard, marceneiro, quarenta anos de idade, fazia três meses que era atormentado por dores na planta dos pés, consequência da humidade em que trabalhou e são de natureza reumática. Sua violência é tal que, desde sua invasão ele não pôde levantar-se e só pôde ser transportado às sessões magnéticas por meio de um pequeno veículo no qual o arrastam. – Os efeitos imediatos do magnetismo são fracos, mas ele sentiu um formigamento nos membros enfermos. – Foi magnetizado apenas três vezes e já sentiu um notável alívio. Pode levantar-se e andar; suas dores quase não existem, se comparadas às que sentia.

11º. Enfim, algumas moças histéricas e um epilético pareceram livres dos seus acessos, mas julgo prudente não me pronunciar ainda sobre tais curas.

Meu papel de historiador proíbe-me fazer longas reflexões sobre as observações que acabo de passar em revista. – Todos esses alívios serão duráveis? Só o tempo pode dizer. – Podemos, em todos aqueles em que uma melhora se manifestou, esperar uma cura radical? Ainda remeto a resposta ao testemunho do tempo. – Observarei, apenas, que um tratamento capaz de proporcionar alguns dias de alívio aos infelizes para os quais todos os remédios da medicina seriam impotentes, já é um imenso benefício. – O magnetismo, desde seu berço, já nos deu muito; teremos o direito de pedir-lhe mais ainda, quando tiver atingido a idade adulta.

Estaremos tentados a atribuir todos esses efeitos à imaginação dos doentes? Admito-o por um momento: agradeçamos, então, à *louca da casa*, como poeticamente a chamava Santa Tereza, pelo bem que só ela no mundo soube proporcionar; felicitemo-la por ser a mais hábil dos médicos.

Mas, todavia, somos obrigados a recusar-lhe nossas homenagens, pois vimos tratar crianças que nada imaginavam, além de certos idiotas que também não imaginavam. Aliás, creio que seria difícil a um homem deitado sobre sarças e urtigas imaginar que está repousando em um leito de rosas. Reconheçamos, pois, que existe *outra coisa* além da imaginação.

Tal frase me traz à memória uma história, cuja autenticidade posso garantir, embora confesse que não a tenha testemunhado. Ei-la:

O senhor de Ségur era um dos partidários do magnetismo, e a rainha Maria Antonieta quis, certo dia, contar-lhe todos os ditos, todos os trocadilhos que choviam sobre os prosélitos de Mesmer. Em vão ele quis discutir; ela não se prestou a isso e apenas disse-lhe: "Como quereis que escutemos vossas loucuras, quando sete membros da comissão da Academia de Ciências declararam que o magnetismo é apenas o produto de uma imaginação exaltada? – Senhora – respondeu-lhe o senhor de Ségur, um pouco irritado –, respeito essa douta sentença, mas como veterinários magnetizaram cavalos e neles produziram efeitos que atestam, eu gostaria, para me esclarecer, de saber se são os cavalos que têm demasiada imaginação, ou se são os cientistas que não a têm".

* * *

Minhas experiências exaltaram tanto as cabeças que em toda parte se magnetiza; médicos, advogados, magistrados, burgueses, oficiais e soldados, há concorrência, entre os meus alunos, para provocar fenômenos de atração e repulsão; porém o mais hábil de todos os que foram até mim é, sem dúvida, o senhor Weylandt, médico, que, entusiasmado com a visão de novos fenômenos, quis reproduzi-los publicamente diante de quinhentas pessoas. Transcreveremos aqui o relato dessa sessão feito pelo mesmo crítico imparcial e nossos leitores certamente ser-nos-ão gratos pela franqueza, já que mostramos até aquilo que não aprovamos inteiramente: *O magnetismo diante do público e oferecido como espetáculo!*

SOIRÉE MAGNÉTICA
Metz, 29 de novembro de 1839

Uma soirée magnética! Essa expressão não acarreta a ideia do mais chocante contrassenso? Uma recreação mundana, uma ostentação de luxo, um baile, um concerto, eis a representação ideal da palavra *soirée*; mistérios científicos, abismo do pensamento, tema de profundas meditações, eis o que sugere para a mente o adjetivo *magnético*. União ilegítima da dissipação e do estudo, uma soirée magnética não pode procriar senão uma monstruosidade. As verdades são anunciadas, proclamadas, mas não são jogadas na cara! Uma verdade não quer palcos, não tem necessidade de trajes vermelhos nem de trompete; sua força de expansão lhe basta; não conhecemos uma que não tenha sabido se manifestar pelo mundo, desde que ela havia sido vivificada. – O homem da ciência não deve apresentar sua face ao homem do mundo, pois este a cobriria de um estigma opróbio ou de ridículo; essas pessoas só sabem lançar anátema contra quem ultrapassa sua razão, como se sua razão marcasse os limites do possível.

Minha intenção não era a de transferir a atenção do público para a soirée do senhor Weylandt; tinha a esperança de que ela passasse despercebida, mas palavras chocantes chegaram a mim; dúvidas injuriosas foram proclamadas; na própria sessão, uma voz inconsequente pronunciou a palavra manobra. Inconsequente! Nada naquela circunstância autorizava semelhante desaprovação; quando se tem dúvidas sobre a probidade de um homem, não se vai escutá-lo, mas foge-se dele; mas quando esse homem se coloca a vossa frente para fazer uma boa ação, quando o fruto de suas emoções é destinado ao orçamento do pobre, seria generoso compará-lo ao saltimbanco, ao qual se impõe, como primeira condição, divertir o público?

O senhor Weylandt trata, todos os dias, aproximadamente duzentos enfermos por meio do magnetismo, pessoas de todas as condições, de todas as idades, de todos os sexos, e obtém, com a maioria delas, fenômenos semelhantes ao que apresentou segunda-feira, no Palácio Municipal. Porém esses fenômenos não são latentes, não ocorrem em comitê secreto ou a portas fechadas; eles se apresentam aos olhos de todos, tudo é público. Ora, alguém pode supor fraudes em meio a uma massa tão imponente de indivíduos? Duas condições seriam necessárias para incitar aquela quantidade de doentes a simular fenômenos que não existem neles: seria preciso convencê-los por meio de dinheiro, pois um dos grandes móbeis do povo é o dinheiro e, depois, *adestrá-los*, educá-los, exercitar seus membros para se convulsionarem, para fazer movimentos extranaturais. Mas quem não se desencorajaria com tais hipóteses? Uma fortuna considerável mal bastaria para satisfazer a primeira, e a segunda exigiria tanto disposições inatas quanto o emprego de um tempo considerável; todavia, as sessões públicas do senhor Weylandt estendem-se sem interrupção de cinco horas da manhã a dez horas da noite. Enfim, uma razão não menos forte se apresenta: seria preciso ter garantia da total discrição da parte daquele que seria associado a essas manobras condenáveis e quem poderia contar com um segredo compartilhado com cem indivíduos? Quem se deu o trabalho de seguir com atenção as sessões magnéticas do senhor Weylandt não hesitará em concordar comigo; e aquele que não o fez, não estaria errado ao negar unicamente porque não sabe?

As observações precedentes terão, talvez, algum valor, se for reconhecido que me abstenho de qualquer questão pessoal. Vejo, aqui, apenas uma doutrina e não um homem. – Não tenho a honra de conhecer o senhor Weylandt senão de uma maneira superficial, já que nossas relações datam apenas de um mês e que não o vi fora das sessões públicas, não tendo, portanto, nenhum motivo para ser seu defensor, papel, aliás, suponho, que ele não teria necessidade de confiar a ninguém. – Mas é dever de qualquer homem generoso reparar uma injustiça quando tem o poder de fazê-lo, e é uma injustiça contra o magnetismo querer despojá-lo de suas prerrogativas, cobrindo-o de um prestígio emprestado.

É o que tinha a dizer para aqueles que assistiram à soirée magnética.

Agora, se algumas pessoas que não foram ao Palácio Municipal na segunda-feira e gostariam, no entanto, de conhecer as experiências que causaram tanta agitação, vou satisfazê-las.

Às sete horas da noite, uma afluência considerável de espectadores lotou o salão. – Quantas ideias divergentes trabalhavam naqueles quatrocentos cérebros reunidos para um *espetáculo* comum. Vários, sem dúvida, deixaram, sem pesar, o átrio efervescente para assistirem a uma representação extraordinária de homens e de mulheres agitando-se sobre pranchas; outros tinham o coração consternado ao pensar que iam ver algumas tristes amostras das mil enfermidades humanas; alguns lá foram para estudar um dos fenômenos mais impressionantes do nosso organismo; muitos, enfim, só compareceram para demonstrar seu ceticismo, fazer a abnegação de seus sentidos e, sobretudo, negar em vez de procurar compreender.

Em direção a uma extremidade da sala, erguem-se os cavaletes, sobre estes algumas pranchas e, sobre elas, doze personagens que vão, sucessivamente, fixar os olhos de multidão dos espectadores. – Esses doze personagens só levaram para lá seus corpos; mas não o espírito e a vontade. São autômatos que vão se agitar de acordo com a vontade do seu mestre. O sinal foi dado – uma mulher abre a cena. Alguns passes a alguns pés de distância bastaram, ela dorme o sono magnético. De uma extremidade à outra do estrado, um olhar fascinador prendeu-se a ela; ela resistiu, contraiu-se, mas sua vontade confundiu-se com a do magnetizador. Ele ordenou mentalmente que se aproximasse dele, e as forças duplicadas daquela mulher não deteriam sua impulsão.

Em um homem escrofuloso, o senhor Weylandt produziu efeitos notáveis de atração e repulsão, sob a influência de sua vontade e de passes praticados à distância de vários pés. Pediram uma pessoa para agarrar o magnetizado e deter o seu avanço; um aluno da escola de aplicação apresentou-se, abraçou o autômato vivo, mas os vigorosos esforços do jovem oficial logo se mostraram impotentes.

Um jovem epilético dormiu com a maior facilidade; alguns passes foram dados atrás de suas costas, e sua cabeça curvou-se violentamente sobre o tronco, levando, nessa rotação, toda a parte superior das costas, que formou com a inferior mais de um quarto de circunferência; seguiu todos os movimentos do magnetizador, e com este, afastou-se, parou, correu, até que uma queda, devida à sua posição de equilíbrio instável, trouxe-o de volta à sua existência individual. Esse rapaz ofereceu um fenômeno mais extraordinário ainda: um movimento convulsivo de todos os membros, saltos, cambalhotas, agitação violenta dos braços, cuja intensidade aumentava ou diminuía na proporção da agitação mais ou menos intensa da mão do magnetizador.

A seguir, chegou uma mulher cujos fenômenos magnéticos tinham como característica movimentos desordenados dos braços, que se agitavam em todos os sentidos com incrível agilidade, sem poder encontrar um obstáculo interposto entre eles.

Esses efeitos são muito extraordinários, mas gostaríamos que o senhor Weylandt não os tivesse demonstrado colocando sua própria cabeça no meio dos socos daquela mulher; todos nós admiramos a destreza instintiva com que ela sabia desviá-

-los e bater ao lado; mas ele deu uma arma ao ridículo, imitando aqueles malabaristas que se exibem carregando no peito ou sobre a cabeça animais ferozes que os respeitam e não os mordem. O senhor Weylandt, sem dúvida, não havia pensado nessa comparação. As cenas seguintes foram preenchidas por outros fenômenos de atração, de repulsão, de convulsões. Um artilheiro do 7º Regimento, que não andava havia quinze anos, foi atraído em uma extensão de quinze a vinte pés, e voltou à sua cadeira, sob a influência da mesma atração.

Finalmente, eis a apoteose! Duas mulheres histéricas apresentaram, sob o domínio do magnetismo, o singular fenômeno de balanço do corpo para frente e para trás, tão pronunciado, sobretudo em uma delas, que sua cabeça quase tocou os pés, para daí levantar-se vivamente e se inclinar para trás. Essas duas mulheres, em presença uma da outra, faziam os mais grotescos cumprimentos, ora frente a frente, ora dorso a dorso. Digno de nota é o fato que essas mulheres não dormiram e não puderam se impedir de rir do movimento extraordinário que elas executavam invencivelmente. Presenciei, na casa do senhor Weylandt, uma delas permanecer mais de duas horas nesse estado sem que se conseguisse fazê-la sair dele.

Essa cena provocou ruidosas gargalhadas. – Ela não me sugerirá nenhuma reflexão, porque o próprio senhor Weylandt disse-me que se houvesse previsto o efeito que produziria, ela não teria ocorrido.

Em suma, podemos endereçar ao senhor Weylandt três críticas principais sobre sua soirée. – A primeira está relacionada com a própria soirée: ele não devia transformar o magnetismo em espetáculo público. – Mas a intenção que o guiou deve lhe servir de desculpa satisfatória.

A segunda dirige-se à sua cabeça, por ter ido se perder no meio dos golpes daquela mulher.

A terceira, enfim, seria merecida por sua cena de encerramento, se ele próprio não houvesse reconhecido que ela estava deslocada em uma reunião cujo objetivo era científico.

Mas se quiserem atacar a boa-fé do senhor Weylandt, se supõem que todos os *pacientes* que mostrou são falsos e cúmplices, então, provocarei um levantamento de escudos em seu favor. Farei apelo a todos que *viram* em sua casa e ninguém, tenho certeza, recusará justiça a um homem honrado, injuriosamente caluniado.

E. G.

* * *

Não mais existe incredulidade em Metz; o magnetismo fez uma revolução nas mentes e não poderia ser de outra forma, pois há algum tempo, cem pessoas magnetizam todos os dias e obtêm os mais reais e os mais inconcebíveis fenômenos. Não é mais somente a mim que se poderia acusar de mentir, mas também aos mais distintos e mais honrados homens: quem, pois, ousaria? Minha alegria é grande, confesso, pois esse sucesso encerra minha missão nessa região. Doravante, a verdade que ensino terá defensores numerosos e esclarecidos, e os infelizes doentes um recurso inesperado.

Vários médicos praticam o magnetismo com zelo e seu exemplo será certamente seguido por todos aqueles que uma tola teimosia ou um vil egoísmo não cegar.

Eis o que me escreveu um dos médicos da cidade, o senhor de Résimont. Esta carta nos honra, tanto a mim, quanto ao seu autor:

> Senhor,
> Socorrer o homem em suas misérias é uma missão muito nobre, e nossa cidade vos deve um eterno reconhecimento pelo zelo e devotamento que tivestes ao vir ensinar-nos um meio seguro e fácil de curar males até então tidos como incuráveis. Sim, tidos como incuráveis! Pois, pergunto: o que oferece a medicina comum às afecções nervosas, à surdez, à paralisia e a certos tipos de cegueira? Nada, absolutamente nada; se consegue algumas curas, por certo elas são raras, bem raras e conquistadas à custa de muitos sofrimentos, de muitas torturas. O magnetismo, mais feliz, cura esses males como por encantamento, chamando a vida nos

órgãos nos quais estava quase extinta e restabelecendo o equilíbrio em toda parte. É a um pobre operário que ele devolve em alguns dias o uso de suas pernas paralisadas há vários meses; é a uma infeliz moça que devolve a audição da qual esteve privada durante muitos anos. Eis, senhor, algumas das maravilhas das quais nos fizestes testemunhas, e apraz-me crer que todos os vossos alunos dão-lhes grande valor e que tais fatos são para eles da mais alta importância.

Assim, não será mais em vão que pobres enfermos virão implorar a assistência do médico, e este não mais será forçado, em sua impotência, a recorrer às frias e ridículas banalidades. Poderá receitar-lhes algo melhor, mais eficaz que a bela estação[9], o ar do campo e as viagens (quantos doentes não morreram esperando que a bela estação os curasse, ou viajando para recuperar a saúde!). Sim, ele poderá fazer por eles algo mais útil; a esses doentes condenados poderá pedir que esperem; e se não curá-los, ao menos aliviará o peso de seus cruéis sofrimentos. Sim, eis o que daqui em diante poderá fazer o médico iniciado no magnetismo; mas meu coração se cerra ao pensar na obstinação cega que ainda leva certos homens a rejeitarem, sem exame, uma verdade tão útil, tão benéfica; a se recusarem a ver no magnetismo um meio a mais contra as misérias que eles devem aliviar.

Será necessário, como bem o dizeis, bater muito tempo ainda à porta da ciência antes que ela se digne a abri-la; mas esse tempo chegará, sim, ele chegará, e logo, sem dúvida, porque não será mais em vão que se terá dito ao homem: "Conhece-te a ti mesmo" e, para tanto, vós tereis *eficazmente* contribuído.

Queira aceitar, eu vos peço, a renovação dos meus mais distintos sentimentos,

CHARLES DE ÉSIMONT
Metz, 2 de dezembro de 1839

---
[9] N. T. – Fim da primavera, verão e início do outono.

Quando garanti que não mais havia incrédulos em Metz, eu me enganei. Eis uma missiva que acaba de ser publicada. Como os jornalistas não quiseram inseri-la nos jornais, seu autor resolveu mandar imprimi-la e hoje, 3 de dezembro, foi distribuída nos locais públicos. Os senhores Bouillaud, Velpeau, Cornac, Dubois de Amiens, Double, Virey e outros ficarão encantados ao saberem que em Metz eles têm um eco e um representante; porém é certamente lamentável, para eles, que sua péssima causa seja defendida por um mau advogado.

Lamento, pelo autor, que seu estilo não seja mais claro, mas julgo-me obrigado a reimprimir seu pequeno panfleto em toda a sua simplicidade original. Que o leitor julgue sua importância.

Algumas observações sobre o magnetismo

No sul, dorme-se com muito gosto após as refeições. É o hábito de fazer a *sesta,* como dizem: os homens controlam o sono. Dizem que as pessoas adormecidas sonham sob a influência do fluido magnético, embora esse fluido tenha sido ignorado por celebridades tais como Franklin, Bailly, Lavoisier, d'Arcet etc. Pergunta-se qual a razão de nos reportarmos às puerilidades de Mesmer e de seus discípulos que foram obrigados, há sessenta anos, a abandonar esse magnetismo inútil, em consequência de uma decisão de nove cientistas, representantes das academias de ciências e de medicina de Paris,[1] em 11 de agosto de 1784. Desde aquela época, como hoje em dia, havia crédulos e entusiastas, até indivíduos instruídos, que se deixavam levar pelo desejo de conhecer essa ciência declarada quimérica; nossos sábios médicos, em Charenton e em outros lugares, curam poucos pacientes vítimas de alucinações; existem vários tipos na sociedade que não duvidam que sejam portadores dessa afecção e que estão ávidos para experimentar e conhecer o que lhes parece maravilhoso e misterioso. Se o magnetismo não faz mal, ele encaixa-se no método de observação e de espera; a cura chega se a natureza operar, por ela mes-

---
1 Gráfica Real.

ma, uma crise feliz; os professores disseram a mesma coisa das pequenas sangrias realizadas em pacientes jovens e robustos.

Se o professor procura aliviar os doentes incuráveis, por que não se dirige às autoridades a fim de obter a permissão de entrada em um grande hospital civil, no qual se encontram reunidas todas as enfermidades? Devemos pensar que ele prefere chegar a uma cidade de segunda classe, lá cativar um povo muito propenso a crer naquilo que não pode definir etc.

Tivemos exemplos de que a imaginação atingida por uma coisa desconhecida, o desejo, o medo, o cansaço e o tédio em consequência de diversas causas, como a perda de um amigo, de seus bens ou outras, agiu seriamente sobre indivíduos com mente dotada de mais ou menos discernimento; há pessoas às quais podemos fazer acreditarem em tudo o que queremos.

Os movimentos das mãos dos magnetizadores deslocam porções de ar e cansam a visão dos pacientes; a lembrança de sua afecção, bem como sua imaginação atingida por uma esperança quimérica fazem os falsos ou verdadeiros convulsionários entrar em crise: quem diz mais diz menos. Conhecemos o efeito do bocejo simpático ou provocado, como isso foi tantas vezes observado em indivíduos reunidos, entediados, que têm necessidade de comer ou de dormir.

O soluço, afecção nervosa, desaparece muitas vezes com um temor que opera sobre o psíquico. A saliva aumenta na boca à visão de um alimento desejado etc.

O magnetizador cura quando ele chega em um feliz momento em que apenas a natureza opera: a imaginação é tomada pelo fluido magnético. No entanto, é útil secundar a natureza, como pela vacina que diminuiu a mortalidade entre os portadores de varíola.

Adormecemos as crianças coçando-lhes a cabeça ou embalando-as. As próprias mulheres adormecem nas mãos de pessoas encarregadas de penteá-las.

Estão tentando reanimar o magnetismo carcomido, an-

tiga quimera semelhante aos deuses do paganismo. Os tempos belicosos, como antes do império e durante seus desastres, haviam reprimido esse magnetismo enodoado do milagroso. A medicina do célebre Broussais foi bem seguida e apreciada; homeopatas apareceram e desaparecerão. Os magnetizadores, que a autoridade deixa em liberdade (entre mãos que talvez tenham o direito de explorá-lo), não produzirão o mal, mas colocarão em movimento os enfermos que estariam melhor permanecendo no seio de suas famílias.
Foi reconhecido que a imaginação, cujo poder é tão forte quanto pouco conhecido, era o agente que se tomava por fluido magnético. Entretanto, esperemos por algo desconhecido que o professor magnetizador possua.
O maior alarde de seu magnetismo seria o fato de uma menina, de grande bom-senso, sonhar em suas sessões e de, como os oráculos dos antigos, pronunciar palavras de acordo com seus desejos, às quais tiveram o cuidado de dar o sentido mais vantajoso.
Receamos que o professor tenha o mesmo destino que Mesmer e seus discípulos.

Metz, 29 de novembro de 1839
O doutor em medicina, cirurgião-major condecorado do 3º regimento de engenharia, PIEL

Devo, antes de terminar esta obra, acrescentar à lista de personalidades de Metz que aprenderam o magnetismo, os nomes dos senhores de Faultrier, Leduc, Parent, Baudesson, advogado, Cante, Perronier, capitão de artilharia, Sollier, Bertrand, a senhora Thiébaut, Dehaldat, Meslier, Merlin, Paris, Galard, Jouin, Simon, notário, Champigneul, Rispans d'Aiguebelle, capitão. O magnetismo é, além disso, praticado em Metz pelos senhores Lemiellier, capitão de artilharia, Haro, médico, e o senhor de Gargan. – Não devo esquecer tampouco de citar meus últimos alunos de Paris, pois, eles também defendem a santa causa da verdade. São eles: senhores Blanc, Pigasse, Maigret, Le Sourd, Delaporte, Gatti, Lemonnier, Paillet, Bournichon e Durand-Mabille.

NOVA HISTÓRIA DO ESPIRITISMO

Finalmente, depois de mais de 80 anos, o espiritismo e o movimento espírita são alvos de uma nova abordagem historiográfica. Diferente da obra clássica de Arthur Conan Doyle, publicada em 1926, que realçou a fase fenomênica e colocou Allan Kardec e o período filosófico em segundo plano, esta nova obra de pesquisa e reflexão pretende pôr fatos e personagens em seus devidos lugares. A razão do equívoco histórico é que Conan Doyle, como a maioria dos ingleses e norte-americanos de sua época, não fizeram, como fez Kardec, a distinção entre espiritualismo e espiritismo. Para ele, tudo era *spiritualism* e a reencarnação seria então apenas um detalhe dessa nova revelação. Mas a história mostrou o contrário: as idéias de Kardec tinham uma visão mais ampla e realista desses acontecimentos, e sua sistematização como ciência e doutrina filosófica sobreviveram ao tempo, enquanto as tendências do *spiritualism* se fragmentaram. Passaram-se quase 100 anos e o movimento espírita tomou rumos que nem o próprio Kardec imaginava: surgiram novas tendências, as naturais divergências e, como ideologia unificadora, a busca da convergência.

Essa segunda parte da história não foi contada por Conan Doyle. Nem poderia, pois a maioria dos acontecimentos marcantes ainda estava por vir, e bastante fora do contexto eurocêntrico da *Belle Époque*. Exemplos: o espiritismo desaparece da França no século 20 e explode no Brasil como opção religiosa de milhões de adeptos. A FEB e muitas outras entidades federativas regionais assumem a propaganda e as diretrizes do movimento, através da ação de inúmeros médiuns e influentes líderes espíritas, de múltiplas concepções e tendências sobre a filosofia espírita. Chico Xavier torna-se a figura mais expressiva do movimento, e sua obra literária brilha como a principal referência doutrinária em relação aos livros de Kardec. Sua biografia e uma adaptação do livro *Nosso Lar* são levados para o cinema, atingindo recordes de bilheteria. E finalmente, o Brasil configura-se como a principal nação espírita e uma das principais culturas reencarnacionistas do planeta.

Dividido em sete tomos, distribuídos em 584 páginas, *Nova História do Espiritismo* é obra importantíssima para aqueles que buscam cada vez mais uma diretriz espiritual para suas vidas.

O MAGNETISMO EM OPOSIÇÃO À MEDICINA
foi confeccionado em impressão digital, em junho de 2025
Conhecimento Editorial Ltda
(19) 3451-5440 — conhecimento@edconhecimento.com.br
Impresso em Luxcream 80g. – StoraEnso